本书为2015年安徽省教育厅重点项目《独立行使司法权保障机制研究》、
2016年安徽省高校优秀青年人才支持计划重点项目的研究成果之一。

检察权运行司法化研究

ON JUDICIALIZATION OF OPERATIONAL PROCEDURE
OF PROCURATORIAL POWER

骆绪刚◎著

中国法制出版社
CHINA LEGAL PUBLISHING HOUSE

前言

自检察权产生伊始，“谷间带的链接特质”就决定其是一个矛盾的集合体，“生于司法，却无时不在行政的枷锁之中”。与审判权和警察权的稳定性相比，检察权则更多具有变动性的特点。但正是这种变动性，使得检察权的发展性和适应性非审判权和警察权可比，它能够逐渐与法律和政治结合并且自行调整而表现出独特性的一面[①]。这种发展的不确定性为检察权的理论创新和制度创新提供了宽广的空间。理论研究可以不断调整研究视角和思路，探讨检察机关这一“尚未完成的机关”之权力属性、内容以及权力运行方式；制度层面亦可根据一国之权力结构、法律传统、现实条件等因素从司法的整体对检察权、审判权、侦查权（警察权）的权能内容以及相应的运行方式进行配置和设定。但是这种不确定性并非意味着检察权的发展是没有限制的、随意的，无论从检察权的纵向考察还是横向比较，透过表象我们都可以清晰地归纳出检察权的共性表征。尽管基于不同的国情，各国的司法理念、功能以及实现过程、方式都有所差异，但检察权始终肩负着相同的历史使命。现代检察官制度创设的目的就在于实现对审判权和侦查权的双重控制，维护法秩序和保障人权，检察官作为“法律守护人”，追诉犯罪，保护人民。[②]各国在检察权的归属、配置以及运行上可能各有不同，但都不会偏离

① 王戬：《不同权力结构模式下的检察权研究》，法律出版社 2011 年版，第 59 页。

② 林钰雄：《刑事诉讼法》，中国人民大学出版社 2005 年版，第 106－108 页。

检察权守护法律、制约公权、保障人权的历史使命。各国尤其是处于转型阶段国家的司法改革，试图把他国经验和本国国情结合起来，兼顾理想与现实。[①]可见，检察权在归属、配置以及运行上存在差异有其历史必然性，一概以域外制度经验来评价、塑造我国的检察权并不妥当。我国在检察权的归属、配置以及运行上，应当体现检察权的基本功能，此亦为衡量检察改革正当性、合理性的基本依据。

检察权司法化是指检察权权力运行的司法化，其本质是一种程序的司法化。它既反映检察权权力运行方式的变化，又反映检察权运行价值取向的变化。检察权司法化的动因可以概括为两个方面：一是检察权的司法属性；二是社会发展的现实需求。与域外相比，我国检察权的司法属性最强，检察权的司法属性要求检察权必须遵循司法规律运行，从行政式运行模式向司法式运行模式转变，即从检察权运行的非参与性、非对抗性、非公开性的单方专断模式转变为具有参与性、对抗性、公开性的理性化司法裁断模式。此外，从根本看，制度变革的终极意义就是为了满足主体的价值需求。检察权司法化所体现的民主、公正以及公信力都是为了满足人民对司法民主、司法公正以及司法公信的需要。因此，检察权司法化在我国具有必然性的一面。

从制度层面和实践层面，检察权司法化亦具有现实可行性。从制度层面而言，我国宪法明确人民检察院的法律性质是国家的法律监督机关，作为“法律守护人”，其必然具有一定的独立性、中立性，其也必须依法客观公正、不偏不倚地行使权力。如果说宪法对检察权的规定是检察权司法化的抽象基础的话，我国刑事诉讼法对人民检察院“司法救济权”和“司法审查权”的赋予则使检察权司法化具有了现实可能性。从检察权的功能上考量，亦可得出检察权司法化的正当性、合法性的结论。从实践层面看，以往制度改革的推进方式主要是“自上而下”，而检察权司法化的推进则是“自下而上”，它集中反映了社会发展的现实需要，已然成为一种客观存在的法律现象，这也是其鲜活的生命力所在。

---

① John Owen Haley, Judicial Reform: Conflicting Aims and Imperfect Models, 5 Wash. U. Global Stud. L. Rev. 81 (2006). 转引自冀祥德、邓超：《司法改革“上海方案”价值评析》，载《政法论丛》2014 年第 6 期。

从本书的总体结构来看，共分为七个部分，除导言和结语外，本书从检察权司法化的内涵、范围、理论支点、实现方式以及保障措施五个部分依次展开研究。这五部分的主要内容概括如下：

第一部分围绕检察权司法化的内涵展开研究，试图回答检察权的司法化内涵是指职能的司法化还是权力运行的司法化。要解决这个问题，则必须回到检察权研究的原点问题展开论证。一般而言，由于权力性质决定权力的运行方式，如果检察权是行政属性，一般无须遵循司法规律来运行；如果检察权是司法属性，其职能本身就具有司法性，当然就不存在职能的司法化问题，如果其一直以行政化的方式来运行司法职能，则就有恢复司法本色的必要，即遵循司法规律来运行检察权。本书通过司法的事件性、独立性、被动性、中立性、交涉性、终结性等特征分析得出检察权具有司法属性；通过分析检察权定位分歧原因，得到检察权定位法律监督权的妥当性，并指出由于定位的标准不同，法律监督权的定位并不否定检察权的司法属性。检察权的司法属性从逻辑上可以证成检察权司法化的内涵应为权力运行的司法化。检察权的司法化不仅是指权力运行形式上的方向或趋势，同时也表现权力运行的价值取向，通过检察权运行司法化的现实动因分析，检察权司法化实际上就是检察权独立行使、民主参与、实现公正、提高效率、体现公信的程序过程。上述价值亦可从域外的相关经验如检察权的独立行使、运行程序的司法性等得到证成。最后通过与审判权运行程序的比较，立足现行法律框架，运用结构功能主义分析方法论证检察机关行使司法审查职能的适当性，但是应当采用司法化的方式进行审查。

第二部分围绕检察权司法化的范围展开研究，试图回答检察权司法化的范围是完全的司法化还是有限的司法化。这一问题实质就是要明确检察权司法化的界限。首先，对域外检察权的发展沿革和具体内容进行了纵向考察和横向比较，并对我国检察权的发展沿革及内容进行了梳理，这是确定检察权司法化界限的前提。其次，根据司法的一般原理，归纳出检察权司法化范围的确定标准，即程序主体之间的结构、程序决策的重要性、影响力以及司法决定的效力。根据上述标准对检察权的内容进行检验以确定检察权司法化的应然范围，检察权在审查批捕、审查起诉、立案监督、羁押必要性审查、民事、行政生效裁判监督、刑事申诉以及司法救济等情形下具备权力运行司法化的条件。再次，从制度和实践层面分析上述检察权司法化的法律基础及实践可行性。但是具备可行性的制度并不意味着没有任何的阻碍因素，因此本部分最后就检察权司法化可行性可能的顾虑展开分析，如检察机关的角色冲突会不会导致其无法保证案件审查的客观中立性？由于取消行政审批制，检察官权力运行监督的真空状态该如何填补？检察权司法化与推进以审判为中心的诉讼制度改革是否相冲突？通过分析，基于检察一体，检察机关作为审查者产生角色冲突在制度上是客观存在的，现行法律框架下主要是通过上提一级，即由上一级检察机关担任审查者来解决这种冲突。从形式上，公众对这种相对的角色冲突怀疑仍是合理的。从发展的角度来看，可以尝试引入外部监督（人民监督员）；从现实性来看，既然公众的疑虑存在，更应通过检察权运行的程序正当性来提高检察公信力，实现司法公正。从此种意义上，角色冲突不仅不是检察权司法化的阻碍因素，反而是检察权司法化的促进因素。对于取消行政审批这种内部监督所留下的真空，可以通过当事人的有效参与，通过诉权对审查者的权力进行制约。检察权的司法化也不会僭越审判权，两者的价值取向具有一致性，都是通过权力运行的公正性提高办案质量，检察权的司法化不仅不会妨碍，反而会通过分流案件、提高效率促进以审判为中心的刑事诉讼结构的形成。

第三部分围绕检察权司法化的理论支点展开研究，试图回答检察权司法化的理论基础是什么。司法民主、公正以及公信力既是检察权司法化的正当性基础，也是检察权司法化所要实现的目标，民众对司法民主、公正、公信力的需求要求检察权必须遵循正当程序运行。司法民主要求检察权司法化在司法理念上体现对人的平等尊重和关怀，在司法程序上要保证程序的参与性、平等性、中立性以及公开性，在司法裁决上要体现司法亲历性、直接言词性并且司法决定应形成于审查程序之中。司法公正要求检察权司法化通过司法体制的完善、职权的合理配置、权力的科学运行、人权司法保障的加强来实现实体和程序的正义性。司法公信力要求检察权司法化必须遵循司法规律、依法独立行使检察权，公开、公平、公正行使检察权，严格遵守法律，加强司法决定权威性。

第四部分围绕检察权司法化的实现方式展开研究，试图回答检察权司法化运行的具体方式。检察权司法化的实现方式有两种，一是适度的司法化（非同一时空下的兼听模式）；二是彻底的司法化（同一时空下的对审听证模式）。检察权司法化实现方式从应然意义上应是以听证方式为原则，以兼听方式为补充。从现实层面，考虑到制度因素、物质保障因素以及各地社会经济发展的不平衡，应当立足实际，合理配置资源，突出重点，逐步推进。根据2015年检察改革的相关意见，对“两类案件”实行公开审查，对“五类案件”探索实行公开审查。但在这两种实现方式中，对审听证应当是检察权司法化的标准样态，为了论证这一观点，本书分别从认识论、价值论和人本论的维度展开分析。从认识论角度，检察听证遵循了诉讼中对立统一的认识规律，其本身不仅体现了程序的正义性，还有利于实现对客观真实的追求从而保证案件的实体公正。从价值论角度，检察听证不仅要满足人们对目的价值的需要，同时也要满足人们对过程价值的追求，不仅让正义得以实现，还让正义以看得见的方式实现。从人本论角度，检察听证以权利为中心，突出当事人的程序主体地位，体现对人权的尊重和保障。在此基础上，本书对检察听证制度进行具体建构，包括检察听证的基本原则、范围、主体以及检察听证的具体程序。

第五部分围绕检察权司法化的保障措施展开研究，试图回答检察权司法化的实现还需要哪些制度的保障。检察权司法化的实现需要其他制度的支持和保障：检察权的独立行使为检察权的司法化提供主体上的保障，检务公开为检察权的司法化提供程序上的保障，律师帮助权的完善为检察权的司法化提供诉讼构造上的保障，检察庭的设立为检察权的司法化提供物质上的保障。第一，检察权的独立行使是检察权司法化的前提和保障，没有检察权的独立行使，检察权就无法实现实质意义的司法化。在检察权的独立行使方面，可以借鉴大陆法国家的相关经验，通过明确检察长的职务收取权和移转权来监督检察官案件的办理，既保证检察官独立行使职权，又有对检察官办案的监督机制，做到检察一体和检察独立的平衡。第二，检察权司法化是检务公开的核心问题，促进检务公开由形式公开为主向实质公开和形式公开并行的转化。检务公开不仅是检察权司法化的制度基础，同时为检察权司法化过程中检察权监督问题提供解决路径。第三，律师帮助有利于检察听证形成合理的程序构造，实现制约公权、保障人权、促使检察机关公平审查的作用，如果不能有效保证律师的介入权，将无法实现听证的有效对抗，检察权司法化的程序正义性将大大折损。第四，检察庭建设是检察权司法化的物质基础和平台，是检察职能规范、公正行使的基本保障。

目　录

导 言

一、问题的提出

为了贯彻落实十八届三中全会、四中全会对司法改革的部署，2015 年 2 月最高人民检察院对检察改革规划进行了重新修订，把公开审查制度的建立作为重点任务之一。公开审查的主要方式是听证审查，其实质就是审查程序的司法化。我国自 1979 年第一部刑事诉讼法典颁布以来，程序的司法化就伴随着刑事诉讼制度的变迁。[①]2012 年刑事诉讼法进行了修改，尊重和保障人权入法，刑事诉讼法通过强化检察机关法律监督权、赋予检察机关司法救济权、改革审查批准逮捕程序等措施来实现检察权制约公权、保障人权的功能，检察权在程序上表现出司法化趋势。在 2012 年前后，各地检察机关陆续开始案件的公开听证审查试点，包括审查批准逮捕案件、羁押必要性审查案件、不起诉案件、民事、行政诉讼监督案件、立案监督案件以及刑事申诉案件，等等。从实践的结果来看，均取得了良好的法律效果和社会效果。检察权司法化作为我国特有的法律现象，和以往制度改革的推动方式不同，检察权司法化的推进是自下而上的，其生成动力源自社会发展以及民众对司法的现实需求，这也是检察权司法化的生命力所在。理论来自于实践，反过来实践的推进又需要理论的指导，帮助其突破发展的“瓶颈”。2015 年 2 月最高人民检察院在《关于全面推进检务公开工作的意见》中明确提出要研制规范审查程序的可操作性指引。在此背景下，对检察权司法化的理论研究具有现实性和迫切性。

---

① 左卫民:《司法化：中国刑事诉讼修改的当下与未来走向》，载《四川大学学报（哲学社会科学版）》2012 年第 1 期。

一直以来，检察权属性认识的分歧导致学界对检察权运行方式的争议，较多的学者仍然主张引入法官作为审查主体的司法审查机制来履行由检察机关行使的司法审查权。即便检察权司法化依然成为制度和实践层面的客观存在，其基本的立场是批判—否定—重构。对于一种客观存在的法律现象，简单的肯定或否定都是不适当的，尤其不能对之只进行片段化的评价。我们可以从新的视角来论证、评判这种客观现象，立足检察权的历史使命（各国检察权共性的一面），从司法的整体分析检察权、审判权、侦查权的权能内容以及相应的运行方式的配置和设定，在宪法、法律框架下解释—肯定—完善。

二、研究价值及意义

从检察理论研究方面，对检察权运行司法化的研究可以推动对检察权的本体论、运行论和发展论的深入研究，有助于进一步推进检察理论的创新。检察权司法化虽然是指权力运行的司法化，但其本身并不是一个孤立的运行论问题，其与本体论、发展论都有着紧密的关系。另外，检察权司法化作为我国特有的一种法律现象，是我国法律语境下的一个话题，通过研究对其进行解释、分析本身就具有创新价值。

在制度层面，检察权司法化是以检察权的司法审查职能为前提的，检察权司法化的必然性和可行性可以证明我国由检察机关行使司法审查权不仅有制度依据，还有实践基础。

在实践应用层面，检察权司法化研究本身就是对检察改革的回应。首先，检察权司法化通过审查程序的正当化满足民众对司法民主、司法公正以及司法公信力的需求，为检察改革目标的实现提供一种新路径；其次，通过对检察权司法化实现方式的研究，还可以为检察机关公开审查案件提供可操作性指引；最后，司法实践中检察听证也需要理论的指导，帮助其突破发展的“瓶颈”。通过检察权司法化的研究，可以为各地检察机关的司法实践提供理论支持和对策指导。

三、文献综述

从中国知网中检索，直接键入“检察权＋司法化”，可以检索到4篇相关论文，分别为黄曙等《检察权的司法化运作及其构建》(《人民检察》2006年第11期)、张铁军等《论检察权行使的司法化——以刑事诉讼为切入点》(《学习与探索》2010年第4期)、孙静《检察权运行司法化的边际概览与可能方式》(《西南政法大学学报》2013年第5期)、燕星宇硕士学位论文《论我国检察权的司法性根基及其司法化改革》(2011)。直接键入“检察机关＋司法化”，可以检索到3篇相关论文，有代表性的是龙宗智《检察机关办案方式的适度司法化改革》(《法学研究》2013年第1期)。直接键入“法律监督＋司法化”，可以检索到1篇相关论文，龚培华等《试论法律监督司法化的定位》(《人民检察》2014年第6期)。其他有代表性的相关论文有陈卫东等《论检察机关的司法救济职能》(《中国高校社会科学》2014年第5期)、叶青《审查逮捕程序中律师介入权的保障》(《法学》2014年第2期)、左卫民《司法化：中国刑事诉讼修改的当下与未来走向》(《四川大学学报》2012年第1期)、万毅《刑诉法修改对检察制度若干理念的重塑》(《检察日报》2012年10月22日)。代表性的著作有谢佑平《中国检察监督的政治性与司法性研究》(中国检察出版社2010年版)。

通过上文对相关成果的梳理，可以看出目前关于检察权司法化的研究成果不多，学界对于该问题的关注度不高，相比较而言，实务部门给予了较高的关注。从研究成果来看，龙宗智教授、谢佑平教授以及叶青教授等进行了较为深入的研究。

上述成果主要涉及以下内容：一是检察权司法化的标准、范围。检察权的司法化要考虑两个方面的条件：司法性质的决定和重大且有争议的程序决定。多数学者主张审查批准逮捕、羁押必要性审查、不起诉审查应当采用司法化的方式进行。二是检察权司法化改革的具体目标：塑造一线责任主体，建立“多点式办案单元”、引进对审听证程序要素，建构审前程序的弹劾制构造。对于涉及人身自由的强制措施如逮捕审查、羁押必要性审查，学者们多主张采用公开、对审听证的方式进行审查。还有的学者从检察机关办案方式行政化的弊端出发论证检察权司法化的必要性。

总的来看，国内学界对于检察权司法化问题尚未进行系统的研究，对检察权司法化基本概念、正当性和合理性以及保障措施等方面的研究也稍有不足。由于检察权的司法化基本上是我国特有的法律现象，域外直接对其研究的成果不多。域外学者的研究更多局限于侦查程序的诉讼化问题，如日本井田侃教授提出诉讼的侦查观，认为侦查结构应是由检察官、司法警察与被告三者组成，司法警察为当事人，检察官位居审查角色。日本学者石川才显也认为此时检察官保持中立，实际上履行着法官的职能。上述观点的目的是建立以检察官为审查者、司法警察和被告为当事人的诉讼构造，以导正权力过度集中的侦查程序。

四、主要研究方法

本书以全面推进依法治国以及新一轮司法改革为大背景，立足于刑事诉讼基本理论，除了运用历史分析、横向比较、文献对比、价值分析、实证分析等方法以外，还注重运用系统方法、法解释学以及归纳和演绎等方法。如通过对刑事诉讼进行整体性分析，从整体上把握刑事诉讼的功能，正确衡量刑事诉讼结构安排的正当性，论证我国检察机关行使司法审查职能的合理性，为科学确定检察权司法化的界限作出铺垫。通过运用法解释学的方法，在我国现实的法律框架下，通过对法律、司法解释等进行解释，分析论证检察权司法化的制度基础，核心是解释、建构，而不是简单的通过与西方摹本比对，然后批判、否定。通过对司法实践中各地检察机关听证程序的分析归纳，总结检察权司法化范围之确定标准，然后以该标准对检察权的其他具体内容进行检验，以确定是否能够实行权力的司法化运行，从而确定检察权司法化的范围。

五、本书结构

从本书的总体结构来看，共分为七个部分。除导言和结语外，正文结构分为五个部分。

第一章为检察权司法化的内涵，试图回答检察权的司法化内涵是指职能的司法化还是权力运行的司法化。本章分为三节，第一节对检察权司法化的基本概念进行厘清，分为司法的内涵及特征和检察权司法化的内涵之争两部分；第二节对检察权的法律属性进行了分析，分为检察机关定位分歧及原因分析、检察权定位分歧及原因分析以及检察权的司法性三部分；第三节从逻辑上和价值取向上分析检察权的司法化应是指权力运行的司法化，分为检察权运行司法化的现实动因、比较法意义上检察权司法化以及检察权运行司法化与审判权运行程序之比较三部分。

第二章为检察权司法化的范围，试图回答检察权司法化的范围是完全的司法化还是有限的司法化。本章分为四节，第一节对检察权的发展沿革及具体内容进行考察，分为历史层面的检察权、现代层面欧美主要国家的检察权、我国检察权的发展沿革及具体内容和司法改革背景下我国检察权的新变化四部分；第二节为检察权司法化范围之确定，分为检察权司法化范围之确定标准以及检察权司法化的应然范围两部分；第三节为检察权司法化可行性的现实基础，分为制度基础和实践基础两部分；第四节为检察权司法化可行性的理论分析，分为角色冲突问题及分析、审查者的监督或制约问题及分析以及对审判权的僭越问题及分析三部分。

第三章为检察权司法化的理论支点，试图回答检察权司法化的理论基础是什么。本章分为三节，第一节为司法民主视野下的检察权司法化，分为司法民主基本内涵、衡量标准以及对检察权司法化的要求三部分；第二节为司法公正视野下的检察权司法化，分为司法公正的基本解说、通过程序公正实现实体公正以及司法公正对检察权司法化的要求三部分；第三节为司法公信力视野下的检察权司法化，分为司法公信力基本内涵、具体表现以及对检察权司法化的要求三部分。

第四章为检察权司法化的实现方式，试图回答检察权司法化运行的具体方式。本章分为三节，第一节为检察听证的哲理基础，分为检察听证的认识论基础、价值论基础以及人本论基础三部分；第二节为检察听证的基本原则、范围以及主体，分为检察听证的基本原则以及检察听证的范围与主体两部分；第三节为检察听证的具体程序，分为听证的启动程序、准备程序、审查程序、评议与宣告程序、救济程序五个部分。

第五章为检察权司法化的保障措施，试图回答检察权司法化的实现需要哪些制度的支持和保证。本章分为四节，第一节分析检察权的独立行使为检察权司法化提供主体保障，本节分为我国检察权独立行使的内涵、检察权独立行使与检察权司法化的关系、主任检察官办案责任制改革与检察权司法化的契合三个部分；第二节分析检务公开为检察权司法化提供程序保障，本节分为检务公开的内涵及价值、检务公开与检察权司法化的关系、检务公开对检察权司法化的促进和保障三个部分；第三节分析律师帮助权的完善为检察权司法化提供构造上的保障，本节分为律师帮助权在检察权司法化中的作用、律师帮助权对检察权司法化的保障、审前程序法律帮助权的不足及完善三个部分；第四节分析了“检察庭”建设为检察权司法化提供了物质保障，本节分为检察庭设立的意义、检察庭设立与检察权司法化的关系、检察庭的功能和布置三个部分。

六、主要创新及不足

在研究思路和方法上，除了运用法学学科的基础理论之外，还借鉴其他学科的基础理论来厘清检察权司法化的相关概念以及论证检察权司法化的合理性、正当性。例如，从哲学上的认识论、价值论和人本论等视角论证检察权司法化采用公开听证审查的正当性；从政治学、伦理学上的权力结构等理论来分析我国检察权的权力属性，科学界定检察权司法化；从政治学、伦理学上的民主、正义、公信等理论来论证检察权司法化的生成基础及正当性；通过社会学的结构功能主义视角论证我国的检察权立足本土经验，在现行法律框架下司法化运行的合理性、可行性，检察权和审判权共同承担适用“客观法律准则”、实现“真实正义”之责，两者之间权力合理、有序的分配并不影响对社会整体发挥司法的功能。

在研究内容上，论文从检察权司法化的内涵、范围、价值、实现以及保障五个部分展开研究，各部分之间衔接紧密，形成一个完整的体系。本书以问题为导向，研究内容具有鲜明的针对性，每一部分内容都围绕问题展开，着力解决检察权司法化的现实问题。通过研究，形成以下观点：第一，检察权的司法属性决定了检察权的运行应当遵循司法规律，检察权司法化的本质是权力运行的司法化，是一种程序上的司法化。第二，根据司法的一般原理，应当从程序主体之间的结构、程序决策的重要性、影响力以及司法决定的效力三个方面确定检察权司法化的应然范围。总体而言，审查批准逮捕权、公诉权、诉讼监督权、救济权的行使符合上述标准，自侦案件侦查权、司法解释权则不具备司法化运行的条件。第三，司法民主、公正以及公信力既是检察权司法化的正当性基础，也是检察权司法化所要实现的目标，民众对司法民主、公正、公信力的需求要求检察权必须遵循正当程序运行。第四，检察权司法化的实现方式有两种，一是适度的司法化（非同一时空下的兼听模式）；二是彻底的司法化（同一时空下的对审听证模式）。从认识论、从价值论以及从人本论角度分析，同一时空下的对审听证模式应是检察权司法化的标准样态。第五，检察权司法化的实现需要其他制度的支持和保障：检察权的独立行使为检察权的司法化提供主体上的保障，检务公开为检察权的司法化提供程序上的保障，律师帮助权的完善为检察权的司法化提供诉讼构造上的保障，检察庭的设立为检察权的司法化提供物质上的保障。

本书虽然对检察权运行司法化进行了较为深入的研究，但仍有以下不足之处：

第一，缺少从经济学角度对检察权运行司法化的效率问题进行研究。一般而言，检察权行政化运行偏重效率，检察权司法化运行偏重公正。为了保证司法决定的公正，科学、民主的程序设置是必要的。但是“迟到的正义也是非正义的”，因此，检察权运行司法化应当遵循必要性原则并实行“繁简分流”，对于事实、证据没有争议但需要保障当事人民主、参与权利的案件，可以进行简易听证或适用“兼听模式”。另外，如何避免制度设计上的重复听证亦应当进行讨论。

第二，实证研究不够全面，检察权运行司法化社会效果和法律效果的评价来源主要是来自试点检察机关的总结，其代表性不足。可以从律师事务所、侦查机关等多角度了解上述问题，分析原因，寻求对策。

第一章　检察权司法化的内涵

检察官自从创设以来，始终处于法院与警察夹击的尴尬地位，其定位和法律属性始终充满矛盾，检察权源自司法，却始终在行政的枷锁之中。如何准确定位检察官这一诉讼角色，保障其独立行使检察权，一直是各国刑事诉讼的关键问题之一。在我国，即便宪法层面已经明确检察机关为法律监督机关、检察权为法律监督权，但学界关于上述问题认识的分歧一直伴随着刑事诉讼的制度变迁。2012年刑事诉讼法修改，检察权在内容上增加了司法救济权，在程序上则有较为明显的司法化趋势，对于这种法律现象，学界将之概括为检察权的司法化。为了解释这种现象或者证明这种现象产生的必然性，就必须弄清楚检察权司法化的内涵，而要解决这个问题，又必须回到检察权研究的原点问题展开论证。

第一节　检察权司法化基本概念的厘清

一、司法的内涵及特征

（一）司法的内涵

从词源上看，汉语中“司”有两层含义，一是“掌管、处理”[①]之意；二是指

①《辞海》，上海辞书出版社1979年版，第106页。

“掌管法规制度之官职”①。至唐代，我国已出现“司法”一词②，但该词仍主要是“指称主管刑事审判的行政官职，它只是一个孤立的、描述一种行动和职权的词语”③。我国近代意义上的“司法”概念是清末司法变革的产物，清末修律引入了三权分立的思想，在宪政制度方面提出“立法、行政、司法总揽于君上统治之大权”，司法应有相对独立的地位，“东西各国宪政之萌芽，俱本于司法之独立”。④ 1910年《法院编制法》的颁行标志着近代意义上“司法”法律化。

西方“司法”的概念可追溯到古希腊思想家亚里士多德对国家权力的划分，议事权、行政权和审判权的划分使得司法的内涵首次得以阐释。而最终明确司法内涵的是法国思想家孟德斯鸠，他把国家权力区分为立法、行政和司法三种权力，明确司法权的功能为惩罚犯罪或裁决私人讼争。⑤《布莱克法律词典》对于Justice有三种解释：一是指公正、适当地适用法律（The fair and proper administration of laws）；二是指法官（A judge）；三是指司法管辖权（Jurisdiction）。⑥《布莱克维尔政治学百科全书》给出的定义为“法院或法庭将法律规则适用于具体案件或争议”⑦。1911年美国Muskrat v. United States案中明确司法权的范围限于个案和争议的解决。⑧

上述传统中对司法的界定主要是指形式意义上的司法，它更关注司法的形式要件如司法的主体（法院）、司法机关的权限、对法律的适用等。我国学者对司法的界定大多是这个意义上的，如有的学者认为司法“是通过审判表现出来的国

①《周礼·天官冢宰第一·宰夫》：“掌百官府之征令，辨其八职：一曰正，掌官法以治要。二曰师，掌官成以治凡。三曰司，掌官法以治目。”其中“正”一级、“司”一级都是掌管法规制度之职责。见钱玄等注《周礼》，岳麓书社2001年版，第26页。

②“唐制，在府叫法曹参军，在州叫司法参军，在县叫司法。”《辞海》，上海辞书出版社1988年版，第1261页。

③ 陈春明：《司法权及其配置》，中国法制出版社2009年版，第10页。

④ 王利民：《司法改革研究》，法律出版社2000年版，第100页。

⑤［法］孟德斯鸠：《论法的精神（上册）》，张雁深译，商务印书馆1961年版，第155页。

⑥ See Bryan A.Garner *ed.*, *Black's Law Dictionary (Eighth Edition)*, West Group, 2004, pp.2528-2529.

⑦［英］戴维·米勒韦农·波格丹诺主编：《布莱克维尔政治学百科全书》，邓正来等译，中国政法大学出版社1992年版，第6页。

⑧ Muskrat v. United States,219 U.S. 346, 356(1911).

家作用”[①]；有的学者提出司法“是就一切具体的事实宣告适用何法的活动”[②]；还有的学者认为司法是司法机关根据法定程序依职权适用法律的活动。[③]这种形式意义上的界定没有指明司法的本质，因此亦有学者从司法在社会中的功能与价值层面来界定司法。司法的功能与价值具有层次性，司法的原始功能与价值是定纷止争，通过解决具体个案化解矛盾；司法的中层功能与价值是保障人权、制约公权。如果司法的本质仅仅是定纷止争，在司法过程中，人可能只是作为手段而存在，人本身的价值被忽视，人的基本权益就有可能被侵犯。实际上，司法最重要的还是法院通过具体争讼案件的审理，来达到保障国民权益的重大使命。[④]司法的最终的功能与价值是稳定社会秩序、促进法治发展。司法对矛盾的化解本质上就是对人与人之间社会关系的调整，最终的目的是促进人的和谐、秩序稳定以及法治的发展。日本宪法学家芦部信喜教授从司法的本质层面对司法进行界定：一般所谓司法，是“就具体之争讼，适用法律，经由宣告、裁定争讼之国家作用”，是“在当事人之间，就有关具体事件发生纠纷的场合，以当事人提起争讼为前提，基于独立之法院的统治权，籍由一定之争讼程序，为解决纠纷，判断什么是法，保障法的正确适用之作用”。[⑤]

（二）司法的属性

事物的属性就是事物的性质与事物之间关系的总称，也是判断此事物和彼事物异同的标准。根据不同标准，属性可以分为特有属性和共有属性、本质属性和非本质属性等。如果要讨论司法与行政、立法的区别，就必须研究司法的本质属性和特有属性，这些属性能够将司法与其他概念区别开来。

司法的本质属性可以从司法的基本要素进行探讨。日本宪法学家芦部信喜教

---

① 董璠舆：《日本司法制度》，中国检察出版社 1992 年版，第 9 页。
② 龚祥瑞：《现代西方司法制度》，北京大学出版社 1993 年版，第 19 页。
③ 陈卫东：《程序正义之路（第一卷）》，法律出版社 2005 年版，第 90 页。
④ 许正顺：《简介日本司法权之运作模式》，载《法官协会杂志》1999 年第 2 期。
⑤［日］芦部信喜：《宪法》，有斐阁 1997 年版，第 300－301 页。

授将之分解为以下基本要素:(1)存在具体之争讼;(2)适当程序的要求(如言词辩论、公开主义等);(3)公正独立之审判;(4)保障法的适用等。我国有学者将之归纳为八个方面:(1)争端特定;(2)争端主体特定(两方或两方以上);(3)争端一方向司法机关提交争端;(4)争端裁判者独立;(5)争端当事人参与对审抗辩听证;(6)争端当事人承担举证责任;(7)裁判者要作出裁判;(8)裁判者在直接言词审理基础上认定事实、适用法律。①综合上述司法的基本要素,可以概括出司法的本质属性包括以下几个方面:

1. 司法的事件性

司法的事件性是指司法必须以事件(个案)作为发动的要件,主要是为了确定司法活动的界域。司法裁判的前提是存在具体之争讼,纠纷须存在两方或两方以上的主体之间,可以是平等主体之间如民事诉讼,也可以是不平等主体之间如公民和行政机关之间的行政纠纷、公民与国家之间的刑事纠纷,等等。事件性要求上述争端或纠纷必须是现实性的和既存性的,司法只针对过去发生的争端,这与立法、行政都有所区别,立法要注重前瞻性,行政除了对现实性的争端处理之外,还要具有预防性的功能。

2. 司法的独立性

司法如果要实现保障人权、制约公权的功能,就必须做到能够依法独立公正进行司法活动。为了凸显独立司法的重要性,各国均在宪法中明确法官依法独立行使审判权,不受任何干涉。司法独立性的核心含义是指“法官应从属于法律而独立于官方命令”②,法官在司法裁判中不仅不受法院外部的干涉,也不受来自法院内部的干涉,其要服从的仅是法律及其自己的良心③,“只在仅仅服从法律的法院中,才能实现司法权的独立”④。这与行政管理上下一体化的领导体制和上令下从的决策机制完全不同。相比较而言,我国司法的独立性更强调法官审判权的独

① 陈瑞华:《刑事诉讼中的问题与主义》,中国人民大学出版社 2013 年版,第 5 页。

②[德]卡尔·施米特:《宪法学说》,刘锋译,上海人民出版社 2005 年版,第 167 页。

③ 陈瑞华:《司法权的性质》,载《法学研究》2000 年第 5 期。

④[德]拉德布鲁赫:《法学导论》,米健等译,中国大百科全书出版社 1997 年版,第 100 页。

立，从司法实践来看，法官审判权独立的缺乏导致了司法的行政化，同时整体独立也异化为司法的地方化，由此产生的直接结果是司法丧失了制约公权和保障人权的功能。党的十八届三中全会通过了《中共中央关于全面深化改革若干重大问题的决定》（以下简称十八届三中全会《决定》），对于司法改革进行了顶层设计，改革的内容无论是审判权、检察权的独立公正行使，还是司法权力运行机制的健全（如审理者裁判、裁判者负责的办案责任制等）都是围绕着审判权独立行使展开的。党的十八届四中全会通过了《中共中央关于全面推进依法治国若干重大问题的决定》（以下简称十八届四中全会《决定》）对于十八届三中全会的司法改革目标作了进一步的细化和落实，司法改革的核心就是通过司法体制以及司法机制改革实现司法过程去行政化、去地方化，从而提高司法公信力、实现司法公正。可以预见，我国新一轮的司法改革终将实现真正意义上的独立司法。

3. 司法的被动性

根据不告不理原则，没有原告就没有法官。法国思想家托克维尔认为司法权的性质决定了司法权的被动性，“要想使它行动，就得推动它”①。司法的被动性是裁判者公正、正确作出裁判的前提，也是司法能够获得公信力的保障。司法的被动性主要表现为司法程序的发动权在于当事人，当事人没有请求的，不能启动审判程序；此外，司法裁判的范围不能超越当事人请求的范围，法院不得为“诉外裁判”。司法的此种特性与立法权、行政权的积极主动形成了强烈的对比。由于属性的差异，行政管理必须以作为的方式积极主动地干预公民的社会生活；对于立法权，从草案的提出、修改、审议乃至最后的表决等，都需要民众及其代表的积极参与，“不积极主动去主张并行使自己的权力简直是不可想象的”②。

4. 司法的中立性

司法的独立性表示司法活动不受外来任何干涉，但独立并不等同于中立。司法的中立性是指司法活动要有超越性，超越于当事人的利益，不偏不倚，居中裁

①［法］托克维尔：《论美国的民主（上册）》，董果良译，商务印书馆1988年版，第110页。
② 汪习根主编：《司法权论》，武汉大学出版社2006年版，第23页。

断。不偏不倚的中立性是公正之依托、裁判之品格，只有中立才能作出公正的裁判；它也是司法公信力的保障，只有中立，作出的裁判才能让当事人和其他公民信赖、折服。另外，司法的中立性也是司法产生的正当性基础，当事人之间产生利益争端或纠纷之后，之所以愿意诉诸第三方（司法机关）来作出裁断，其中有司法机关权威性的一面，但更主要的是第三方与他们之间的利益争端或纠纷没有关联性。相比较而言，行政为了社会治理在面对各种社会矛盾时，其态度具有鲜明的倾向性。

5. 司法的交涉性

司法的交涉性是指司法机关应在两造对抗下，通过当事人之间的交涉、争辩而作出居中裁判。日本学者棚濑孝雄指出审判的本质在于，当事人有平等对抗的机会包括举证和辩论，当事人的举证和辩论能够影响法官判断的形成，并且法官只能根据当事人之间的交涉、争辩而不是别的因素形成判断。[①] 当事人的参与与否直接决定了司法活动品质的好坏，没有参与，司法过程就欠缺最低限度的程序正义性。从审理到裁判的整个司法过程都应体现司法的交涉性，同时司法的交涉性不仅是形式意义上的，如当事人能够在审理过程中举证、辩论、发表意见，还应当是实质意义上的，这一点尤为关键，即当事人的交涉能够对司法裁判的形成有决定性的影响。相比较而言，一般行政活动不是由三方构成的，而是双方结构即管理者和被管理者，在行政活动中，主要以行政机关为主导，无须相对人参与以进行意见交涉，行政决定也是以命令的形式单方、强制作出。现代行政虽然借鉴司法程序确立行政听证制度，体现了行政活动的交涉性，但其与司法审判仍有较大差异，也不是行政活动的主要方式。

6. 司法的终结性

司法的终结性是指司法机关对当事人利益争端或纠纷的裁判生效后，具有效力的至上性以及司法活动终局的效力，任何个人或组织都不得撤销或变更裁判，

①［日］棚濑孝雄：《纠纷的解决与审判制度》，王亚新等译，中国政法大学出版社 1994 年版，第 256 页。

不得重新启动争端解决程序。美国学者埃尔曼指出，如果事实关系和法律关系一旦经过法定程序经由法定机关认定，就如同贴上封条一般，不得再随意撤销或变更这种认定。[①]从司法的功能上看，司法的终结性是司法定纷止争的当然要求。当事人把利益争端或纠纷诉诸司法机关解决，是希望得到一个最终的解决方案并且该方案应具有权威性和稳定性。当争端的解决无法得到终局性的保障或者对争端的裁判可以随意地改变的话，司法的功能将无从实现，司法活动的正当性基础就不复存在。

二、检察权司法化的内涵之争

（一）什么是司法化

从词源上看，“化”的基本含义为变化、改变，意指事物性质或形态的改变。如《说文》中的“匕（古体的化），变也”、《易·系辞传》中的“知变化之道”、《荀子·正名》中的“状态而实无别而为异者谓之化”，等等。司法化从词义上看即可指权力属性向司法属性改变，亦可指权力的运行方式向司法权运行方式转变；从价值层面理解司法化意味着某种价值取向的变化。我国学界关于司法化的研究主要体现在三个领域：宪法、行政法和刑事法，分别是宪法的司法化问题、行政法领域的司法化问题以及刑事法领域的司法化问题。宪法的司法化是指违宪审查程序的司法化，通过司法途径使宪法成为现实、有效的规则，宪法的司法化也有利于纠正立法机关自我审查的缺陷。[②]行政法领域的司法化主要源于现代行政民主化的要求，行政管理要体现交涉性，因此借鉴司法程序制度而建立行政听证制度，实现特定带有司法元素的程序（如行政复议）的司法化。刑事法领域的司法化从实质意义上看就是程序的司法化，这种程序上的司法化贯彻于我国 1979 年至 2012 年刑事诉讼的制度变迁，具体体现为审前程序和审判程序的司法化。审

---

① 转引自季卫东：《法治秩序的建构》，中国政法大学出版社 1999 年版，第 18 页。
② 胡锦光：《宪法司法化的必要性与可行性探讨》，载《法学家》1993 年第 1 期。

前程序的司法化主要体现为检察机关对于公安机关侦查行为的“司法审查”的加强以及审前程序中控（公安机关）、辩（犯罪嫌疑人）、审（检察机关）三方结构的形成。审判程序的司法化体现为一审程序、二审程序以及死刑复核程序从弱司法化向强司法化的转变。[①]

（二）检察权司法化内涵的不同观点

检察权司法化本身并不是一个新的命题，部分检察权如不起诉、审查批捕等权力运行的司法化已经学者们反复研究并在一定的地域进行实践试点。随着2012年刑事诉讼法强化了检察机关的法律监督职能，检察权的司法化又被赋予了新的内容，再度引起了学界的关注。

从字面意思来看，检察权的司法化可以有两种意义上的理解：一是检察权权力属性或权能的司法化，也就是检察权实体的司法化；二是检察权权力运行的司法化，即检察权按照司法权的运行规律来行使，这种可归纳为检察权运行程序的司法化。目前，我国学界关于检察权司法化的认识可归结为以下两种观点：一是检察权的司法化是指检察权能的司法化，二是检察权的司法化是指检察权运行的司法化。持第一种观点的学者认为，2012年刑事诉讼法增加了检察机关对侦查机关非法证据的排除、对于诉讼参与人救济、对羁押必要性的审查等诸多权能，“使部分检察职能呈现出司法化的特征”[②]，尤其是新《刑事诉讼法》第47条和第115条确立的检察机关司法救济职能，其“启动被动性、实体决定性、相对独立性、效力有限性、相对中立性等特征也表明了其司法化的倾向”[③]。我国台湾学者林钰雄曾经指出，在权力分立的架构下，从组织上看可将检察权归属于第二权（行政权），但在功能上，检察权又向第三权（司法权）靠拢。[④]但我国多数学者持第二种观点，认为我国检察机关的性质以及职能特点决定了检察权的司法属性，但检

① 左卫民：《司法化：中国刑事诉讼修改的当下与未来走向》，载《四川大学学报（哲学社会科学版）》2012年第1期。
② 陈卫东、程永峰：《新一轮检察改革中的重点问题》，载《国家检察官学院学报》2014年第1期。
③ 陈卫东、林艺芳：《论检察机关的司法救济职能》，载《中国高校社会科学》2014年第5期。
④ 林钰雄：《检察官论》，法律出版社2008年版，第79页。

察权的运行却始终沿用行政模式而欠缺与司法属性相适应的司法特征。因此，检察权的司法化是相对于检察权运行的行政化而言，是指“推动司法性工作方式发展并以其取代行政性工作方式”①。“司法化是与非司法化的专断化诉讼模式尤其是传统中国行政式司法方式相对的。”② 实务部门的专家学者也持相似的观点，认为检察权的司法化应是指权力运行的司法化。③

上述两种观点的差异性主要表现为：一是前提不同。检察权实体的司法化前提是检察权的权力属性主要为行政权，从逻辑上讲，司法属性当然无须再司法化，只有行政属性才有向司法属性发展的可能；而检察权运行程序的司法化的前提是检察权具有司法属性，检察权应依据司法规律运行权力，从行政式运行模式向司法式运行模式转变，即从检察权行使的非参与性、非对抗性、非公开性单方专断模式转变为具有参与性、对抗性、公开性的理性化司法裁断模式。二是侧重点不同。前一种观点更侧重于检察权的属性变化，其核心是检察权的法律属性问题，持此种观点的学者甚至认为“检察机关司法救济职能的确立是检察权行使司法化的产物”④；后一种观点则侧重于检察权的运行问题，其核心是检察权运行过程去行政化的问题。

检察权的司法化既可以指检察权法律属性或运行方式发展变化的方向或趋势，亦可指检察权价值取向的变化，两者之间是形式与本质、外在与内在的关系，后者更能表现检察权司法化的意义和必然性。下文将从形式层面论证检察权的司法化是指检察权运行的司法化，从实质层面论证检察权运行司法化内在的价值变化。

---

① 龙宗智：《检察机关办案方式的适度司法化改革》，载《法学研究》2013 年第 1 期。

② 左卫民：《司法化：中国刑事诉讼修改的当下与未来走向》，载《四川大学学报（哲学社会科学版）》2012 年第 1 期。

③ 参见龚培华、李建波：《试论法律监督司法化的定位》，载《人民检察》2014 年第 6 期；黄曙、李忠强：《检察权的司法化运作及其构建》，载《人民检察》2006 年第 6 期；张铁军、易延友：《论检察权行使的司法化——以刑事诉讼为切入点》，载《学习与探索》2010 年第 4 期。

④ 陈卫东、林艺芳：《论检察机关的司法救济职能》，载《中国高校社会科学》2014 年第 5 期。

第二节 检察权的法律属性

检察官制是人类司法史上的一个伟大构想，自创设以来，即被寄予厚望。检察官承载着“法治国之栋梁”“政治自由的支柱”之历史使命。① 现代检察官制被称为“革命之子”，1789 年法国大革命后，公诉权从原纠问法官之审判权中剥离，由检察官行使，1808 年拿破仑治罪法典明确采行控诉原则。② 自此，纠问制度得以破除，控诉原则得以确立。可见在检察官制创设以来，其就居于法官与警察之间“谷间带”的位置，处于两者的夹击之下，艰难地探索自己的位置。③ 与法官或行政官不同，检察官没有一个固定类型可以遵循，“欧陆法律界花了近一个多世纪的时程，其间经历封建帝制或集权政治的洗礼、考验，至今仍未有满意答案，德国法学家罗科信称其是一个尚未完成的机关。”④

一、检察机关定位分歧及原因分析

（一）域外关于检察机关的定位之争

在 19 世纪，大部分大陆法系国家受到拿破仑司法行政模式的影响，检察机关表现出等级性、一体化以及隶属于行政机关的特征，直至现在，这仍然是许多欧洲国家检察机关的实然状态。⑤ 但是在理论研究中，关于检察机关的法律地位问题一直存在较大争议，尤其是在德国，检察官的定位之争可以概括为三种学说：一般行政官说、等同法官说、中介之司法官署说。

将检察官定位为一般行政官的理由一方面由于在组织法上，检察机关一般隶

---

① Roxin，DRiZ 1969，385，386. 转引自林钰雄：《检察官论》，法律出版社 2008 年版，第 50 页。
② 林钰雄：《谈检察官之双重定位——行政官？（司）法官》，载林钰雄：《检察官论》，法律出版社 2008 年版，第 55 页。
③ 林钰雄：《谈检察官之双重定位——行政官？（司）法官》，载林钰雄：《检察官论》，法律出版社 2008 年版，第 50 页。
④ 林丽莹：《检察一体与检察官独立性之分际》，载《月旦法学杂志》2005 年第 9 期。
⑤ 卢建平主编：《检察学的基本范畴》，中国检察出版社 2010 年版，第 22 页。

属于司法部，内部组织采用“阶层式”行政结构，“上令下从”“上下一体”。“上令下从”是指上级对下级有指挥监督之指令权，下级有相应的服从义务；“上下一体”是指在对外行使职权时各级检察机关的检察官可以代表检察机关。法国的情形与德国稍有不同，在法国，检察官代表的是整个检察机关；在德国，检察官代表的是其所在的检察机关。另一方面，在三权分立的谱系下，司法权等同于审判权或裁判权，仅能由法官来行使，检察官自然不可能归于立法权，因此，只能归于行政权。在法国，即便检察官具有独立于政府部门的地位，被视为公益代表人，其仍被定义为“近于司法官之行政官员”①。

将检察官等同法官的最根本理由是为了防范行政对司法的干预，作为立法良好以及行政公正的基本条件之一就是保证刑事诉讼程序的独立性，排除政治势力对其干涉。②从宪法解释层面，司法机关可以解释为包括法官和检察官，检察官虽然不是法官，但是在执行司法领域的功能时，实际上与法官无异。③相比较而言，没有其他任何权力主体比检察官更近似于法官，就两者的目标而言，具有高度同一性，都是为了查明事实、适用法律，并且检察官的法律守护人地位可以让其能和法官相提并论。④正是由于检察官和法官之间的上述关系，法国人称法官为“坐着的司法官”，而称检察官为“站着的司法官”。

中介之司法官署说认为检察官既不能和行政官画等号，亦不能和法官画等号。检察官与行政官和法官有共性，但也有本质上的差别。行政官可被动地在法律框架内行使职权，而检察官则负有积极实现法律意旨的任务。⑤同样，检察官与法官具有近似性的一面，但“近似”无法与“等同”画等号，大陆法系宪法明确司法权由法官专属，很难通过解释扩展到检察官，司法的独立性与“检察一体”“上命下从”也是格格不入的。追本溯源，从权力制约的角度来看，现代检

---

① 黄东雄：《中外检察制度之比较》，台湾文物供应社 1986 年版，第 100 页。
② Zitiert nach Wagner,JZ 1974,212,217. 转引自林钰雄：《检察官论》，法律出版社 2008 年版，第 71 页。
③ Görcke, ZStW 73(1961),564,576. 转引自林钰雄：《检察官论》，法律出版社 2008 年版，第 69 页。
④ Roxin，DRiZ 1969，385. 转引自林钰雄：《检察官论》，法律出版社 2008 年版，第 70 页。
⑤ 林钰雄：《谈检察官之双重定位——行政官？（司）法官》，载林钰雄：《检察官论》，法律出版社 2008 年版，第 67 页。

察官制创设的目的在于“国家权力之双重控制”，监督法官，防范其擅断；节制警察，抑制其恣意。[①]检察官实际上处于法官与警察之间的“居间地位”，既具有行政属性，又具有司法属性。因此，检察权既不能归于第二权（行政权）体系，又不能归于第三权（司法权）体系，检察官应是介于行政与司法之间独立的机构。[②]德国学者施密特等人将之定位为“司法官署”，既是司法，又是官署。如果检察官执行的是司法领域之职责，则表现司法的一面，独立行使职权；如果执行的是行政领域之职责，则表现为官署的一面，依上命下从准则行事。基于上述研究，台湾学者林钰雄认为检察官既不是依上命下从规则行事的行政官，也不是独立自主行使权力的法官，而是出于上述两者之间“实现客观法意旨并追求真实与正义的司法官署。”[③]

英美法系国家关于检察官的定位与大陆法系国家不同，从传统上看，英美检察官的基本定位是政府的律师，代表政府提起公诉，其所行使的职权当然归于行政权。美国关于检察官的定位明确，地方检察官隶属于行政机关，为行政官。联邦检察官虽然出现独立检察官这段插曲，但自 1935 年伯杰诉合众国一案[④]以来，美国联邦检察官作为公正行政官员的地位得到认同：在刑事诉讼中，检察官的目的不是胜诉，而是实现公正；检察官代表的不是普通当事人，而是国家。另外，从美国检察官起诉裁量制度亦可得出检察机关属于行政机关的结论。检察官拥有几乎无限制的起诉裁量权，检察官的不起诉决定，基本上不存在制约的措施。[⑤]法院无权对检察官的起诉行为进行司法审查，因为根据三权分立和制衡的原则，法院不能干预行政机关行使裁量权。

---

① 林钰雄：《检察官在诉讼法上之任务与义务》，载林钰雄：《检察官论》，法律出版社 2008 年版，第 9 页。

②［德］克劳思 · 罗科信：《刑事诉讼法》，吴丽琪译，法律出版社 2003 年版，第 66 页。

③ 林钰雄：《谈检察官之双重定位——行政官？（司）法官？》，载林钰雄：《检察官论》，法律出版社 2008 年版，第 79－89 页。

④ Berger v. United States, 295 U.S.78(1935).

⑤ 张智辉、杨诚：《检察官作用与准则比较研究》，中国检察出版社 2002 年版，第 372 页。

（二）我国检察机关的定位

从宪法层面，直接规定检察制度的国家除中国外，还有俄罗斯（《宪法》第129条）、越南（《宪法》第137条）、马来西亚（《宪法》第138条）、缅甸（《宪法》第34条）、新加坡（《宪法》第19条）、印度（《宪法》第76条）、瑞典（《宪法》第6条）等为数不多的国家。那些实行“三权分立”权力结构模式的绝大多数国家都没有在宪法层面对检察制度进行直接规定，而是直接规定司法权专属于法院，如美国《宪法》第3条、德国《基本法》第92条、日本《宪法》第76条等。

我国1954年《宪法》仿照苏联，在第81条规定了检察机关的地位、职权、组织领导以及活动原则，但是没有明确检察机关为国家的法律监督机关；1975年《宪法》由于受到“文革”的影响，检察机关在宪法层面也已经名存实亡，没有关于检察机关地位和职权内容的规定，只在第25条第2款笼统规定检察机关的职权由各级公安机关行使。1978年《宪法》第43条恢复了1954年《宪法》对于检察机关的相关规定。1979年《人民检察院组织法》第1条首次明确了检察机关法律监督机关的地位，1982年《宪法》正式明确了检察机关的宪法地位，具体表现为以下三个方面：一是第129条规定检察机关的宪法地位——国家的法律监督机关；二是第131条规定检察机关职权行使的独立性；三是第135条规定的检察机关、法院和公安机关三机关在刑事案件办理中的关系。在我国“一元分立”[①]的权力结构下，宪法规定检察机关作为法律监督机关在立法机关之下与行政机关、审判机关并列。在我国的权力结构下，检察机关作为“第四个机关”也是符合权力结构特征的。美国的独立检察官制度则不同，国会通过法律实际上赋予其政府“第四个部门”的地位，但其不符合宪法确立的“三权分立”的权力结构，甚至有破坏权力结构平衡之虞，最终被评价为失败而走向终结。

在政策层面，早在1979年《中共中央关于坚决保证刑法、刑事诉讼法切实

① 在这种权力结构模式下，国家权力机关处于核心地位，国家行政、审判、检察机关都由它产生，对它负责，受它监督，我国的权力结构即可归于此种类型。见樊崇义：《刑事诉讼法哲理思维》，中国人民公安大学出版社2010年版，第309页。

实施的指示》强调检察机关要发挥司法机关的作用，2006年《中共中央关于进一步加强人民法院、人民检察院工作的决定》明确人民检察院是国家司法机关。从历次中国共产党的代表大会报告中也可以看出，检察机关和审判机关被定位为司法机关。十五大、十六大报告明确使用司法机关这一概念，十七大、十八大报告没有明确提出司法机关这一概念，分别用审判机关、检察机关行使审判权、检察权来表述。

在学术层面，学者们主要根据“行政—司法”这一范式来定位检察机关。大多数学者认为我国检察机关应定位为司法机关，如有学者认为从我国的政治体制特色、中共中央的文件、司法机关应具有的基本属性等方面来看，只有人民法院和人民检察院是司法机关。① 也有学者认为我国检察权具有行政性和司法性两重属性，但将检察机关定位为司法机关总体效应利大于弊，强调检察权的司法性并由此而强化检察机关的独立性，从世界范围看也是一个普遍的趋势。② 除了诉讼领域的学者外，其他法学研究领域的学者也支持检察机关作为司法机关的定位。③ 当然，也有学者对上述定位质疑，虽承认实然层面关于检察机关是司法机关的定位，但他们认为从应然角度，检察机关应为行政机关。因为检察权的特征与行政权一致，与司法权没有任何的必然的、内在的关联性。④ 如有学者认为中国的检察制度发展的基本思路是弱化检察权的司法色彩，淡化法律监督职能并最终从检察职能中剥离。检察机关所享有司法性质的审查权和处分权，应当逐步被纳入到法院的司法裁判权之中。⑤ 此外，有学者不仅质疑“司法机关”的定位，也质疑“法律监督机关”的定位，其从检察机关的起源和历史传统、检察官的历史使命和诉讼职能、诉讼机制的公正性和科学性、法律监督法律关系的本质属性等方面

① 陈光中：《刑事诉讼中公安机关定位问题之探讨》，载《法学》2011年第11期。

② 龙宗智：《论检察权的性质与检察机关的改革》，载《法学》1999年第10期。

③ 张文显教授认为按照现行法律体制和司法体制，人民法院和人民检察院便是我国的司法机关。见张文显主编：《法理学》，法律出版社2007年版，第237页。王利明教授认为，依据我国宪法的规定，各级人民法院和人民检察院均属于国家司法机关。见王利明：《司法改革研究》，法律出版社2000年版，第6页。

④ 陈卫东、郝银钟：《实然与应然：关于侦检权是否属于司法权的随想》，载《法学》1999年第6期。

⑤ 陈瑞华：《司法权的性质——以刑事司法为范例的分析》，载《法学研究》2000年第5期。

展开分析，否定检察机关与法律监督机关之间内在的、必然的关联性，认为将检察机关定位为法律监督机关违反了诉讼规律的要求，欠缺科学依据。①这种质疑更多是基于检察机关应然层面的地位，从实然层面来看，我国宪法对于检察机关的定位是明确的，根据宪法至上的法治理念和原则，宪法的规定就是这种定位正当性和合法性的根据。

但是，撇开学术上的争议不论，宪法和政策对检察机关的定位的不尽一致也应引起注意，前者是“法律监督机关”，后者是“司法机关”。合理地解释这种差异对于澄清定位的混乱、统一认识都具有重要意义。检察制度和其他制度一样，具有功能性，是为了满足社会发展的某种需求而产生的。不同的时期，社会的需求可能有所变化；不同的国情，社会的需求亦可能会有所不同。我们可以把它们理解为“是一个事物的两个命题，或者说是从不同的角度表述同一件事物”②。“法律监督机关”和“司法机关”是在不同的范式下从不同的角度对检察机关的表述。定位为“法律监督机关”，是根据“法律执行—法律适用—法律监督”这种法律实施的范式从功能的角度对检察机关的概括；定位为“司法机关”，如前所述，是根据“行政—司法”这种权力分立结构范式从性质上对检察机关的概括。

二、检察权定位分歧及原因分析

（一）理论上的分歧

无论是探讨检察机关职能还是检察体制的改革，“首要的问题就是对检察权的性质给出一个科学的解释”③。检察权的性质就是检察权在一国国家权力结构中所处的地位和在国家权力划分中的归属。④对检察权性质的研究，无论是在立

① 郝银钟：《检察权质疑》，载《中国人民大学学报》1999 年第 3 期。
② 张智辉：《检察权研究》，中国检察出版社 2008 年版，第 21 页。
③ 陈卫东：《程序正义之路（第一卷）》，法律出版社 2005 年版，第 202 页。
④ 邓思清：《检察权研究》，北京大学出版社 2007 年版，第 23 页。

法层面，还是在司法实务层面，抑或在理论研究层面，都具有特别重要的意义。[①]立法层面涉及如何根据检察权的性质科学配置检察权，司法实务层面涉及检察权如何根据其性质合规律地运行，理论研究层面涉及如何根据检察权的性质找出检察权发展的规律并进行相应的理性建构。

与域外国家和地区相比，学界争论的焦点主要集中于检察权的性质、检察权的功能以及检察权的运行，这或许由于我国宪法和法律对于检察机关的法律地位已有明确规定，但相比而言，这种研究思路更合乎逻辑。从逻辑上看，先有特定需要的产生，才有满足这种需要的制度或某种制度功能的出现。因此，我国检察机关的功能应基于制度的某种需要，应当根据检察机关的功能而确定其属性。相反，我们不能先确定检察机关的定位及相应的功能，然后强迫社会消费这种先验的功能。

目前，我国学界对于检察权的定性有较大分歧，可归纳为四种观点：行政权说、司法权说、双重属性说、法律监督权说。

行政权说，认为检察权属于行政权。持这种观点的学者认为，检察权的基本内容为公诉权，其不具有终局、中立、被动、独立等司法权的特性，另外，检察机关在设置上实行上下一体的组织体系，从本质属性上分析，检察权应归于行政权。[②]

司法权说，认为检察权属于司法权。由于我国在政策层面把检察机关和审判机关同列为司法机关，从逻辑上检察权应为司法权。[③]具体而言，有学者从国家体制、司法权的含义、诉讼程序等方面分析，倾向于把检察权定位为司法权。[④]

---

① 张智辉:《检察权研究》，中国检察出版社 2007 年版，第 12 页。

② 陈卫东:《我国检察权的反思与重构》，载《法学研究》2002 年第 2 期；郝银钟:《检察权质疑》，载《中国人民大学学报》1999 年第 3 期；夏邦:《中国检察院体制应该取消》，载《法学》1999 年第 7 期；洪浩:《检察权》，武汉大学出版社 2001 年版；彭勃:《检察权的性质与“检警一体化”理论试析》，载《当代法学》2002 年第 8 期。

③ 参见魏定仁:《宪法学》，北京大学出版社 1994 年版，第 323 页；俞子清:《宪法学》，中国政法大学出版社 1999 年版，第 311 页；朱惠福:《宪法学新编》，法律出版社 1998 年版，第 267 页；许崇德:《中国宪法》，中国人民大学出版社 1997 年版，第 295 页；徐永康:《法理学》，上海人民出版社 2003 年版，第 315 页；殷啸虎:《宪法学》，上海人民出版社 2003 年版，第 433 页。

④ 徐益初:《析检察权性质及其运用》，载《人民检察》1999 年第 4 期。

也有学者从检察权的发展、现实构造以及发展趋势等方面分析，认为从本质上看检察权应归于司法权。① 通过利益权衡，“在法制上将检察权定位为司法权利大于弊”②。上述学者都是在承认检察权具有行政和司法双重属性的前提下所作出的倾向性选择，也有学者认为司法权不能狭隘地理解为裁判权，检察机关侦查、公诉以及诉讼监督等职权都符合司法权的特征，从此种意义上检察权应归于司法权。③

双重属性说，认为检察权同时具有行政权的属性和司法权的属性。这种观点得到域外多数国家和学者的认同，我国也有学者持此观点。如有的学者从刑事法治视野分析检察权的属性，认为在审前程序检察官为“法官之前的法官”，对立案、强制措施的决定、起诉审查等享有裁决权，此时检察权为司法权；进入审判程序后，检察官行使控告权，此时检察权为行政权。④ 应将“司法权和行政权双重本质作为检察权的性质，因为双重属性就意味着一种新属性”⑤。

法律监督权说，认为检察权是法律监督权，既不在行政权中，亦不在司法权内，而是在一元分立的权力结构下与行政权和司法权并立的一种独立的国家权力。检察权的本质特征是法律监督，无论是司法属性还是行政属性都只具有局部性，不能概括检察权的本质。⑥ 目前多数学者认同检察权的属性应定位为法律监督权。⑦

对上述观点，学者们大都进行详细的论证，由于各自视角的不同，又因“检察机关本身就是一个尚未完成的机关”，所以分歧在所难免，绝对地肯定或者否定都是不可取的。找出分歧的深层原因，凝聚共识，可能对检察权的配置和发展

① 万毅：《一个尚未完成的机关：底限正义视野下的检察制度》，中国检察出版社 2008 年版，第 34 页。

② 龙宗智：《论检察权的性质与检察机关的改革》，载《法学》1999 年第 10 期。

③ 倪培兴：《论司法权的概念与检察机关的定位——兼评侦检一体化模式（上）》，载《人民检察》2000 年第 3 期。

④ 陈兴良：《从“法官之上的法官”到“法官之前的法官”——刑事法治视野中的检察权》，载《中外法学》2006 年第 6 期。

⑤ 谢佑平、燕星宇：《我国检察权性质的复合式解读》，载《人民检察》2012 年第 9 期。

⑥ 谢鹏程：《论检察权的性质》，载《法学》2000 年第 2 期。

⑦ 参见樊崇义：《一元分立权力结构模式下的中国检察权》，载《人民检察》2009 年第 3 期；韩大元、刘松山：《论我国检察机关的宪法地位》，载《中国人民大学学报》2002 年第 5 期；张智辉：《检察权研究》，中国检察出版社 2007 年版，第 19 页；朱孝清：《中国检察制度的几个问题》，载《中国法学》2007 年第 2 期；孙谦：《中国的检察改革》，载《法学研究》2003 年第 6 期；石少侠：《论我国检察权的性质》，载《法制与社会发展》2005 年第 3 期。

更有裨益。

（二）分歧的根源

1. 不同的权力结构模式：三权分立与一元分立

分权说历经古希腊亚里士多德、古罗马波里比阿、近代英国洛克至法国孟德斯鸠，孟德斯鸠是分权学说的集大成者，提出了“三权分立”学说。他认为一切有权力的人都容易滥用权力，要防止滥用权力，就必须以权力约束权力。无论是立法权与行政权集于一身、司法权同立法权合二为一还是司法权与行政权合二为一，都将导致权力的滥用。[①] 为了防止权力暴虐和专横，政府权力被细分为三种权力：立法权、行政权和司法权，并且这三种权力必须由不同的机关行使，“使各种权力之间形成互相牵制的平衡关系，防止一种权力占有压倒性优势，以阻止权力的集中”[②]。现在大多数国家采用这种权力结构模式，以美国最为典型。“行政权说”“司法权说”“双重属性说”对于检察权的定性就是基于这种权力结构模式。从形式上看，如果一种国家权力不是立法权和司法权，那就一定是行政权；如果不是立法权和行政权，那就只能是司法权。从功能上看，权力制约的需求基本能够通过“三权分立”这种权力结构实现，从“三权分立”所形成的权力监督有效性来看，客观上都无须设立一个独立的监督机构。在这种权力结构下，检察权萎缩为行政权的一部分，[③] 检察权的核心即为公诉权，行政权通过其拥有的检察权的行使来形成对司法权的制约。[④]

一元多立的权力结构模式是指以国家权力机关为核心，产生行政、审判、检察，上述三机关对国家权力机关负责，受其监督，但权力机关一般不直接参与对行政、审判、检察三权的制约。苏联和我国采用此种权力机构模式，我国在权力

---

①［法］孟德斯鸠：《论法的精神（上册）》，张雁深译，商务印书馆 1959 年版，第 184－186 页。

② 周永坤：《权力结构模式与宪政》，载《中国法学》2005 年第 6 期。

③ 樊崇义：《刑事诉讼法哲理思维》，中国人民公安大学出版社 2010 年版，第 311 页。

④ 英国著名学者爱德华曾说道：“英政府正是希望通过总检察长的公诉权力，达到监督司法诉讼的政治效果，在诉讼过程中起着政治上的、法律上的把关作用。”见［英］爱德华：《英国检察总长》，中国检察出版社 1991 年版，第 96 页。

机关——人民代表大会一元权力下，产生出行政、审判和法律监督三种权力，由行政机关行使行政权、审判机关行使审判权、检察机关行使法律监督权。“由于行使立法权的权力机关缺乏一种对行政机关与审判机关进行动态监督与制约的机制，就必须有一种独立于行政权与审判权的法律监督权来进行制约与监督，检察权只能定位为一种法律监督权。”① 从功能上看，我国检察权与其他国家检察权属性的差异从根本上是因为各自所要满足的社会需求的不同，检察权定位为法律监督权是为了满足我国一元分立权力结构下国家权力制约的需要。

2. 不同的发展路径：移植与本土化

近代中国一直处于激烈的社会转型状态，缺乏法律制度自发生长、进化的外部条件，频繁的法律移植促进了法制现代化。最初从日本、德国移植大陆法系的法律制度，之后从苏联移植了社会主义法律制度，再后来又引入英美法系的法律制度。这种法律移植传统不可避免地对法学研究产生影响，有些学者认为西方法律制度中那些具有“普适性的、体现普遍发展规律”的制度当然可以作为借鉴的对象，甚至就是中国法治的目标。在检察权性质的争论中，有的学者认为，宪法和法律对于检察机关的定位属于实然法层面，只能表明检察机关享有某种国家权力的合法性，检察权的定性属于应然法层面，能够解释检察权的应然属性，实然法立足于现在，而应然法则着眼于未来，当然不能以现在的合法性来解释检察权在理论上的应然性。对于检察权的应然性质，该学者认为依据法治国家的实践经验、我国法治建设的需求和趋势，甚至从检察权的发展历程来看，公诉权才是检察权的本质，因此，我国应建立“以公诉为龙头的检察职权体系”②。可见，该学者对检察权的应然性判断的理论基础主要是基于法律的移植，其试图从西方检察权发展历史中找到检察权的“普遍发展规律”，从现代各法治国家的实践中找到检察权的应然性判断的“普适性”标准，并以此为基础为我国检察权定性并对我国检察权进行重构。但也有学者认为“社会制度作为特定时空下的人类的一种文

---

① 樊崇义：《刑事诉讼法哲理思维》，中国人民公安大学出版社 2010 年版，第 312 页。
② 陈卫东：《我国检察权的反思与重构》，载《法学研究》2002 年第 2 期。

化或生活方式，并没有跨越时空的具有普适性的制度存在”[①]，应拒绝“边陲化”[②]倾向的拿来主义，转而进行制度和理论的本土化研究。本土化的本质是“一种始于对‘意义’的理解、诠释与建构体系进行革命性的塑造与回转”[③]。

（三）检察权的定位——法律监督权

从上述分析可知，造成学界对检察权定性分歧的深层原因可以概括为以下两个方面：一是应在什么样的权力结构下定位我国的检察权，“一元分立”还是“三权分立”；二是检察权的应然性判断是基于体现西方检察权“普遍发展规律”的“普适性”标准还是基于中国特色的检察权发展而形成的“本土性”标准。

从根本上看，“任何国家的司法制度和体制都要受到本国的历史进程、文化传统、民族性格、社会基础等诸多因素的制约和影响，而政治制度的框架安排则更直接地塑造了其司法体制”[④]。检察制度当然也不例外，“人民检察院的法律监督，与我国政党和政权制度有密切联系，是由我国的政治与国情决定的”[⑤]。它的理论基础不仅源于列宁的法律监督思想，还包括其他理论如人民代表大会制度、人民民主专政、民主集中制理论，等等。[⑥]但有的学者认为无论是我国“一元分立”的权力结构还是西方“三权分立”的权力结构，都存在立法权、行政权和司法权的划分，“行政权—司法权”的研究范式和方法仍可适用于检察权，“其本身是科学的、客观的，具有普适性。”[⑦]这种对检察权性质的研究范式无疑是和“三权分立”的权力结构紧密相连的，它排除了在“一元分立”权力结构下定位检察

---

① 樊崇义：《刑事诉讼法哲理思维》，中国人民公安大学出版社 2010 年版，第 306 页。

② 边陲化是指由于西方发达资本主义国家在文化上具有一种优越的生机控制性，导致非西方的后工业国家对其在制度与理论上都具有一种依赖性，制度上以西方发达国家制度为圭臬，并以移植后者为目标；在学术理论上习惯于西方的思考与理解模式，奉西方国家建构的知识体系为正朔，并产生亦步亦趋的移植现象。见樊崇义：《刑事诉讼法哲理思维》，中国人民公安大学出版社 2010 年版，第 292 页。

③ 叶启政：《社会理论的本土化建构》，北京大学出版社 2006 年版，第 91 页。

④ 马长山：《新一轮司法改革的可能与限度》，载《“法治中国与司法改革”学术研讨会论文集》第 31 页，上海，2014 年 5 月 31 日。

⑤ 谢佑平：《中国检察监督的政治性与司法性研究》，中国检察出版社 2010 年版，第 1 页。

⑥ 石少侠：《论司法改革中的检察权》，载《吉林大学社会科学学报》2004 年第 5 期。

⑦ 万毅：《一个尚未完成的机关：底限正义视野下的检察制度》，中国检察出版社 2008 年版，第 26 页。

权的其他可能性。在功能上，“三权分立”的权力结构下，权力制约与监督主要不是由检察机关来完成，检察机关没有承担专门法律监督的客观需要，其主要是作为一个公诉机关而存在，检察权的核心是公诉权。在我国，政府、法院和检察院都由人民代表大会产生，接受人民代表大会监督。在权力结构上，呈现“一元分立”的模式。人民代表大会授权政府行使行政权、法院行使审判权、检察院行使法律监督权。人大监督具有宏观性，其不进行具体的法律监督，所以由专门机关来进行具体的法律监督源自客观上的需要。检察机关行使法律监督权，“是由社会主义国家权力机关的基本性质和运行方式决定的，它遵循了权力制衡的基本原理，是我国国家权力相互制约的特定模式”①。

任何法律都是一种“地方性知识”②,“为某一国人民而制定的法律，应该是非常适合于该国的人民的；所以如果一个国家的法律竟然能适合于另外一个国家的话，那只是非常凑巧的事”③。不能否定西方发达国家成功经验对我国法治建设的借鉴价值，但这并不意味着我们在制度建构上要对它们亦步亦趋。否则，难免会出现水土不服、南橘北枳。法律的移植不是目的，只是达到制度本土化构建的手段，“任何一种企望可行的法律制度，都必须力图把具有地方性想象意义的条件的存在结构与具有地方性认识意义的因果的经验过程勾连起来，才可能显示出似乎是对同一事物所作出的深浅程度不同的描述”④。在美国的权力结构下，我们可能认为美国的司法审查制度近乎完美，但是自 20 世纪以来，尽管西欧国家都作了引入美国司法审查制度的尝试，但无一是全部照搬照抄的，欧洲各国最终建立的都是适合本国情形的司法审查制度。⑤历史实践表明，照搬照抄发达国家的相关法律是不足以实现国家的可持续发展的。⑥因此，对于我国的检察制度，我们

① 谢佑平:《中国检察监督的政治性与司法性研究》，中国检察出版社 2010 年版，第 4 页。

②［美］克里福德・吉尔茨:《地方性知识：事实与法律的比较透视》，邓正来译，载梁治平编:《法律的文化解释》，三联书店 1994 年版，第 74－171 页。

③［法］孟德斯鸠:《论法的精神（上册）》，张雁深译，商务印书馆 1959 年版，第 7 页。

④［美］克里福德・吉尔兹:《地方性知识——阐释人类学论文集》，王海龙译，中央编译出版社 2004 年版，第 277 页。

⑤ 转引自苏力:《法治及其本土资源》，中国政法大学出版社 2004 年版，第 5 页。

⑥［美］安・塞德曼、罗伯特・塞德曼:《发展进程中的国家与法律——第三世界问题的解决和制度变革》，冯玉军、俞飞译，法律出版社 2006 年版，第 384 页。

应该反省隐藏于西方制度与理论背后的深层哲学基础，以摆脱、修饰或超越西方国家制度与理论体系几近全盘垄断的局面，并进而运用本土所累积、形塑的文化认知历史经验，树立另一个具有独特性的制度与理论体系。①

鉴于此，我们应当在我国一元分立的权力结构下确定检察权的实然性质，并且基于本土化的立场判断检察权的应然属性。既然宪法明文规定检察机关为我国的法律监督机关，其行使的权力表述为法律监督权具有形式合理性；此外，检察权行政属性和司法属性皆具有监督的性质和功能，检察权表述为法律监督权也具有实质合理性。即便从创设检察制度的目的上看，检察权也可以被概括为监督权。检察官制度创设的主要目的之一就是确立刑事诉讼中的分权原则，改变法官集控诉权和审判权于一身的纠问制度；另一目的是抑制警察的滥权行为，摆脱警察国家的梦魇。② 检察权的上述功能可以概括为“国家权力之双重控制”，即监督法官以防止其擅断，监督警察以防止其恣意。从这一点来看，西方国家的检察权从理论上概括为一种监督权应是没有问题的。其和我国检察机关行使的监督权如果有差异，“只是在不同的权力结构下，权力范围有大有小而已” ③。

基于本土化的法律监督理论，“我们可以而且应当将其作为一种独立于司法和行政的第三种权力，没有必要一定要在司法权与行政权之间作非此即彼的定性选择” ④。把检察权定位为法律监督权“不仅符合检察权本身具有的多重属性，也是中国社会主义国家权力制约机制内在规律的必然选择” ⑤。综上，无论从实然或应然层面，将检察权定位为法律监督权都是一种妥当的选择，由于定位的标准不同，法律监督权的定位并不否定检察权的司法属性。

---

① 叶启政：《社会理论的本土化建构》，北京大学出版社 2006 年版，第 58 页。
② 林钰雄：《检察官在诉讼法上之任务与义务》，载林钰雄：《检察官论》，法律出版社 2008 年版，第 6 页。
③ 樊崇义：《刑事诉讼法哲理思维》，中国人民公安大学出版社 2010 年版，第 309 页。
④ 李建明：《检察权独立行使的相对性》，载《政法论坛》2004 年第 1 期。
⑤ 樊崇义：《一元分立权力结构模式下的中国检察权》，载《人民检察》2009 年第 3 期。

三、检察权的司法性

（一）司法性——各种学说的交集

尽管学者们对于检察权的定位存有分歧，但是他们对于检察权是否具有司法性仍然是有共识的。持行政权说的学者认为检察权在本质是行政权，但同时也承认检察权司法性的一面。之所以把检察权归于行政权而不是司法权是因为检察权的司法特性“只是相对的、不全面的”，不能成为检察权的本质属性。但这并不意味着可以忽略检察权的司法特性，相反，检察权的运行只有体现这种司法特性才能实现检察权的功能。① 持司法权说的学者认为检察权兼具行政和司法双重属性，检察机关之间的领导关系、检察机关内部的首长负责制以及检察机关的自侦权具有典型的行政权属性，检察机关检察权行使的独立性、监督职能和公诉权的性质等也表明其具有司法属性的一面。但是，这两种属性的比重在检察权中并非绝对相等的，无论是从宏观的国家体制还是微观的权力构造、检察权的历史的演变还是未来的发展、司法权的本体还是诉讼程序来看，司法权的定位利大于弊。② 把检察权归于司法权，其目的是要求检察权的运行甚至是制度设计必须遵循司法规律。持法律监督权说的学者认为检察权的属性具有复合性，其中包括某些行政属性和司法属性，行政属性和司法属性只是其中的两个方面，只能是局部性的、兼有性的，法律监督权才是检察权的本质。③

（二）检察权的司法特征

法律监督权实际上是在一元分立的权力架构下对检察权的功能定位，它和从司法的角度来探讨检察权的属性并不冲突，有的学者直接从“检察机关的宪法地

---

① 参见洪浩:《检察权论》，武汉大学出版社 2001 年版，第 17 页；陈卫东:《我国检察权的反思与重构》，载《法学研究》2002 年第 2 期。

② 参见徐益初:《析检察权性质及其运用》，载《人民检察》1999 年第 4 期；龙宗智:《论检察权的性质与检察机关的改革》，载《法学》1999 年第 10 期；万毅:《检察权若干基本理论问题研究》，载《政法论坛》2008 年第 3 期。

③ 参见谢鹏程:《论检察权的性质》，载《法学》2000 年第 2 期；樊崇义:《一元分立权力结构模式下的中国检察权》，载《人民检察》2009 年第 3 期。

位以及法律监督权能的客观要求”来论证法律监督权的司法性。[①] 下文拟从司法的特征来分析检察权的司法属性。

就事件性而言，检察权行使的对象也应当是现实性的、既存性的事件（个案），在特定案件中，除了追究被追诉人的刑事责任外，还涉及民事责任、行政责任的解决。如2012年《刑事诉讼法》第173条、《人民检察院刑事诉讼规则（试行）》（以下简称《高检规则》）第409条、第410条规定，人民检察院作出不起诉决定的案件，可根据情况，对被不起诉人予以一定实体性处罚或根据情况移送给相关机关进行处罚或处理。

就独立性而言，检察权的独立性是有效行使检察权的前提和保证。《宪法》第131条、《刑事诉讼法》第5条规定检察权行使的独立性。我国法律框架下的检察权独立行使是指检察权的对外独立，对内检察权的行使实际上采用的是“三级审批制”，检察官的独立性不足。针对这种情形。最高人民检察院提出《检察官办案责任制改革试点方案》，从2014年1月至2014年12月试点建立以主任检察官中心的检察官办案责任制，除法律规定必须由检察长或检委会行使的职权外，其他案件处理决定可以由主任检察官负责的办案组织独立作出。改革的目标是赋予检察官办案独立性，还权检察官。

就中立性而言，检察权的行使应当遵循客观义务，不偏不倚地审查案件。从检察制度的起源来看，检察官作为法律的守护人，当然负有客观、中立的义务。检察权是从司法权中分离出来的，从而衍生出检察官对于被告有利事项之注意，应为其司法机关之当然职权范围，负有客观中立的义务。[②] 这种中立性也为两大法系国家所共同认同。美国有学者指出检察中立应该体现在三个方面：无偏见；超党派性；依据易于认识和持续适用的标准对案件作出决定。[③] 我国检察权也体现中立性的特点。如在侦查权的行使过程中，检察机关对有罪、无罪证据都要收

① 谢佑平：《中国检察监督的政治性与司法性研究》，中国检察出版社2010年版，第340－342页。

② 陈志龙：《解魅刑事诉讼法审判主义的变革？（上）》，载《律师杂志》1999年第236期。

③ Fred C. Zacharias & Bruce A. Green, *Prosecutorial Neutrality (2004)*. Available at http://digital.sandiego.edu/lwps_public/art25/（最后访问日期：2014年11月15日）。

集；在审查批捕、起诉、司法救济以及诉讼监督等过程中，检察官实际上扮演了中立的审查者的角色，在听取双方意见后居中作出决定；在公诉权的行使过程中，检察官可以为被告人的利益提起抗诉；等等。

就交涉性而言，审查批捕权、公诉权等检察权的行使实际上形成了侦、辩、检“三方组合”的诉讼构造，检察官在侦、辩双方两造对抗下，听取双方意见并居中作出决定。如《刑事诉讼法》第86条规定了人民检察院在审查批捕过程中讯问犯罪嫌疑人、询问证人等诉讼参与人、听取辩护律师意见等。《高检规则》第364条、第371条、第372条规定了在审查起诉过程中对犯罪嫌疑人的讯问、对于证人、鉴定人的询问、对于辩护律师、被害人及其诉讼代理人意见的听取等。

就终结性而言，由于根据无罪推定和控审分离原则，定罪权专属于审判机关，检察机关没有入罪权，但法律赋予了检察机关以出罪权——有罪否定权，检察机关可以作出不起诉的决定，不起诉决定自公开宣布之日起即生效。除非依据《刑事诉讼法》第175条、第176条、第177条、第204条规定的公安机关提请复议、复核、被害人或被不起诉人申诉、被害人向法院提起刑事自诉等情形外，不起诉决定虽然是一种程序上的处理决定，其仍具有案件处理程序上的终局性，从某种意义上，类似于法院的无罪裁判。[①] 一般对于同一案件不应再行提起公诉（证据不足不起诉除外），当事人均受不起诉决定的拘束，客观上实现了司法定纷止争的功能。

对于上述检察权的司法特征，学界基本认同。一般认为，检察机关承担调查犯罪和检控犯罪之责，检察权的行使有较强的主动性。法律监督权的定位决定了无论是理论层面还是立法层面，检察权都必须主动积极地行使以履行法律监督之责。但是在应然层面上检察权的主动性并不排斥对检察权部分权能属性的实然分析。与域外比较，我国检察权体现出更强的司法属性，其中被动性也是原因之

① 龙宗智：《检察机关办案方式的适度司法化改革》，载《法学研究》2013年第1期。

一。从检察权的权能来看，侦查权能最能体现主动性，但我国大多数刑事犯罪都不是由检察机关立案侦查的，检察机关只负责一小部分案件的侦查，其他权能的行使都有被动性的一面。如公诉权行使的前提是侦查机关将案件侦查终结后移送给检察机关审查起诉；逮捕的批准权行使的前提是公安机关提请逮捕；救济权行使的前提是诉讼参与人的控诉。诉讼监督权虽然可依职权主动行使，但检察机关也没有能力仅靠自身的力量去发现诉讼中公权力行使的违法情形，实际上多数仍来自于利害关系人的控诉和公民的举报。如对公安机关的立案监督而言，检察机关不可能主动去审查公安机关每件案件立案或不立案是否适当，立案监督的发动主要来自于受害人的申诉。“理想的检察权操作模式，应是以被动为基调、为原则，以主动为补充、为例外，才能一方面恪尽检察官的客观注意义务，一方面得以监督司法警察人员遵循正当法律程序”①。退一步说，即便否定检察权具有被动性，也不妨碍我们根据检察权的其他特征得出其具有司法属性的结论。从司法的历史发展而言，“被动性不是司法权的自然属性或固有属性”②，司法的被动性具有鲜明的时代性，并非一成不变的。司法的特征“被动—主动—被动”的发展变化，从某种意义上看，体现了人类为了适应社会发展的要求而进行的价值选择。

第三节 检察权的司法化：权力运行的司法化

检察权的司法性是检察权的静态属性，司法化则是对检察权发展的动态描述。从逻辑上看，既然检察权具有司法属性，把检察权的司法化解释为司法性检察权按照司法规律运行更加合理；从价值选择上看，检察权运行的司法化旨在满足人民对司法效率、司法公正、司法公信以及司法民主的现实需求；从现实根据

---

① 吕丁旺：《检察权论——以检察权的司法属性为中心》，台湾中正大学 2011 年博士学位论文，第 82－83 页。

② 谢佑平：《中国检察监督的政治性与司法性研究》，中国检察出版社 2010 年版，第 315 页。

看，检察权的司法化是为了应对检察权“生于司法，却无往不在行政之中”的弊端。《高检规则》第4条规定检察权的微观运行须遵守“三级审批”的办案机制，实行的是行政式的审批制，这种办案机制属于典型的行政权运行方式。由于检察权的司法性与检察权运行行政化一直存在冲突，检察权司法化改革的需要一直存在，2012年刑事诉讼法进行修正，检察权的司法性进一步强化，使得检察权司法化问题的研究更加迫切。

一、检察权运行司法化的现实动因

检察权司法化的动因可以从两个方面分析：检察权运行行政化的消极作用以及检察权运行司法化的积极作用。

（一）检察权运行行政化的消极作用

我国检察权运行的行政化主要表现在两个方面，一方面是直接办案的检察官、办案部门的负责人以及检察长或者检察委员会在检察权运行中的关系。就具体个案的办理而言，检察权的行使分为三个阶段：承办、审核和决定。有的学者称之为“三级审批制”。另一方面是各级检察机关在检察权运行中的关系。根据《宪法》第132条、《人民检察院组织法》第10条、《高检规则》第6条的规定，检察机关之间是领导和被领导的关系，《高检规则》第7条规定上级检察机关对下级检察机关的决定享有撤销权或变更权，对于办案错误的，有权直接指令下级检察机关纠正。《高检规则》第10条规定基层或市级检察院需要直接受理《高检规则》第9条规定的案件，须层报省级检察机关决定。这种检察一体的办案方式的积极意义在于它有利于保证检察权集中行使和行使标准的统一，但是其弊端更是显而易见。

1. 办者不定，定者不办

在检察权行使过程中，真正亲历案件调查和审查的是办案的检察官，他直接接触案件事实和证据，由其作出决定更能保证诉讼结果的正确性。但是在“三级审批”的模式下，最终的决定权掌握在检察长或者检察委员会手中，谁拥有决定权，谁就往往能够控制司法结果。如《高检规则》第 304 条规定审查逮捕案件由办案人员审查，办案人员审阅案卷和证据，讯问犯罪嫌疑人、询问证人等诉讼参与人、听取辩护律师意见，制作审查逮捕意见书，层报批准决定。《高检规则》第 376 条规定办案人员对公安机关移送审查起诉的案件进行审查后，应当制作审查报告，经公诉部门负责人审核，报请检察长或者检察委员会决定。

2. 权责分离，责任不明

在这种权力运行模式下，办案人员有承办权，部门负责人有审核权，检察长或者检察委员会有决定权。对于同一件案件，三级都有一定的权力，造成权责的分离。办案者和审核者不决定，不承担独立的责任，而检察委员会作为决定者，使得办案责任成了检察机关的集体责任，办案者、审核者、检察长都没有责任，办案责任最终无法落实。

3. 层层审批，效率低下

“三级审查制”审查环节过多，不可避免地影响到诉讼效率。根据《刑事诉讼法》第 89 条第 3 款的规定，检察院对公安机关提请审查批准逮捕的审查期限为 7 天。但从审查批捕中检察机关的职责来看，审查期限稍显不足，办案人员不仅要对公安机关移送的卷宗和证据进行审阅，还要讯问犯罪嫌疑人、询问证人等诉讼参与人、听取辩护律师意见，之后制作逮捕意见书，层报批准决定。如果赋予检察官以独立的审查权，则效率会大大提高。需要指出的是，这种审查制主要是指各级检察机关内部检察权的运行方式，除《高检规则》第 10 条规定的情形以外，各级检察机关之间无此要求。

4. 封闭决策，缺乏民主

检察权运行行政化呈现了决定主体的单一性、决策行为的专断性，决定作出机制呈现出非亲历性、非参与性、非对抗性、非公开性等特征，决策的民主性不足，不利于公民对检察机关决策行为的监督。

（二）检察权运行司法化的积极作用

1. 优化资源，提高效率

检察权运行司法化要求把“三级审查制”转化为“一级审查制”，即由办案的检察官独立行使审查权，根据事实和证据，依法作出决定。例如，就审查批准逮捕而言，检察官可以就是否应予逮捕举行听证，检察官消极、中立，公安机关和犯罪嫌疑人（包括犯罪嫌疑人的辩护律师）积极对抗。在双方分别提出逮捕或取保候审的意见和相关证据后，检察官当场作出决定。相比较而言，司法听证式的审查能够大大提高检察权运行的效率。

2. 权责明确，保障公正

检察权运行的司法化的基本要求是检察官能够独立行使职权，包括相关的调查权、审查权和决定权，既有权力又有责任，权责具有一致性，做到“办案者决定，决定者负责”。检察官亲历司法活动，并在形成有效准确心证的基础上作出司法判断。这与间接审查者作出的司法判断相比，更具有公正性。

3. 检察公开，提高公信

检察权运行行政化呈现出秘密性、封闭性的特点，而司法化运行与之不同，司法化要求检察权运行过程公开、透明，不仅是作出决定的过程公开，司法决定本身也应当公开。检察权运行的公开使得公民能够亲眼看到司法决定的程序，为公民提供了监督、参与、评价的可能，促进公民和当事人对于司法决定的认同、信赖，提高司法的公信力。

4. 民主参与，保障人权

与行政化运行的双方结构不同，检察权运行司法化一般要求有多方的参与，这种参与本身就是司法民主性的体现。例如，在审查批准逮捕中，有检察官、公安机关和犯罪嫌疑人的参与，在特定情形下其他的诉讼参与人如证人、鉴定人等也可以参与。在作出不起诉决定的过程中，被害人也可以参与到司法决定程序，发表意见。检察权运行司法化过程中被追诉人的积极参与，能够与侦查权公平对抗，既体现了对侦查权的监督制约，又可规范检察权的正当运行，从而切实保障被追诉人的实体权利和程序权利。

二、比较法意义上检察权司法化

（一）检察权的独立行使

1. 大陆法系

从大陆法系国家检察官定位之争的目的来看，是为了解决检察权行使的独立性问题：检察官在行使检察权时是否要像一般行政官那样上命下从？对于这个问题学者们渐渐形成共识，即组织上遵循“上命下从”；运行上遵循司法规律。①

从检察权的发展趋势来看，检察首长的指令权被限制的同时，检察官职权行使的独立性则在加强。大陆法系国家实行检察官独立行使检察权的法定主义，以限制检察首长的指令权。根据法定主义，在法定范围内之案件，检察首长不得干涉承办检察官进行的诉讼处分，承办检察官享有案件处理的独立权和自主权。②德国学者史密特指出指令权根本之意义在于便宜主义之裁量范围。③如对于微罪不起诉案件，指令权的行使旨在统一裁量的标准，保障检察权行使的统一性。即便属于便宜主义范围的案件，检察官也可以拒绝服从违法的指令。检察官对检察首长指令的抗命权即便行使不当（如对合法指令的违抗），也不影响其诉讼行为对外的效力。根据法国刑事诉讼法的规定，检察院的首长追诉或拒绝追诉的效力不因上级命令而受影响。甚至在拒绝追诉的情形下，上级也不得行使替代追诉的权力。④可见，大陆法系国家检察官在职权行使上已有较大的独立性，根据权责一致原则，检察官同时也需要承担相应的责任，“即使根据上级的指挥，作出了与自己的信念不同的处理，也不准许以依照上级的命令为理由而逃避应承担的责任”⑤。

① 万毅：《刑诉法修改对检察制度若干理念的重塑》，载《检察日报》2012 年 10 月 22 日。
② 林钰雄：《检察官论》，法律出版社 2008 年版，第 37 页。
③ 转引自林钰雄：《检察官论》，法律出版社 2008 年版，第 38 页。
④［法］卡斯东·斯特法尼等：《法国刑事诉讼法精义（上）》，罗结珍译，中国政法大学出版社 1999 年版，第 127 页。
⑤［日］伊藤荣树：《日本检察厅法逐条解释》，徐益初等译，中国检察出版社 1990 年版，第 44 页。

2. 英美法系

英国 1985 年《犯罪起诉法》(the Prosecution of Offences Act of 1985)规定了检察机构的新体制——皇家检控署，皇家检控署是英格兰和威尔士的主要公诉机关。该机构独立且自成体系，检察长是该机构首长，而检察长在总检察长监督下独立行使职权，总检察长向国会报告皇家检察署的工作。[①] 即便皇家检察官应当在检察长的授权下行使权力，但并非对每一次权力行使都要获得检察长的批准。在 Liverpool Crown Court ex p Bray [1987] Crim LR 51 案中，沃特金斯法官把辩方认为只有当皇家检察官接受检察长的明示指示行事时，《犯罪起诉法》第 1（6）条才赋予他们权力的观点斥为荒谬。[②] 根据皇家检察官准则总则的要求，检察官必须公正、独立、客观地行使权力，不受任何个人的观点影响他们的决定，也不受任何外部不当的、过度的干涉。[③]

美国的检察体制为"三级双轨"，"三级"是指联邦检察系统、州检察系统以及地区（郡）检察系统；"双轨"是指联邦检察系统和地方检察系统［州检察系统和地区（郡）检察系统］相互平行、互不隶属。地区（郡）检察机关理论上接受州检察长的监督，实际上州检察机关或州检察长一般都不干预案件的处理，地方检察官享有高度的独立自主权。绝大多数的州检察长由选举产生，但联邦检察系统与之不同，联邦检察总长由总统提名，参议院同意，联邦检察官由总统任命。

20 世纪 70 年代末的"水门事件"暴露了美国联邦检察官行政官员之法律地位所带来的利益冲突：总统对于受命侦办其涉嫌犯罪的检察官有解除其职务的权力。事实上，尼克松总统在此次事件中行使了这种权力，最终导致司法部正、副部长先后辞职，司法部指派的特别检察官考克司被代理司法部长解职。为了消除特别检察官任命程序上受到总统及行政权的不当影响，美国国会 1978 年通过了

① The Code for Crown Prosecutors,1.2. http://www.cps.gov.uk/publications/docs/code_2013_accessible_english.pdf（最后访问日期：2014 年 12 月 7 日）。

②［英］约翰·斯普莱克:《英国刑事诉讼程序（第九版）》，徐美君、杨立涛译，中国人民大学出版社 2006 年版，第 79－80 页。

③ The Code for Crown Prosecutors,2.4. http://www.cps.gov.uk/publications/docs/code_2013_accessible_english.pdf（最后访问日期：2014 年 12 月 7 日）。

《政府行为准则法》(Ethic in Government Act of 1978)，特别检察官以法律的形式确定下来。该法案规定如果司法部长发现总统、副总统、内阁成员等高级官员有违法犯罪行为时，经过初查后，认为有调查必要的，可由哥伦比亚特区上诉法院的三名法官委派特别检察官调查；或由两院任何一院司法委员会多数决定，或任何一院司法委员会中民主党或共和党决定，或以书面请求司法部长提出，再由特别检察官调查。[①]

1983年的《独立检察官法》(The Independent Counsel Statue)改特别检察官为独立检察官，其任命由国会通过立法授权，引发了“国会通过立法剥夺总统对独立检察官任免权”是否合宪的质疑，独立检察官这个新机构既不隶属于联邦检察系统，也不隶属于联邦法院系统，实际上成为法律赋予近乎无限权力的政府的“第四个部门”。然而1988年美国联邦最高法院在Morrison v. Olson案中，以七比一多数裁定《独立检察官法》合宪。[②]《独立检察官法》由国会每5年审议一次以决定是否继续适用，1982年、1987年被修订，1992年至1994年曾失效，1994年7月克林顿总统签署了国会通过的《独立检察官再授权法》(Independent Counsel Reauthorization Act of 1994)，标志着独立检察官的再度适用。但独立检察官只有检察权，没有审判权。[③]然而，由于独立检察官不受国会和行政机关的监督和制约，最终导致滥权并成为政党争斗的工具。1999年国会再次审议《独立检察官法》，一致认为实践失败，独立检察官制度退出了历史舞台。

(二)检察权运行程序的司法性

在理论研究上，日本井田侃教授提出诉讼的侦查观，认为侦查程序是检察官为了决定起诉或不起诉，为厘清事实关系、诉讼条件所进行之一连串的程序。因此侦查结构是由检察官、司法警察与被告三者组成的三面关系。[④]司法警察为当

① 黄越钦:《各国监察制度之比较研究》，台湾翰芦图书公司1998年版，第195页。
② Morrison v. Olson, 487 U.S. 654 (1988).
③ 黄越钦:《各国监察制度之比较研究》，台湾翰芦图书公司1998年版，第195页。
④[日]田口守一:《刑事诉讼法》，弘文堂2006年版，第39－41页。

事人，检察官位居审查角色。[①]此种观点实际上意欲在侦查程序中，建立以检察官为审查者、司法警察和被告为当事人的诉讼构造，以导正权力过度集中的侦查程序。在司法实践中，有些国家和地区在检察活动中引入预审程序，检察官担当预审法官的角色，以司法化的程序来调查案件。如美国大陪审团制度，大陪审团起诉的案件，办案检察官需向大陪审团提出起诉理由并证明，此时大陪审团形式上居于中立的地位进行审查，其不仅可以审查证据，还可以调查取证、传唤证人，采用类似于听证的方式来决出决定，从此种意义上看，即便大陪审团不公开审查，控辩双方也可能不在同一时空下积极对抗，但是其听证——裁决的审查方式，符合司法的亲历性、直接言词性，具有一定的司法程序色彩。[②]我国台湾地区检察官采用“侦查庭”的方式来调查证据。2006 年 11 月 9 日台湾地区发布了“高等法院检察署暨所属各级法院检察署侦查庭管理要点”，规定了侦查庭的设置、当事人和诉讼关系人在开庭时应遵守的事项以及检察官、书记官、法警在开庭时应注意的事项。根据该管理要点第 3 条的规定，侦查庭的设置包括告诉人、被告、证人、告诉代理人及辩护人等席位，与法庭设置相似。在开庭过程中，须进行权利告知、录音、具结、制作笔录等法定程序，也与法院开庭程序类似。侦查庭的庭审规范也模仿法院的庭审规范。由于侦查庭是为了侦查，其也遵循侦查不公开之原则，这与警察侦查没有区别。但是侦查庭的多方参与性、程序规范性又体现了检察官职权行使的司法性，这又是警察侦查所不及的。

相比较而言，我国检察机关不仅享有逮捕的批准权，还享有对公民在刑事诉讼中诉讼权利以及其他合法权益被侵犯时提供司法救济的权力。在域外，这些都是典型的司法权力，由法官行使。从这个意义上看，我国的检察官更像域外国家和地区审前程序中的法官，检察权体现出比域外检察权更强的司法属性。与之形成强烈对比的是，我国检察权的运行呈现出行政化的特征。2009 年欧洲法官咨询会和欧洲检察官咨询会共同提出的报告《在民主社会法官和检察官的关系》第 6

① 转引自廖正豪：《人权的淬炼与新生——台湾“刑事诉讼法”的过去、现在及未来》，载《刑事法杂志》2011 年第 6 期。

② 龙宗智：《检察机关办案方式的适度司法化改革》，载《法学研究》2013 年第 1 期。

条，在检察官执法以及在审判前阶段检控酌处权的行使时，检察官的地位应当有法律保障，并以最大的可能，采取类似于法官的方式行使这种权力。他们须是独立地、自主地作出决定，而且公正、客观、公平地履行其职能。[①]可见，检察官以司法的方式行使检察权已经为欧洲国家所认同，检察权行使的司法化将成为检察制度一个新的改革方向。

三、检察权运行司法化与审判权运行程序之比较

（一）运行程序的异同

检察权的司法化是相对于检察权运行方式的行政化而言，从形式上看，其目标是为了采取“类似于法官的方式”行使检察权。因此，检察权的司法化与审判权运行在程序上是模仿与被模仿的关系，共性的一面比较明显。例如，在程序构造上，都是“两造对抗、居中裁判”的“三方组合”结构；审查主体（检察官和法官）都要亲历审判，公开审理案件，在对审双方、举证、质证、言词辩论的基础上，独立行使判断权，中立地作出裁断。

但是，“类似”并不表示两种完全“等同”，检察官的司法化与审判权运行程序在司法特征上具有相对性。

第一，独立行使权力的相对性。虽然《宪法》第 126 条和第 131 条规定了审判权、检察权独立行使。但是《宪法》第 127 条把上下级法院之间的关系定位为监督与被监督关系，而第 132 条把上下级检察院之间的关系定位为领导与被领导关系。《高检规则》第 6 条又明确了检察院内部检察长负责制；第 7 条进一步明确了检察机关之间领导与被领导关系的具体体现：在刑事诉讼中，上级检察机关对下级检察机关作出的决定有撤销权，对上级检察机关的决定下级检察机关必须执行。在现行的立法框架下，检察机关很难做到像审判机关那样的独立性，只能

① 龙宗智：《检察机关办案方式的适度司法化改革》，载《法学研究》2013 年第 1 期。

说是相对的独立。

第二，司法决定效力的局限性。基于权力的分工制约，检察权不能僭越审判权来行使对实体问题（如定罪量刑）的裁量权，检察权从本质上看主要是一种程序性权力，其决定的拘束力、确定力、执行力等效力都无法与法院的裁判相比。

第三，权力行使中立的相对性。中立性的基本含义是利益无涉，“任何人不得作为自己案件的法官”。法院职能单一，专司审判，能够做到权力行使的中立性。而我国检察机关既是公诉机关又是侦查机关，侦查权的行使使其可能成为公民程序权利和实体权益的侵害者，此时检察机关既是“运动员”又是“裁判员”，产生角色冲突问题。尽管刑事诉讼法也规定当检察机关为被控告机关时，可以向其上一级检察机关申诉或控告，但基于检察一体的关系，外观上的中立仍受到质疑。所以，和审判机关的中立性相比，检察机关的中立性只能是相对的中立性。

（二）司法化职能的承担——法院还是检察院

检察权司法化的基础是检察权的司法属性，具体体现为检察机关承担的司法审查和救济职能，在域外，司法审查和救济的职能一般都是由法院来行使，如果上述职能可以由法院来行使或者从诉讼结构上检察机关不适合承担上述职能，则检察权司法化价值以及可行性都会受到质疑。

“制度的好坏不在于其本身是否符合逻辑，而在于其是否与所处的整体制度构架和社会环境相契合。”① 检察权司法化是中国法律语境下的一个话题，其产生于实践，带有浓厚的本土化背景。有的学者主张应借鉴域外的令状主义模式②，由法院对审前阶段行使司法审查权，对侦查行为侵犯犯罪嫌疑人、被告人实体权利和程序权利的情形进行司法救济。其依据是根据社会冲突理论，检察机关与侦查机关是一个利益共同体，检察机关无法保证客观中立地行使权力。如果孤立地、

---

① 樊崇义:《刑事诉讼法哲理思维》，中国人民公安大学出版社 2010 年版，第 311 页。

② 参见陈瑞华:《刑事诉讼的前沿问题》，中国人民大学出版社 2000 年版，第 336 页；万毅:《转折与定位：侦查模式与中国侦查程序改革》，载《现代法学》2003 年第 2 期。

片段式地理解检察制度，上述观点也不无道理。但是，缺乏对检察制度的历史理解、缺少对检察制度“所处的制度构架和社会环境”的整体考量，很容易陷入“一种制度与理论的边陲化陷阱”①。抛开我国的具体国情和现行的制度框架来讨论司法化职能的承担问题不具有现实性。

确立法院司法审查权的域外国家为了确保法官中立、公正地行使权力，同时又确立了法官豁免制度。如果我国引入法院司法审查，客观上会形成“法院既是强制处分决定者又是案件审理者”的问题。当法院作出的强制处分决定错误时，依法应承担国家赔偿的责任，作出决定的法官甚至法院也要面临责任的追究。法院为了避免上述情形产生的不利后果，有可能通过有罪判决对先前的错误决定合法化。因此，由法院来行使审前程序的审查职能，有可能会妨碍法院对错误的强制处分决定进行纠正，不利于被追诉人人权的保障，同样会面临公正性、中立性的质疑。从此种意义上看，其也不利于推进以审判为中心的诉讼制度改革。如果依据现行的法律框架，由检察院行使司法审查权，即便是强制处分决定错误，被追诉人也可通过法院寻求司法救济获得国家赔偿。最主要的是，随着“审判中心主义”诉讼制度的确立，被追诉人的实体权益能够得到有效的保障，法院与错误的强制处分决定没有利害关系，无须为检察机关的错误决定“埋单”，能够保证审理的中立性、公正性。

此外，从结构功能主义的视角分析，社会是一个系统或整体，系统的要素之间有序关联，整体地发挥作用。“任何科学的刑事诉讼活动，都是一项系统工程。根据系统方法，可以在系统框架内对刑事诉讼进行结构功能分析，此种方法最大的优点就是能够对复杂的刑事诉讼进行整体性分析。”② 通过对整个刑事诉讼进行系统分析，可以从整体上把握刑事诉讼的功能，正确衡量刑事诉讼结构安排的合理性。我国的刑事诉讼虽然没有域外的以法官为主体的司法审查制，但这并不必然意味着我国刑事诉讼结构欠缺合理性，关键要看我国刑事诉讼结构是否能够实

---

① 樊崇义：《刑事诉讼法哲理思维》，中国人民公安大学出版社 2010 年版，第 311 页。
② 龙宗智、杨建广主编：《刑事诉讼法（第三版）》，高等教育出版社 2010 年版，第 20－25 页。

现司法审查的功能。司法审查的主要功能是保障人权、制约侦查权，“从其实质而言是一种法律监督之权”[①]。从功能上看，其与检察权的功能并无二致。我国检察机关作为法律监督机关履行司法审查职能有着宪法和法律的支持，从整个刑事诉讼中检察权、审判权、侦查权的配置来看，这种刑事诉讼结构具有合理性。从整体而言，司法审查的功能仍然能够实现，只不过域外由审判权来承担，我国由检察权来承担。可见，检察机关对司法审查功能的承担本身具有法律和法理上的基础。但是检察机关司法审查功能的实现方式较多的呈现出行政化，不符合正当程序的要求，无法实现审查的公开、参与、对抗。我们可以通过检察权的司法化，实现审查过程的公开化、参与化、对抗化，满足人民对司法民主、司法公正以及司法公信力的要求。

① 叶林华、周建中:《检察机关司法审查职能研究》，载《中国刑事法杂志》2009 年第 1 期。

第二章　检察权司法化的范围

检察权司法化不是一个孤立的法律现象，它受到来自内部和外部的种种限制，这就决定了检察权的司法化是一种有限的司法化。检察权司法化的内部限制来自检察权属性的复合性以及检察权内容的复杂性。与域外进行比较，我国检察权的司法功能最强，我国检察机关实际上行使着域外专属于法官的司法审查权和司法救济权；但同时我国检察机关也行使具有行政特性的侦查权以及立法特性的司法解释权。检察权运行的司法化主要是针对具有司法性的检察权而言，而非全部的检察权。检察权运行司法化的外部限制来源于检察权运行的司法化需求与现行法律制度和司法实践的兼容性。完全脱离现行法律框架和司法实践的需要来讨论检察权运行的司法化是不具有可行性的。“即使是合理且必要的检察司法化改革，在现阶段亦不能一蹴而就，而只能适度推进，随着外部条件的改善逐步到位。”[①] 因此，检察权的司法化应是有限的司法化而不是完全的司法化。

第一节　检察权的发展沿革及具体内容

从形式上看，检察权就是宪法和法律赋予检察机关进行各项职务活动的一种国家权力。与行政权和审判权相比，检察权的内容要复杂得多，与域外检察权相比，我国检察权的内容更为丰富，这也是我国检察权属性之争的主要原因之一。

---

① 龙宗智：《检察机关办案方式的适度司法化改革》，载《法学研究》2013 年第 1 期。

一、历史层面的检察权

现代意义上的检察制度肇始于法国和英格兰，后来各国检察制度的建立均受它们的影响。公元12世纪，法兰西国王为维护其统治，创设国王代理人并由其出席国王法院代表国王提起诉讼。① 这便是法国检察官的前身。现在一般认为，检察官之设置导源于法国，乃为迎合法国国王维护国家完整和法治统一的需要而产生，是法国国王为恢复王权和司法权而与领主长期斗争的胜利果实。②

1302年，腓力四世设立检察官职，原先作为国王私人代表的代理人正式转变为政府官员。国王为了维护其利益，向法院派遣代表，代表国王监督法院工作，这代表被称为“国王的检察官”。后来，国王为了废除封建制度及取缔宗教侵犯司法的成例，扩大“国王的检察官”的权限，在特定情形下其可以代表一般人进行刑事追诉。“特于有关刑事案件等，得不由被害人之起诉，于一定之情形，使为国家之机关，行后世检察官类似之职务，遂成惯例。”③

1498年法国国王路易十二于颁布的《普罗亚条例》第106条明确规定检察权的具体内容为公诉权、控告受理权、侦查权、请求权、罚金没收执行权、民事诉讼公益代表权、监督权等。④ 这种检察权的范围在路易十四时代颁布的1670年《刑事条例》中得到了进一步的确认与巩固。⑤

英国的检察制度与陪审制度是紧密相连的。1166年英国国王亨利二世颁布《克拉灵顿诏令》，规定重大刑事案件，准许骑士、市民和自由农民可以直接向国王法院起诉，并由当地骑士和自由农民挑选12位知情人出庭作证。此举被认为是英国陪审制度的开始。1176年的《北安普敦诏令》赋予12人的陪审团提起公

---

① John H. Langbein, *Prosecuting Crime in the Renaissance, England, Germany, France,* Harvard University Press, 1974, pp. 211-213.

② 许永俊：《多维视角下的检察权》，法律出版社2007年版，第13页。

③［日］冈田朝太郎等口授、郑言笔述、蒋士宜编纂：《检察制度》，陈颐点校，中国政法大学出版社2003年版，第7页。

④《普罗亚条例》第106条规定，检察官有权对所有的刑事案件提起诉讼，同时拥有受理民众控告、侦查犯罪、向法院请求惩罚犯罪、执行罚金没收等刑罚，以及以公益代表人的身份出席民事审判并陈述意见、监督司法行政事务等广泛的权力。参见黎敏著：《西方检察制度史研究——历史缘起与类型化差异》，清华大学出版社2010年版，第114页。

⑤ 何勤华、王思杰：《西方检察权发展简论》，载《人民检察》2012年第11期。

诉的权能。在14世纪前，12人的陪审团实际上承担了案件的侦查、起诉、案件事实的审理等职责。到14世纪，由24人组成的大陪审团专门承担刑事案件的侦查、起诉职能，此举标志着控诉原则在英国的司法制度中得以确立，纠问制开始退出历史舞台，控诉职能正式从审判职能中分离。

二、现代层面欧美主要国家的检察权

（一）法国

法国检察机关拥有双重身份，既是司法部长领导下的行政体系中的一员，又被宪法定位为司法机关，所以检察官又被称为“立席司法官”，与法官这个“坐席司法官”相对应。检察权的内容自法国检察制度确立以来，不断发生变化，总的趋势是检察权逐渐扩张并得以加强。

1. 侦查权

法国刑事诉讼侦查构造遵循检警一体原则，侦查程序的主导者是检察官，在刑事案件的侦查中，警察要接受检察官的领导（《法国刑事诉讼法》第12条）；警察在得知发生现行重罪时，应立即报告检察官，并不迟延到达犯罪现场进行调查（《法国刑事诉讼法》第54条第1款）；检察官到达现场后警察即停止调查案件的权力，检察官直接行使调查权，检察官也可以命令警察继续办案（《法国刑事诉讼法》第68条）；检察官享有拘留的决定权（《法国刑事诉讼法》第41条第2款），检察官可以向犯罪嫌疑人发出传票传唤其接受调查（《法国刑事诉讼法》第70条），检察官享有法律授予司法警察的一切权力和特权（《法国刑事诉讼法》第41条第3款），检察官有权采取搜查、扣押、勘验检查等强制措施以获取证据，对于现行犯罪，还可以直接实施逮捕。此外，在行使职权过程中，检察官有权直接动用公众力量（《法国刑事诉讼法》第42条）。

2. 公诉权

法国关于公诉的制度经过发展、演变，最终确立了由检察机关来行使公诉追诉权。1808年法国《重罪审理法典》明确规定，将进行公诉的权利委托给代表社会权力的官员——检察机关的司法官。[①]《法国刑事诉讼法》第31条明确规定，检察官负责提起公诉，要求适用法律。当然，检察官的公诉权并不仅仅限于公诉的发动，本义上的公诉权包括检察官的全部诉讼行为，从公诉的发动一直到法院作出最终裁判。在发动公诉前，检察官需要审查追诉是否具有合法性（追诉是否具备法定条件）以及是否具有适当性（是否适于追诉），根据审查结果，或作出不提起追诉的决定，或作出发动公诉的决定。前者体现的是消极的公诉权，后者体现的是积极的公诉权。就积极的公诉权而言，检察机关可以通过以下方式发动公诉：轻罪或违警罪案件中，检察官可直接签发通知，通知被告人到庭（《法国刑事诉讼法》第389条）；检察官指令书记官、司法警官或司法警察代理人向被告人发出"传唤通知书"，直接传讯，如果被告人被羁押，则由监狱长转达（《法国刑事诉讼法》第390-1条）；对于必须进行预审的案件（重罪或某些轻罪），检察官向预审法官发出"提起公诉意见书"（《法国刑事诉讼法》第79条、第80条）；在轻罪案件中，在确认被指控人的身份、告知其被指控的事实，以及在被指控人提出要求时听取其陈述以后，检察官认为没有必要进行侦查，可以以"笔录为传唤通知书"（《法国刑事诉讼法》第393条、第394条）或立即传唤被告人到庭（《法国刑事诉讼法》第395—397条）。对于公诉的裁决，无论是宣告免于起诉，还是宣告有罪，检察机关都有权上诉，对于轻罪案件，共和国检察官和上诉法院检察长有权提起上诉（《法国刑事诉讼法》第497条）；对于违警罪案件，检察官和附设于违警罪法庭的检察院、检察长有权提起上诉（《法国刑事诉讼法》第546条）。此外，检察机关还有权提起非常上诉[②]。最高法院的总检察长可以为法律之利益对已经产生既判力的终审裁定或判决向最高法院提起非常上诉（《法国刑事诉讼法》第621条）。

---

①［法］卡斯东·斯特法尼等著:《法国刑事诉讼法精义（上）》，罗结珍译，中国政法大学出版社1999年版，第121页。

②刑事审查庭的裁定、重罪法庭、轻罪法庭和违警罪法庭的终审判决和裁定，如果违反法律，可以因检察院根据不同特点向最高法院提出的上诉而撤销（《法国刑事诉讼法》第567条），对于违反法律的司法文件、裁定或判决，附设于最高法院的总检察长可以根据司法部签发的正式命令，向最高法院刑事审判庭提起非常上诉（《法国刑事诉讼法》第620条）。

法国对于公诉的启动采用便宜主义，检察机关享有较大裁量权。消极的公诉权就是指检察机关不提起公诉的决定权，主要体现为决定归档不究和适用公诉替代程序。适用公诉替代程序主要包括刑事调解、刑事和解、庭前认罪答辩等程序。刑事调解程序是1993年引入《法国刑事诉讼法》的，检察官在决定公诉时可以在当事人同意，特定情形下亦可依职权决定调解（《法国刑事诉讼法》第41条）。如果达成调解协议，调解成功，即释放犯罪行为人，检察官对案件作出不提起公诉的决定，但该决定并不具有消灭公诉的效力，特定情形下（如当事人不履行调解协议），检察官可以改变决定，提起公诉。1999年《法国刑事诉讼法》引入了刑事和解制度，对于主刑当处罚金或刑期在5年或5年以下监禁刑的犯罪嫌疑人认罪的轻罪案件，检察官在发动公诉之前，可直接或者通过检察官委托或委派的人与犯罪嫌疑人实行刑事和解（《法国刑事诉讼法》第42-2条）。如果刑事和解执行完毕，则公诉归于消灭；如果犯罪嫌疑人不接受和解，或接受和解后不执行和解决定的，检察官可以发动公诉。[①]2004年《法国刑事诉讼法》引入了庭前认罪答辩程序，对于主刑为罚金刑或者5年及以下监禁刑的轻罪案件（未满18岁之未成年人所实施的犯罪、虚假新闻罪、过失杀人罪、政治罪、追诉程序由专门法律进行规定的犯罪等除外），可以适用庭前认罪答辩程序（《法国刑事诉讼法》第495-7条、第495-16条）。

3. 诉讼监督权

法国检察机关的诉讼监督权主要包括以下几个部分：第一，对刑事侦查的监督权。虽然法国在刑事诉讼中实行“检警一体”，但这并不意味着检察官与司法警察之间没有分工，“在司法实践中，两者所关心侧重点并不相同，检察官往往更关注证据信息的合法性，而司法警察则更关注证据信息的充分性”[②]。检察官作为“法律的守护人”本身就有节制警察恣意、保障人权的职责，其有权监督警察使其对犯罪嫌疑人的羁押行为合法、必要，对犯罪嫌疑人采取的处遇措施合法、

① 罗结珍:《法国刑事诉讼法中的刑事调解与刑事和解》，载《法学杂志》2008年第3期。

② 施鹏鹏:《法国检察监督制度研究》，载《暨南学报（哲学社会科学版）》2010年第5期。

合理。检察机关除了对司法警察的侦查有监督权之外，其对预审法官的预审也有监督权。从某种意义上，可以说检察官在指挥和监督预审法官的预审工作。[①]第二，对刑事执行的监督权。在刑事裁判生效后，《法国刑事诉讼法》第707条、第708条规定了检察机关监督刑事执行的职权，为了确保生效判决的执行，共和国检察官和检察长有权直接动用公众力量（《法国刑事诉讼法》第709条）。适用国际公约和国际条约而被外国法院判处徒刑的犯罪人被移送法国并需要在法国继续服刑的，应接受所在地共和国检察官的讯问，并制作笔录。共和国检察官审查认为符合相关条件的，应立即将犯罪人收监（《法国刑事诉讼法》第713-1条）；在每一个监狱机构，刑罚执行法官应确定每个犯人服刑的原则和主要方式，刑罚执行法官在作出以上决定前都应征求刑罚实施委员会的意见，共和国检察官是刑罚实施委员会当然的法定成员；在符合特定条件时，刑罚执行法官可以同意变更犯人服刑方式为监外执行、半自由状态、减刑、分阶段服刑、假释、有保证的外出、监护回家、有条件释放等，但应通知共和国检察官，共和国检察官在接到通知后二十四小时内可要求上诉法院刑事审查庭紧急审理，在上诉法院刑事审查庭作出裁决之前，刑罚执行法官的决定不予执行；共和国检察官还可以提起抗诉中止刑罚执行法官的决定（《法国刑事诉讼法》第722条）。共和国检察官每一季度至少应视察一次管辖区内的狱政机构。此外，法国还建立了检察官对狱政机构的巡视制度，检察官巡视时，可以核实犯人名单、听取犯人诉求。“检察官对狱政机构的监督相当有意义，既可矫正狱政部门的不法行为甚至犯罪行为，也可确保检察官充分了解其管辖区内刑罚执行的基本状况。”[②]第三，对民事、行政诉讼的监督权。法国检察机关不仅可以对刑事诉讼行使监督权，还享有对民事、行政诉讼的监督权。检察机关对民事诉讼的监督权主要体现为其作为主当事人直接提起

---

① 如《法国刑事诉讼法》第82条规定，共和国检察官在其初步公诉书以及在侦查的任间阶段所提出的补充公诉书中，可以要求预审法官进行一切他认为有助于查明案件真相的行动和采取一切必要的安全措施；共和国检察官可以为此目的而查阅预审案卷。如果检察机关认为预审法官的预审行为违法，可以向上诉法院刑事审查庭申请宣告其无效（《法国刑事诉讼法》第170条）；对于预审法官的裁定，检察机关亦有权向上诉法院刑事审查庭提起抗诉（《法国刑事诉讼法》第185条）。

② 施鹏鹏：《法国检察监督制度研究》，载《暨南学报（哲学社会科学版）》2010年第5期。

民事诉讼和作为联合当事人参与民事诉讼。《法国民事诉讼法》第422条规定，在法律作出特别规定的情形下如涉及婚姻关系、亲子关系、亲权关系、推定失踪人的确认之诉以及对失踪人财产管理、继承以及身份关系的案件，检察机关可依职权进行诉讼；除上述规定的情形外，如果案件涉及公共秩序的妨碍，检察机关也可以为公共利益进行诉讼（《法国民事诉讼法》第423条）。对于民事当事人的诉讼，检察机关可以作为联合当事人主动介入，为法官提出参考意见，公正、中立检察机关的参与，有利于法官正确适用法律，作出公正的裁判（《法国民事诉讼法》第424条）。基于监督权的性质，检察机关无论是强制介入或强制通报，还是自愿介入，均无须当事人的请求或同意。在行政诉讼中，对于一般管辖权的行政法院受理的案件，检察机关可以为法庭提供中立的参考建议；在特殊管辖权的行政法院如审计法院、纪律惩戒法院等，检察官有权对法庭提供书面意见、可向上一级行政法院或最高行政法院提起上诉。

4. 一般监督权

基于"法律守护人""公共利益捍卫者"的定位，法国检察机关不仅对诉讼领域具有监督权，而且对一些行政管理领域也享有监督权。[①] 对于司法辅助人、书记员、户政官员等公务人员的不当或违法行为，检察机关可以起诉追究责任人的法律责任；关于其他公共机构或组织的违法行为，检察机关可以制止并要求其作合法性调整，存在犯罪行为的，检察机关还可以追究相关责任人的刑事责任。

（二）德国

德国的检察机关被视为是并列于法院的司法机关，其目标是实现法律。为了检察机关能够实现其工作目标，德国《法院组织法》《刑事诉讼法》和《司法制度改革法》等法律赋予其不同内容的检察权。

---

① 如对司法辅助人员的监督；对书记员的监督、检查；监视司法救助制度的施行；对户政官员的监督；对私立教育机构的监督；对无谋生能力的人以及无自保能力的人给予保护；对盈余分配程序、破产与审判上清算的监督；对公、私立精神病院的监督；对开设咖啡店、酒店等特种营业的资格审查；对新闻报纸、杂志等定期刊物的审查；等等。见黄东能：《中外检察制度之比较》，台湾"中央"文物供应社1986年版，第151页。

1. 侦查权

在侦查程序中，检察机关是“侦查主”，充当中心角色，虽然警察机关也有侦查的职权，但是侦查程序的处置权（提起公诉或停止程序）是由检察机关而不是警察机关享有的。具体而言，在侦查过程中，检察机关可以传唤被指控人前往检察院（《德国刑事诉讼法》第 163 条 a 第 3 款），传唤可以警告，如果拒不到场，可以拘传（《德国刑事诉讼法》第 133 条第 2 款）；如果羁押令或安置令的前提条件存在，迟延就有危险时检察院有权暂时逮捕（《德国刑事诉讼法》第 127 条第 2 款），有下列情形的，检察院亦有权将现行犯罪时被发现的或被追捕的人暂时逮捕：极有可能在简易程序中不迟延地作出裁判，且根据一定的事实认为被捕人将有不参加法庭审理之虞（《德国刑事诉讼法》第 127 条 b 第 1 款）。此外，根据《德国刑事诉讼法》第 100 条 b、第 105 条第 1 款、第 111 条 e 第 1 款的规定，在紧急情况下（迟延就有危险的情况），检察机关可以行使监听、搜查、扣押和假扣押等强制职权。

2. 公诉权

在审判过程中，检察机关代表控诉方，提起公诉权属于检察院（《德国刑事诉讼法》第 152 条第 1 款）。德国检察院的公诉权具体包括：审查决定起诉权，在德国大约占全部刑事诉讼程序的 60%，在侦查阶段就已被检察院停止了；[①] 轻罪、外国犯罪行为、政治犯罪行为、积极悔悟时、不重要的附带犯罪行为以及《德国国际刑法》规定的犯罪行为等不追诉权（《德国刑事诉讼法》第 153 条、第 153 条 c、d、e、f、第 154 条）；轻罪暂缓起诉权（《德国刑事诉讼法》第 153 条 a 第 1 款）；可免于刑罚案件的不起诉权（《德国刑事诉讼法》第 153 条 b 第 1 款）；撤回起诉权（《德国刑事诉讼法》第 153 条 c 第 4 款、d 第 2 款、f 第 3 款）。

3. 诉讼监督权

根据德国刑事诉讼法，如果法官的判决不公正，不论是有利于被告还是不

---

①《德国刑事诉讼法典》，宗玉琨译注，知识产权出版社 2013 年版，第 10 页。

利于被告，检察院均有权对法院裁判提出准许的法律救济《德国刑事诉讼法》第296条）。

4. 刑罚执行权

根据德国刑事诉讼法的规定，检察机关的职权除了上述三种之外，还拥有刑罚的执行权，包括罚金、自由刑、剥夺自由的矫正和保安处分的执行。此外，除了婚姻无效、禁治产、宣告失踪或死亡案件以及少数涉及危害确定公共利益的案件外，德国检察机关很少参与民事诉讼与行政诉讼。[①]

（三）英国

1985年英国《犯罪起诉法》设立了皇家检控署，创设的一个主要原因是“对警方控诉是否正当设置独立的制约，如果不正当就在早期将其停止”[②]。皇家检控署的创设实现了刑事追诉的检警分离，侦查权由警察行使，公诉权由皇家检控署行使。警察在侦查终结后，认为符合起诉条件的，要移送给皇家检控署审查，由后者决定是否向法院提起公诉。《犯罪起诉法》以及1994年英国颁布的《刑事案件起诉规则》（又被称为《皇家检察官准则》）规定了皇家检察官公诉权的具体内容。

1. 接管控诉

1985年英国《犯罪起诉法》第3.2条规定检察长有权接管所有由警方发起的刑事控诉。对于由私人个体或非警察组织发动的控诉，如果被认为可能违反公共利益而应当由国家来处理，检察长享有不受约束地接管任何非警方起诉的自由裁量权（1985年英国《犯罪起诉法》第6.2条）。

2. 审查起诉

检察官接管控诉后，应当对移送起诉的案件进行审查，主要通过证据检验和公共利益检验来权衡是否提起公诉。根据审查的结果，检察官可以作出继续原

---

① 何勤华、王思杰：《西方检察权发展简论》，载《人民检察》2012年第11期。

②［英］约翰·斯普莱克：《英国刑事诉讼程序（第九版）》，徐美君、杨立涛译，中国人民大学出版社2006年版，第82页。

指控、改变指控或停止诉讼的决定。[①] 当考量改变指控或停止诉讼时，应尽可能与调查人员交流，但最终的决定权仍在检察官（英国《皇家检察官准则》第 3.6 条）。[②]

3. 不起诉的自由裁量权

英国法律对检察官的不起诉自由裁量权进行一定的限制，检察官审查案件以后，当案件有足够证据支持检控时，还必须考量检控是否是公共利益所要求，检控是否必要（英国《皇家检察官准则》第 4.7 条）；当反对检控的公共利益因素大于支持检控的公共利益因素时，检察官就可以作出不提起公诉的决定，对于特定案件，对犯罪人进行庭外处置而不是检控更能体现对公共利益的维护（英国《皇家检察官准则》第 4.8 条）。当被要求对犯罪人适用警告等庭外处置提供意见或授权时，检察官必须确保适用具体庭外处置措施的适当证明标准得到满足，包括犯罪人明确认罪以及公共利益得到适当保护（英国《皇家检察官准则》第 7.2 条）。

4. 提起公诉

当案件通过了证据检验和公共利益检验，检察官有权决定提起公诉。轻罪的案件由治安法院管辖，检察官有权出庭支持公诉；重罪案件治安法院先预审以决定是否提交刑事法院，刑事法院审理重罪案件，检察官除有限的场合外，不能出庭，但其有权委托大律师出庭支持公诉。

5. 撤回起诉

在对犯罪进行诉讼的过程中，检察官可以通知法院的助理撤回起诉而无须法庭同意。在简易审判的案件中，通知必须在控方为了进行简易审判而开始要求证据前；如果是起诉书审判，则要在被告人被移交审判前作出（1985 年英国《犯罪起诉法》第 23 条）。[③] 通知的效果是控方撤回起诉，控诉程序停止，如果符合特

① 卞建林、刘玫主编：《外国刑事诉讼法》，中国政法大学出版社 2008 年版，第 33 页。

② The Code for Crown Prosecutors，available at http://www.cps.gov.uk/publications/docs/code_2013_accessible_english.pdf（最后访问时间：2014 年 11 月 13 日）。

③［英］约翰·斯普莱克：《英国刑事诉讼程序（第九版）》，徐美君、杨立涛译，中国人民大学出版社 2006 年版，第 82 页。

定条件（如发现新证据），仍然可以再次提起公诉。

6. 提起上诉

2003年英国《刑事司法法》第一次规定了控诉方（包括检察官）有权对皇室法院撤销案件或排除证据的裁决提起中间上诉。以前控诉方只能基于法律适用错误或不合理对治安法院的裁决提起上诉以及根据1988年《刑事司法法》对过度从宽量刑提起上诉。此外，2003年英国《刑事司法法》第18条规定，对于治安法院准许被指控或被证明应判处监禁刑的犯罪嫌疑人保释的裁决，控诉方可以向皇室法院的法官提起上诉。根据“禁止双重危险”原则，以往英国法律不允许控诉方对无罪判决提起上诉，2003年的英国《刑事司法法》创设了例外情形，对于重罪案件无罪判决的被告人可以再次被起诉、审判。对无罪判决启动再审程序须具备以下条件：一是罪行严重，最高刑罚是终身监禁；二是必须得到检察长的许可；三是要有原审没有提出的新的、强有力的证据；四是要满足公共利益的检验；五是只能向上诉法院提出再审申请。①

此外，根据英国法律，检察官公诉权的行使主要但不限于刑事领域，如果行政行为违法侵害公共利益，检察官可以通过直接提起行政诉讼或参与行政诉讼的方式控诉行政机关滥用权力侵害公共利益的行为。②

（四）美国

美国有包括联邦政府、50个州以及哥伦比亚特区共计52个司法系统，它们各自独立、互不隶属。美国的检察制度亦是如此，总的来说，“既有普通法系国家的地方自治特点，也有大陆法系国家的公诉职能特点”③。

---

① Criminal Justice Act 2003, available at http://www.legislation.gov.uk/ukpga/2003/44/contents（最后访问时间：2014年11月13日）。

② 英国法律明确规定了检察官在行政诉讼领域公诉权行使的范围：涉及公共权利和利益并受到颁布训诫令或宣誓保护的行政诉讼案；有关选举权的案件；涉及英王的案件；公共机构的越权行为损害公共利益的案件；总检察长授权公民告发的案件；追究国家违约的案件。见王学成：《英国的公益诉讼制度及其启示》，载《政法学刊》2004年第5期。

③ 何家弘：《美国检察制度研析》，载《法学家》1994年第4期。

1. 侦查权

美国在侦查构造上遵循检警分离原则，检察官对于警察的侦查有建议权和引导权，但无权命令警察侦查。在美国，绝大多数刑事案件由警方实施刑事侦查，由于检察官的委托人是公众①，代表着公共利益，其当然也享有刑事案件的侦查权。在对刑事案件的侦查方面，检察官拥有很大的自由裁量权，其有权决定启动或继续侦查②；美国《全美检察准则》第3-1.1条也指出，检察官在其管辖的范围内应当有发动刑事侦查的自由裁量权，这种权力的行使取决于多重因素，包括但不限于可用的资源、执法机构侦查的充分性、检察官侦查优先的事项以及潜在的民事责任等因素。除了制定法或政策的明确规定，检察官没有绝对的侦查义务，《全美检察准则》列举了检察官应当启动或继续侦查的情形：执法机构与案件有利益冲突；需重新侦查的；侦查需要检察院的特殊技能；执法机构无力实施侦查的。此外，《全美检察准则》第3-2.1条、第3-2.2条认为应赋予检察官一定限度的司法审查权。一是对于在侦查过程中需要采取搜查和逮捕等强制措施，执法机构向司法官呈递申请之前能够有机会得到检察官迅速的法律审查；二是检察官应有权对其多管辖区域内执法机构申请使用电子监控手段进行审查、批准。③这之所以如此规定，从追诉利益的角度，有利于执法机构在法官面前申请令状成功以及检察官提出客观、公正的指控；从权力制约的角度，有利于加强对执法机构侦查行为的监督，促使权力规范行使。

2. 公诉权

美国在刑事诉讼方面，采用的是大陆法系国家的公诉制度，由检察官代表国家对犯罪进行控诉。在检察官公诉之外，虽然还存在大陪审团调查程序和预审听证程序，但实际上起诉程序仍在检察官的主导之下，因为后两种程序都是由检察

---

① ABA Standards for Criminal Justice:Prosecutorial Investigations 1.2(b), available at http://www.americanbar.org/publications/criminal_justice_section_archive/crimjust_standards_pinvestigate.html#2.1（最后访问日期：2014年11月20日）。

② ABAStandards for Criminal Justice: Prosecutorial Investigations 2.1(a), available at http://www.americanbar.org/publications/criminal_justice_section_archive/crimjust_standards_pinvestigate.html#2.1（最后访问日期：2014年11月20日）。

③ National Prosecution Standards（Third Edition）, available at http://www.ndaa.org/pdf/NDAA%20NPS%203rd%20Ed.%20w%20Revised%20Commentary.pdf（最后访问日期：2014年11月20日）。

官启动的，如果检察官决定不起诉，案件就进入不了大陪审团调查和预审听证的视野。从某种意义上讲，这两种程序主要是对检察官起诉权的制约，防止检察官滥用起诉权。在美国，检察官在是否提起公诉上同样具有极大的自由裁量权，"至少在逮捕后，是否提起刑事案件的决定权几乎完全掌握在检察官的手中"[①]。"根据案情轻重和证据多寡以及质量，美国检察官可作出是否起诉、降格起诉、撤回起诉甚至拒绝起诉等重要决定。"[②]第一，起诉决定。美国《联邦检察官手册》第9-27.200条规定了联邦检察官起诉和不起诉的决定权。如果检察官有合理根据相信某人在其管辖区域内犯有联邦罪行时，应当思考是否：发动公诉或建议起诉、撤诉并把案件移交其他司法管辖区起诉、撤诉并启动或建议审前分流或其他非刑事处理、撤诉且不采取任何其他行动。[③]对于未成年人犯罪、轻微犯罪等案件，采取治疗或职业培训可以实现改造目的，被追诉人认罪态度好，检察官可以决定不予起诉。基于检察官公诉的决定权，检察官在辩诉交易中实际起着主导作用，检察官可以通过不起诉部分犯罪来换取被告人对其他犯罪的有罪答辩。检察官的这种权力合法性在 Brady v. United States 一案中得以正式确认，[④]其合理性在随后的 Santobell v. New York 一案中被再次强调，[⑤]《联邦刑事诉讼规则》第11条以成文法的形式再次确认检察官与被告人进行辩诉交易的合法性。第二，支持公诉。在法庭审理阶段，检察官有权代表政府出庭支持公诉，出示证据，与辩护方进行辩论。第三，公诉变更。根据《联邦刑事诉讼规则》第7（e）条的规定，除了对就同一罪追加指控或者对另一不同的罪提起指控或者损害被告人的实体性权利，法院在作出裁判之前可以允许变更起诉书。[⑥]这实际上赋予了联邦检察官在一定

① [美] 约书亚·德雷斯勒、艾伦·C. 迈克尔斯：《美国刑事诉讼法精解（第二卷·刑事审判）》，魏晓娜译，北京大学出版社2009年版，第114页。

② 张鸿巍：《美国检察机关起诉裁量权刍议》，载《中国刑事法杂志》2010年第6期。

③ United States Attorneys' Manual, available at http://www.justice.gov/usao/eousa/foia_reading_room/usam/title9/27mcrm.htm#9-27.200（最后访问日期：2014年11月25日）。

④ Brady v. United States,379.U.S.742,752-553(1970).

⑤ Santobell v. New York,404.U.S.25,260(1971).

⑥ Federal Rules of Criminal Procedure, available at http://www.uscourts.gov/uscourts/RulesAndPolicies/rules/2010%20Rules/Criminal%20Procedure.pdf（最后访问日期：2014年11月25日）。

条件下的公诉变更权。第四，量刑建议权。美国检察官的量刑建议权在控辩双方的辩诉交易中体现得尤为明显，为了换取被告人的有罪答辩，检察官建议的量刑往往轻于被告人实际应承担的刑事责任，法官经过审查，如果认为犯罪具备事实基础，被告人的有罪答辩确实是自愿、理智的，往往会采纳检察官的建议，从轻量刑甚至免除刑罚。

3. 诉讼监督权

在美国，检察官实际上是通过有限的上诉权来监督法官的裁判行为的。根据“禁止双重危险”原则，一般情况下，检察官没有和被告人同等的上诉权，对于无罪判决，原则上不允许控方上诉。但如果在审判过程中法官出现对控方不利的法律错误，控方可以就此提起上诉要求上诉法院复审，此种上诉不影响原审所作出的无罪判决。除此之外，对于审前听证程序中法官所作出的证据排除裁定，控方可以进行“中间上诉”，要求上诉法院进行审查。此外，美国检察官在特定情形下享有参与民事诉讼的权力，如根据《谢尔曼法》第4条和《克莱顿法》第14条之规定，检察官基于对公共利益的维护，可以对垄断和限制竞争的行为提起诉讼。联邦检察官在涉及联邦政府利益的民事案件中亦有权代表政府起诉或辩论。

三、我国检察权的发展沿革及具体内容

（一）我国检察权的历史考察

我国近代检察制度并不是在传统诉讼文化演化过程中自然生成的，而是清末司法改革的产物。清末修律秉承“远师德法，近仿东瀛”的原则，检察制度也不例外，主要是对日本检察制度移植的结果。因此，可以说我国检察权从一开始便打上了大陆法传统的烙印。

1. 清末检察权的初步设立

清末之前，在刑事诉讼中采用私人弹劾，不存在检察官代表国家提起公诉的制度。我国古代御史制度职权行使有行政监察与司法弹劾不分、指控与审判不分

等特点，与近代意义上的检察制度有着本质区别。1906年，伍廷芳起草《刑事民事诉讼法》草案完成，尚无检察官的设置，仍属于传统纠问主义刑事诉讼。1906年（清光绪三十二年）制定了《大理院审判编制法》，标志着我国第一次有法律比较原则地规定检察官的检察权。根据该法，检察权包括以下内容：一是侦查权。[①] 二是公诉权。检察官依职权对被告人提起诉讼，请求法院裁决。三是执行监督权。检察官有权监督生效裁判的正当执行。1907年（清光绪三十三年）制定了《各级审判厅试办章程》，该章程对于检察权作出了更为具体的规定。除了规定上述权力以外，还规定了刑事审判监督权（监督裁判官的行为，纠正裁判谬误）、民事诉讼参与权等（对于婚姻、亲族、嗣继等民事案件的诉讼，无检察官出庭监督则判决无效）。[②]1910年（清宣统元年）沈家本提出制定的《法院编制法》正式颁行，标志着我国检察制度制度化、法典化。该法第90条明确规定检察职权为：实施侦查、提起公诉、实行公诉和指挥刑事裁判之执行，在特定的民事诉讼事件中为诉讼当事人或公益代表人。1911年《大清刑事诉讼法律草案》，具体规定了检察官在刑事诉讼中享有以下职权：侦查权、预审权、公诉权等，后草案虽因清政府被推翻而未实施，但该《草案》内容为后来北洋政府、民国政府所继受、沿用。

2. 民国时期检察权的调整

民国初期，关于检察权的规定基本上沿用了清末司法改革的成果。1912年总检察厅颁布《刑事案件须照检察制度各节办理通令》，重申检察官作为国家的代表，“检举犯罪，实行论告，提起上诉职责”。1915年中华民国北京政府批准的司法部《刑事再理办法请暂用刑事诉讼律草案各条文》中还明确了检察机关可为受刑人利益提起再审的情形（如定案证据系伪造；告诉、告发、证言等系虚伪陈述；

① 该法第7条规定，大理院及直辖各审判厅、局，关于证据事件需要调查者，可随时径由本院会商民政部所辖巡警厅，使巡警单独或协同本院以下直辖检察官，调查一切案件。在侦查过程中，检察官对警察有指挥权。该法第12条规定，城谳局内之检察局，其管辖地段内的警察须听其指挥。见尤志安：《清末刑事司法改革研究——以中国刑事诉讼制度近代化为视角》附录《大清大理院审判编制法》，中国人民公安大学出版社2004年版，第234－252页。

② 刘清生：《中国近代检察权制度研究》，湘潭大学出版社2010年版，第42－47页。

法官犯徇私舞弊等职务之罪；定案事实基础为确定判决变更；有新证据证明案件应免诉、撤销起诉或应判处较轻刑罚的）。1928 年、1935 年《中华民国刑事诉讼法》继受了此项制度。此外，1913 年司法部制定的《看守所暂行规则》明确了地方检察厅检察长对看守所的监督权，1914 年颁布的《监狱官制》规定高等检察官接受司法部委托行使对监狱的监督权。

1917 年颁布《暂行各县地方分庭组织法》，地方不再设立检察分厅，而是在审判分厅或司法公署内“配置检察官一人或二人，如置推事检察官二人以上者，一人为监督检察官，监督检察官监督该分厅之行政事务”[①]。但上述规定并未实行，司法实务实际仍由县知事兼理。此种做法，当时也遭到了强烈的批评，1917 年北京政府颁布实施了《县司法公署组织章程》，把审判权从县知事手中剥离，但县知事仍然在高等检察厅检察长的监督下行使检举、缉捕、勘验等检察职能。

1921 年颁布的《刑事诉讼条例》使检察机关的侦查权更加系统、完备，规定在侦查中检察机关有权使用传唤、拘提、羁押、搜查等强制处分权；检察官有权指挥警察官长、宪兵官长军士以及其他依法对特别事项如税务、铁路、油务电报、森林等有侦查权的司法警察，在特定的紧迫情形下，还可以要求附近的军队予以协助。

1927 年南京国民政府第 148 号训令指出“如检察制度，体察现在国情，参酌各国法制，实无专设机关之必要”，遂将各级检察厅一律裁撤，检察厅的检察官配置于各级法院内，依旧行使检察权。在公布的《各省高等法院检察官办事权限暂行条例》中规定了检察官的检察权，承继了 1910 年《法院编制法》第 90 条之规定。

1928 年颁行的《中华民国刑事诉讼法》对于检察权进行进一步规范，在侦查过程中检察官享有对人和对物的强制处分权，如传唤、拘提、通缉、羁押（包括羁押的决定权）、讯问、搜索、扣押、勘验、鉴定等；明确检察机关为侦查主体，

① 最高人民检察院研究室：《中国检察制度史资料汇编》，1987 年编印，第 575 页。

司法警察虽有侦查权，但是没有侦查终结的处分权，检察机关在侦查终结后有权作出转移、终止侦查、起诉或不起诉的决定，同时该法也赋予了检察机关在特定情形下的不起诉裁量权（如初级法院管辖、情节轻微以不起诉为有实益者、被害人不希望处罚）（1928 年《中华民国刑事诉讼法》第 245 条）；基于对法院审判的监督权，检察官对于自诉人撤诉的案件可以依法介入，享有对自诉案件独立的上诉权。该法还吸收了 1920 年《处刑命令暂行条例》的规定，规定对于简易程序审理的案件（最高刑为 6 个月以下有期徒刑、拘役或专科罚金），检察机关有权请求法官直接以命令处刑。检察机关的这种权力也为 1935 年《中华民国刑事诉讼法》所认可。此外，1928 年司法部颁布的《监狱规则》规定检察官行使对监狱的巡视和督察权。

1935 年《中华民国刑事诉讼法》对于 1928 年《中华民国刑事诉讼法》进行了较大的修改，在检察机关的检察权方面主要体现为：一是追加起诉和撤回起诉。检察官在第一审辩论结束前可以依法追加起诉或撤回起诉。二是担当自诉。如果自诉人经传唤无正当理由不到庭、在辩论终结前死亡或丧失行为能力，法院通知检察机关后，检察机关即应担当自诉，依照公诉程序行使权力。三是协助自诉。由于该法大大扩展了自诉范围，所有有行为能力的被害人均可以提起刑事自诉，赋予检察机关协助自诉权。1935 年司法行政部颁布《办理刑事诉讼案件应行注意事项》规定了检察官对监狱和看守所视察的职责。1946 年颁布的《羁押法》作出更加具体的规定，首席检察官对所辖看守所每年至少视察一次，检察官可以随时视察。

3. 新民主主义革命时期检察权的变化

新民主主义革命的检察制度从来源看脱胎于中华民国的检察制度，带有明显德日检察制度的色彩。1932 年《中华苏维埃共和国裁判部暂行组织及裁判条例》第五章规定了检察员的职权为犯罪的侦查、预审和起诉等。1939 年《陕甘宁边区高等法院组织条例》第三章规定检察员的职权为案件侦查、案件裁定、证据搜集、提起公诉、协助担当自诉、为诉讼当事人或公益代表人、监督判决执行；检察长的职权为指挥并监督检察员工作、处理检察员一切事务、决定案件裁定或公诉等。1943 年《晋察冀边区法院组织法条例》第四章规定了检察官的职权包括实施侦查、提起公诉、协助自诉、实行公诉、担当自诉、指挥刑事裁判执行以及其他法令所定职务之执行。在新民主主义革命后期，以列宁的检察监督理论建立起来的苏联检察制度已经渐渐引入，在检察机关的职权中增加了一般监督权的规定。如 1947 年《关东各级司法机关暂行组织条例草案》第 27 条规定："关东所有各机关各社团，无论公务人员或一般公民，对于法律是否遵守之最高检察权，均由检察官实行之。"

4. 社会主义革命时期检察权的发展

新中国成立后，1950 年中央人民政府政务院政治法律委员会在第一届全国司法会议上的报告《关于目前司法工作的几个问题》指出人民检察院的检察权包括刑事案件的侦查权、公诉权、民事行政诉讼的参与权、一般监督权。[①]1951 年《中央人民政府最高人民检察署暂行组织条例》进一步将检察权具体化、制度化，该条例第 2 条、第 3 条规定了检察机关对政府机关、公务人员和全国国民是否守法的一般监督权、对反革命及其他刑事案件的公诉权、对于审判机关违法或不当裁判的抗诉权、对于监所及劳动改造机构的监督权、应人民声请对于下级检察机关不起诉处分的审查权以及对重要民事案件和行政诉讼的参与权。1954 年《中华人民共和国宪法》从宪法层面确认了检察机关的检察权，根据《宪法》第 81 条，随后颁布的《中华人民共和国检察院组织法》（1954 年）第 3 条、第 4 条对检察机关的职权作出具体的规定，取消了检察机关对于行政诉讼的参与权，同时也进一步充实了检察权的内容。具体而言该组织法规定的检察权包括：一是一般监督权；二是侦查权；三是公诉权；四是侦查监督权；五是审判监督权；六是刑罚执行监督权；七是民事案件起诉权和参与诉讼权。1954 年颁布的《中华人民共和国逮捕拘留条例》第 3 条、第 7 条规定了检察机关逮捕的审查批准权和执行权。公

① 武延平、刘根菊等编:《刑事诉讼法学参考资料汇编（中册）》，北京大学出版社 2005 年版，第 681 页。

安机关要求逮捕的，由检察机关审查决定是否批准；经人民法院决定或者人民检察院批准逮捕的，由人民法院、人民检察院或者公安机关执行。1979 年《中华人民共和国逮捕拘留条例》对于逮捕决定权、批准权与执行权合一的情形进行了修改，第 4 条规定无论是人民法院决定还是人民检察院批准，逮捕的执行权都由公安机关行使。

（二）我国现代检察权的内容

我国检察权的内容体现出层次性的特点，一般而言，可将检察权分为三个层次，第一层次包括检察权三大基本权能：公诉权、侦查权和诉讼监督权；第二层次是这三大基本权能所包括的具体权能；第三层次主要是能够体现具体权能的具体法律手段。① 以公诉权为例，公诉权作为检察权的基本权能属于第一层次；审查起诉、决定起诉、不起诉、提起公诉、支持公诉、变更、追加、补充、撤回起诉等是公诉权的具体权能，属于第二层次；相对于第二层次的审查起诉权而言，自行调查权、非法证据排除权等又属于第三层次。上述对检察权的理解是狭义上的，即限于刑事诉讼领域。从广义上看，我国检察权的内容还包括司法解释权、民事、行政诉讼监督权等。

1. 刑事诉讼中的检察权

我国刑事诉讼法典化的过程也是检察权逐步完善的过程。1979 年颁布了《中华人民共和国刑事诉讼法》，后经 1996 年和 2012 年两次修正，条文从 1979 年的 164 条扩充至 2012 年的 290 条。虽然列宁的检察监督理论为我国现代检察制度的建立提供了理论基础，“我国检察机关的建设也并没有完全照搬列宁的法律监督思想，而是根据中国的实际情况，发展了列宁的理论”②。随着中国特色社会主义实践的不断向前推进，最终实现列宁检察监督思想的中国化，形成有中国特

---

① 李建明：《权能结构调整与检察权的优化配置》，载张智辉主编：《检察权优化配置初探》，中国检察出版社 2011 年版，第 19 页。

② 韩大元、刘松山：《论我国检察机关的宪法地位》，载《中国人民大学学报》2002 年第 5 期。

色的检察监督制度体系。[①]1979年通过的《人民检察院组织法》第5条规定了检察机关五个方面的职权。[②]该法取消了1954年《人民检察院组织法》中规定的一般监督权，“检察机关法律监督的范围逐渐通过有关法律具体化为诉讼监督及司法监督方面”[③]。至此，具有中国特色的检察权体系基本形成，后经两次刑事诉讼法的修正，检察权体系层次愈加分明、内容也更加完备。比较1979年、1996年和2012年《刑事诉讼法》关于检察权的规定，可以发现刑事诉讼法每一次修改，检察权都得以进一步强化。一是检察机关的侦查权。重大贪污、贿赂犯罪案件以及利用职权实施的严重侵犯公民人身权利的重大犯罪案件侦查中技术侦查措施的适用以及特别重大贿赂案件侦查中指定居所监视居住的适用强化了检察机关的侦查权，提升了打击犯罪的能力。二是检察机关的公诉权。违法所得没收和强制医疗申请权的确立，丰富了提起公诉的内容；未成年人附条件不起诉制度的确立进一步扩大了检察机关的裁量权；简易程序中检察人员必须出庭制度的确立又为出庭支持公诉制度增加了新的内容。三是检察机关的诉讼监督权。从每次刑事诉讼法修改的情况看，检察机关诉讼监督权的强化尤为明显，使得“我国既存的检察制度逐渐接近本源意义上的检察制度”[④]。我国检察机关的诉讼监督权覆盖了从立案到执行的所有阶段，通过刑事诉讼法的修正，把诉讼监督的范围扩展到对指定居所监视居住的决定和执行的监督、对逮捕后被追诉人羁押的必要性的监督、对死刑复核案件的监督、对强制医疗决定和执行的监督、对法院减刑、假释裁定的监督等，大大压缩了刑事诉讼中缺少监督的真空地带。四是检察机关的司法救济权。2012年修正的刑事诉讼法规定检察机关有权接受诉讼参与人对于司法机关及其工作人员的违法行为的控告和申诉，经过审查，如果情况属实，则通知有关机关予以纠正。

---

① 甄贞：《法律监督原论》，法律出版社2007年版，第64页。

② 一是对危害国家安全以及严重破坏国家的政策、法律、法令、政令统一实施的重大犯罪案件行使检察权；二是侦查直接受理的刑事案件；三是审查以决定逮捕、起诉或者免予起诉以及监督公安机关的侦查活动；四是对刑事案件提起公诉、支持公诉以及监督法院的审判活动；五是监督刑事案件判决、裁定的执行和监狱、看守所、劳动改造机关的活动。

③ 樊崇义：《一元分立权力结构模式下的中国检察权》，载《人民检察》2009年第3期。

④ 向泽选：《刑诉法修改与检察制度发展》，载《人民检察》2013年第1期。

2. 司法解释权

我国检察机关司法机关的定位意味着其和法院一样在适用法律过程中，为保证法律的统一实施可以对于法律进行解释。法律层面也已经明确最高人民检察院的司法解释权，1981 年全国人大常委会《关于加强法律解释工作的决议》明确规定："凡属于法院审判工作中具体应用法律、法令的问题，由最高人民法院进行解释。凡属于检察工作中具体应用法律、法令的问题，由最高人民检察院进行解释。"

3. 民事、行政诉讼监督权

民事、行政诉讼监督是检察机关对于法院民事、行政案件审判活动的监督。《民事诉讼法》第 14 条和《行政诉讼法》第 10 条均明确规定人民检察院对民事诉讼、行政诉讼的法律监督权。《民事诉讼法》第 208 条明确了人民检察院可以通过检察建议或抗诉的形式对生效民事判决、裁定行使监督权;《行政诉讼法》第 64 条规定人民检察院可以通过抗诉的形式对生效行政判决、裁定行使监督权。

对于我国检察权的内容的划分，学界一直存在争议。有的学者认为检察权的行使主要是在诉讼领域，将检察权的基本内容归纳为三部分：公诉权、检察侦查权和诉讼监督权。① 还有的学者将之细化为侦查程序处分权、自侦权、批捕权、起诉裁量权和刑罚执行指挥权。② 但也有些学者认为检察权并不限于诉讼领域，检察权的内容应包括刑事公诉权、刑事司法监督权、民事行政司法监督权和司法解释权。③ 有的学者认为检察权包括调查权、追诉权、建议权和法律话语权。④ 上述分歧主要是由于学者们所参照检察权作用范围不同所致。前面两种观点的检察权是一种狭义的检察权，仅指检察机关在诉讼过程中所行使的职权；后两种观点则是一种广义的检察权，不限于诉讼领域，是指宪法和法律赋予检察机关所有的职权内容。我国学界对于检察权研究的重心是狭义的检察权，通说认为应根据权力性质把检察权的具体内容分别归于公诉权、侦查权、诉讼监督权和司法救济权。

---

① 谢鹏程:《论检察权的结构》，载《人民检察》1999 年第 5 期。
② 万毅:《一个尚未完成的机关：底限正义视野下的检察制度》，中国检察出版社 2008 年版，第 106－151 页。
③ 洪浩:《检察权论》，武汉大学出版社 2001 年版，第 27－29 页。
④ 张智辉:《论检察权的构造》，载《国家检察官学报》2007 年第 4 期。

四、司法改革背景下我国检察权的新变化

随着新一轮司法改革的逐步推进，检察权的内容也出现新的变化，职务犯罪侦查权从检察机关剥离，明确了检察机关的量刑建议权及其效力，扩大了检察机关不起诉裁量权，增加了检察机关对公安机关拟撤销案件的审查批准权。客观上行政性检察权和司法性检察权呈现出此消彼长的局面。

（一）行政性检察权的削弱

2016年12月25日，十二届全国人大常委会二十五次会议表决通过《全国人民代表大会常务委员会关于在北京市、山西省、浙江省开展国家监察体制改革试点工作的决定》，试点地区设立监察委员会，统一行使原先由政府的监察部门及检察机关反贪、反渎以及预防职务犯罪等部门的相关职能。在行使职权过程中，监察委员会可以采取谈话、讯问、询问、查询、冻结、调取、查封、扣押、搜查、勘验检查、鉴定、留置等措施。在试点地区《刑事诉讼法》《人民检察院组织法》以及《检察官法》中关于“检察机关直接受理的案件侦查”的相关规定暂停适用。根据上述决定，职务犯罪侦查权将从检察机关剥离而归于监察委员会。

在检察机关公诉权、侦查权、诉讼监督权和司法救济权这四项基本权能中，侦查权及其行使具有明显的行政特性。虽然监察体制改革本身并不是针对检察权，但客观上职务犯罪侦查权的剥离意味着行政性检察权的大幅减少[①]。

（二）司法性检察权的增强

党的十八届四中全会通过的《中共中央关于全面推进依法治国若干重大问题的决定》明确提出“完善刑事诉讼中认罪认罚从宽制度”。2016年9月3日第

① 监察体制改革中职务犯罪侦查权从检察机关剥离并非完全取消检察机关的侦查权，根据《刑事诉讼法》第18条第2款、第171条第2款的规定，对于国家机关工作人员利用职权实施的其他重大的犯罪案件以及需要补充侦查的犯罪案件，检察机关仍有权进行侦查。

十二届全国人民代表大会常务委员会第二十二次会议通过《全国人民代表大会常务委员会关于授权最高人民法院、最高人民检察院在部分地区开展刑事案件认罪认罚从宽制度试点工作的决定》，授权最高人民法院、最高人民检察院在18个大中城市进行为期两年的刑事案件认罪认罚从宽制度试点工作。2016年11月16日“两高三部”联合颁布《关于在部分地区开展刑事案件认罪认罚从宽制度试点工作的办法》作为认罪认罚从宽制度试点工作的规范指引。根据上述试点方案，检察机关公诉权和诉讼监督权又增加了新的内容。在公诉权方面，明确了检察机关的量刑建议权，在认罪认罚案件中，法院一般应当采纳检察机关指控的罪名和量刑建议；扩大了检察机关不起诉裁量权，对于“自愿如实供述涉嫌犯罪的事实，有重大立功或者案件涉及国家重大利益的，经最高人民检察院批准，人民检察院可以作出不起诉决定，也可以对涉嫌数罪中的一项或者多项提起公诉”。在诉讼监督权方面，增加了检察机关对公安机关拟撤销案件的审查批准权，对于“自愿如实供述涉嫌犯罪的事实，有重大立功或者案件涉及国家重大利益，需要撤销案件的，办理案件的公安机关应当层报公安部，由公安部提请最高人民检察院批准”。

第二节　检察权司法化的范围

在现代司法框架下比较我国和域外当前的检察权制度，我们会发现我国的检察权具有两个较为显著的特点：一是司法功能最强，但同时办案方式最缺乏司法性。[①] 域外对于刑事诉讼中公民基本权利之处分都实行诉讼监督，由法官进行司法审查，我国则是由检察官行使类似于域外法官的司法审查权，如对于逮捕的批

① 龙宗智：《检察机关办案方式的适度司法化改革》，载《法学研究》2013年第1期。

准权以及对于辩护人、诉讼代理人诉讼权利、当事人或利害关系人合法权益被妨碍或侵害的司法救济权，等等。另外，我国检察机关的公诉权也不受来自法院的诉讼监督。但是，检察官检察权行使的“三级审批制”也是为我国所独有的，检察官几乎做不到职权行使的独立性。上述特点表明了我国检察权运行司法化的必要性所在。二是检察权能广泛，但是各权能之间区别多于联系。我国检察权可以分解为侦查权、公诉权、诉讼监督权、救济权、司法解释权，考虑到检察权能的个体差异，检察权的司法化应坚持原则性和灵活性的结合，坚持司法规律和中国法治化的本土需要，有所为有所不为。

一、检察权司法化范围之确定标准

（一）可能性——程序主体之间的结构能否适应司法化

检察权的司法化就是检察权运行程序的司法化，“司法化程序的核心要素是主体之间的关系结构”[①]。决定检察权司法化的一个基本前提是程序主体间的程序结构能否进行司法化调整，即能否从单方程序结构调整为三方的程序结构。根据程序结构中程序主体的数量可将程序结构分为单方结构、双方结构以及三方结构。

单方结构是指没有其他主体参与，只有权力主体依职权单方作出决定所形成的程序结构。如检察机关立案的决定、侦查措施使用的决定、强制措施适用的决定、自行侦查的决定以及其他依职权决定的法律监督决定等形成的程序结构。

双方结构是指有另一方主体的参与，权力主体在双方共同参与下作出决定所形成的程序结构。例如，检察机关基于被追诉人的申请而作出变更强制措施的决定、检察机关基于相关诉讼参与人的控告而作出启动监督程序的决定、检察机关基于公安机关的提请而作出批准逮捕的决定、检察机关基于公安机关侦查终结移

① 左卫民：《司法化：中国刑事诉讼修改的当下与未来走向》，载《四川大学学报（哲学社会科学版）》2012 年第 1 期。

送起诉而作出的起诉或不起诉的决定等形成的程序结构。

三方结构是指由权力主体以及对立的双方三方组成，权力主体在对立双方平等对抗的基础上居中裁断所形成的程序结构如审判程序。严格意义上的三方结构不仅意味着存在三方构造，而且需要三方在同一时空下。只有在同一时空下，对立双方才可以进行面对面的交涉：举证、质证、辩论，裁判者才能够进行直接审理和言词审理并据此作出公正的裁断。我国刑事诉讼法规定在审查批捕或审查起诉中要讯问犯罪嫌疑人或被告人，犯罪嫌疑人或被告人委托辩护律师的，可以听取辩护律师的意见。从形式上看，在检察机关作出批准或不批准逮捕的决定、起诉或不起诉的决定前，事实上已经存在了三方构造，检察机关也是在对立双方的共同参与下作出的决定。但是由于三方主体不在同一时空下，对抗双方没有机会进行质证、辩论，检察官当然不可能依据言词原则进行审查。这与司法的干涉性、亲历性背道而驰。从此种意义上，审查批准逮捕程序和审查起诉程序都没有形成严格意义上的三方结构，只能是适度司法化的程序而不是完全司法化了的程序。但是，批准逮捕决定程序和审查起诉程序三方构造为程序适度司法化向完全司法化的发展奠定了基础。

（二）必要性——是否是重大的程序决策或影响到公民程序权利或者实体权利

现代刑事诉讼程序就如同一个具有一定结构或组织性的系统，各构成要素有序关联、相互配合、制约，整体地发挥着惩罚犯罪和保障人权的功能。根据结构功能主义，系统整体是趋于平衡的，如果部分要素的结构发生变化，系统为了平衡与存在，其他构成要素的结构会自发地发生变化以使系统达到新的平衡。我国刑事诉讼缺少审前程序的司法审查，但是这种对审前程序进行司法控制的需求一直存在，由检察机关行使审查程序的司法审查功能是使刑事诉讼整个系统趋于平衡的必然要求。检察权的司法化从实质意义上看就是要建立以检察机关为审查主体的司法审查制度。

就检察权的运行方式而言，行政模式的核心是效率，而司法模式的核心是公正。基于对公正的追求，司法模式对程序正当性的要求比行政模式要高得多。但是检察权全面司法化必然需要投入大量的资源，鉴于我国目前诉讼资源薄弱的境况，检察权的司法化要以必要性为原则。如何才为“必要”呢？一般而言，司法审查范围的确定有两个标准：一是个人基本权益是否需要司法救济和司法保障；二是国家权力是否需要审查和控制。如果不是，司法审查可能是多余的；反之，司法审查则是必要的，否则有可能导致权利侵害而无救济，权力恣意而无制衡。① 检察权司法化范围的确定亦是如此，如果为了保障公民重大程序权利或者进行影响公民人身自由、财产、隐私等重大权利的程序性决策时，则有必要采用司法化的程序，公开、对审以保证检察机关作出公正、准确的决定。如2012年《刑事诉讼法》第47条关于辩护人、诉讼代理人诉讼权利被阻碍的规定涉及诉讼参与人的程序权利，第115条关于司法机关及其工作人员违法行为侵害当事人或利害关系人合法权益的规定涉及公民的人身、财产等合法权益，第86条关于审查批准逮捕的规定涉及公民的人身自由的限制。另外，当检察权的行使可能会“挑战”法院审判权威性、独立性和中立性时，属于重大的程序决策，应当慎重。在上述情形下，检察机关可以成为相对独立、中立、不偏袒的公道主持人，采用适度司法化的办案方式，在对审兼听的框架中作出决定。②

（三）实效性——司法决定的效力是否具有拘束性

程序的正当性决定了裁判结果的权威性，在司法化的程序中作出的司法决定应当具有终局性，在效力上具有确定力、拘束力。反之，如果司法决定不具有终局性，也没有拘束力、执行力，程序的司法化的意义就大打折扣。有的学者根据检察权是直接、自我行使还是对其他机关或者个人权力行使的监督为标准分为诉

① 陈瑞华：《刑事诉讼中的问题与主义》，中国人民大学出版社2013年版，第10页。
② 龙宗智：《检察机关办案方式的适度司法化改革》，载《法学研究》2013年第1期。

讼权和诉讼监督权。[①]其中自侦案件的侦查权、逮捕批准权、公诉权等都是由检察机关直接、自我行使的，其作出的司法决定具有拘束力、执行力，其中不起诉的司法决定还具有终结性的性质。立案监督、侦查活动监督、审判活动监督、刑事、民事、行政判决、裁定监督、死刑复核法律监督、羁押和办案期限监督以及看守所执法活动监督都不是检察机关直接、自我行使的权力，其监督权行使的结果也形态各异。如对公安机关应当立案而不立案或不应当立案而立案进行监督，采用通知的形式要求公安机关立案或撤销案件；对侦查、审判中的违法行为采用提出纠正意见、发出纠正违法通知书等形式；对审判中违反法定诉讼程序的，采用提出纠正意见的形式；对于生效的判决、裁定采用提起抗诉的方式；对于死刑复核法律监督，采用提出死刑复核案件意见书的形式；对于羁押必要性进行审查后，认为无必要性的，采用建议有关机关予以释放或者变更强制措施的形式；对于羁押和办案期限监督、看守所执法活动监督、刑事判决裁定执行监督、强制医疗执行监督等采用提出纠正意见的形式。从上述检察机关诉讼监督的法律效果来看，有的监督决定虽有拘束力但缺少执行力，检察机关监督的效果只有当被监督机关纠正违法行为以后才得以实现，如检察机关在行使对生效判决、裁定的监督权时，只能通过提起抗诉启动救济程序，其本身并不能解决争端。另外，有的监督决定既无拘束力也无执行力。如检察机关进行羁押必要性审查后，认为没有必要继续羁押的，自身无权作出解除羁押的决定，也无权作出要求有关机关解除羁押的指令，只能提出解除羁押的建议，检察建议并不当然具有法律拘束力。总的来看，检察机关的诉讼监督更多的是程序上的，带有建议性质，不具有强制性，但这并不妨碍对于属于司法审查的事项如羁押必要性审查进行司法化改革，加强法律监督的效力，赋予检察机关司法决定以强制力。“解决法律监督无力的出路，并不在于是否赋予检察机关实体处分权，而在于法律如何规定有关机关和人员的权利和义务。”[②]

一般而言，我们可以从以下三个标准来对检察权的各个权能进行分析，第

① 陈卫东:《检察机关角色矛盾的解决之策：法律监督职能与诉讼职能的分离》，载《法制日报》2011 年 2 月 23 日。
② 张智辉:《法律监督三辨析》，载《中国法学》2003 年第 5 期。

一个标准是检察权司法化范围确定之形式标准，必须存在三方构造，且检察机关是另两方利益争端的裁断者，具有相对的中立性和独立性。第二个标准是实质标准，必须存在重大利益的关怀或者重大程序决策的慎重，才有必要采用司法化的程序来保障实体和程序正义的实现。第三个标准实际上是一种结果标准，要求经过司法化之程序而作出的司法决定具有权威性，这是正当程序的必然要求，也是检察权运行司法化价值实现的保障。

二、检察权司法化的应然范围

我国检察机关被法律赋予众多权能，但并非每个权能都具有司法性，如司法解释权欠缺司法性的基本前提——事件性、判断性，因此就不存在司法化的问题，其他具有司法性的权能也并非每一个都有司法化的可能和必要。我们大体可以从检察权司法化的可能性、必要性和实效性对检察权的各个具体权能进行筛选，从而确定检察权司法化的范围。

（一）自侦案件侦查权的行使能否司法化

侦查权的行使一般体现了强行政化的色彩，检察机关的侦查权源于法律监督权，更强调检察机关的客观义务，这使其区别于警察进行的侦查。但是由于自侦案件主要是贪污贿赂案件，没有明确的受害人，较难形成三方结构，不具有司法化的可能性。另外，从司法实践来看，侦查需要使用侦查谋略和技巧，检察机关在行使侦查权时也很难做到中立。有学者认为在侦查终结环节可以有条件适用司法审查方式，侦查负责人、案件承办人和辩护方（犯罪嫌疑人及其辩护人）组成三方结构，侦查负责人主持，采用类似开庭的方式，在听取意见的基础上作出侦查结论。[①] 笔者认为，即便是在侦查终结环节，也不适宜进行司法化审查。第一，

① 龙宗智：《检察机关办案方式的适度司法化改革》，载《法学研究》2013 年第 1 期。

侦查的强行政性表明侦查的一体性，案件承办人并不独立于侦查负责人，无法形成实质的三方结构。第二，侦查负责人与侦查活动有利益牵连，很难做到中立；第三，侦查终结时进行司法化审查，检察机关审查起诉时又再次进行司法化审查，会造成不必要的资源浪费。该学者认为如果在侦查终结进行司法化审查后，审查起诉程序可以简化。这也有值得商榷之处，因为就程序的正当性而言，审查起诉程序的司法化更具有正当性，此时审查主体为检察机关，更具有中立性；此外，审查起诉后检察机关须作出影响被追诉人权益的重大程序决策，也更需要正当程序的支持。总的来说，侦查权的行使不宜进行司法化。

（二）审查批准逮捕权的行使能否司法化

我国的逮捕实为西方国家的羁押，西方国家普遍建立了羁押的司法审查制度。根据《公民权利和政治权利国际公约》第9条第3项的规定，“任何因刑事指控被逮捕或拘禁的人，应被迅速带见审判官或其他经法律授权行使司法权力的官员”。我国行使审查批准权的是检察机关，检察机关在我国也是司法机关，从形式上看，其行使对羁押的审查权也符合上述公约之规定。

就主体之间的结构来看，审查批捕程序具有形成三方构造的可能性，即检察机关、公安机关和犯罪嫌疑人，检察机关居中裁断，公安机关和犯罪嫌疑人两造对抗，具备听证的可能性。从司法决定对公民权利的影响来看，羁押与否关涉到犯罪嫌疑人的人身自由，应当适用公开的听证程序，体现程序的正当性。最后检察机关作出的司法决定也具有实效性。① 审查逮捕程序司法化具有重要意义，体现了人权的保障、审查程序的正当和民主，同时也有利于检察机关作出正确的决定，实现司法公信力的提高，等等。审查程序的司法化应是审查逮捕程序改革的必然趋势。

---

① 如《刑事诉讼法》第90条规定，对于检察机关作出的不批准逮捕的决定，公安机关如果认为该决定有错误，可以要求复议、复核，但必须立即释放被拘留的人。

（三）公诉权的行使能否司法化

公诉权是一个权力束，包括审查起诉、决定起诉、不起诉、提起公诉、支持公诉、变更、追加、补充、撤回起诉等权能。公诉权又具有层次性，检察机关在审查起诉时，如果发现有非法收集言词证据的情形，依法享有非法证据排除权，如果有必要，还可以直接行使调查权（《高检规则》第 379 条）。我国的审查起诉类似于域外的预审，根据《布莱克英语词典》的解释，预审是指通常由治安法官主持刑事听审以确定是否有足够的证据起诉被告人的活动或程序。[①] 所不同的是我国审查起诉是由检察机关主持，而不是法官。

就审查起诉而言，首先，其具备进行司法听证的形式要件，如在主体之间的关系结构上能够形成三方构造：检察机关、侦查机关、犯罪嫌疑人；检察机关具有相对的中立性和独立性；检察机关实际行使判断权。其次，审查起诉程序也有司法化的必要性。（1）审查起诉虽然不能产生定罪量刑的实体法效力，但如果可能作出不起诉决定，就可能会关涉到对犯罪嫌疑人出罪的实体处理，根据《高检规则》第 409 条、第 410 条的规定，对不起诉的案件，检察机关可以对被不起诉人予以训诫或者责令具结悔过、赔礼道歉、赔偿损失，还可以对犯罪嫌疑人违法所得及其他涉案财产进行相关处理。这种涉及公民实体权利处分的司法决定，应当采用抗辩式的对审程序作出，以保证程序和实体的公正性。（2）通过对审程序对案件进行审查，因为有犯罪嫌疑人、被害人以及证人等诉讼参与人的参与，更易于发现并确认非法取证行为，检察机关可以根据《刑事诉讼法》第 54 条第 2 款、《高检规则》第 379 条之规定依法对非法证据予以排除，客观上更能抑制侦查机关的违法取证行为。（3）我国没有实行对公诉的司法审查，通过对审中侦查机关、犯罪嫌疑人、被害人等“诉权”的行使，对检察权形成制约，监督检察权规范、公正地行使。最后，审查起诉作出的起诉或不起诉决定具有法律上的拘束力和执行力，如决定作出后，即便公安机关要求

① See Bryan A. Garner ed., *Black's Law Dictionary（Eighth Edition）*, West Group, 2004, p.3739.

复议、复核或者被害人向检察院申诉或向法院起诉，如果被不起诉人在押，应当立即释放。

除了审查起诉之外，公诉权的其他权能其实就是对于审查起诉权的自然延伸，主要是一种裁判请求权而不是判断权，无司法化之条件。就审查起诉而言，权衡对效率和公正的追求，对于一般的审查起诉案件，可以按照现行法律的规定，检察官通过审查侦查机关移送的卷宗、证据，并在讯问犯罪嫌疑人，听取辩护人、被害人及其诉讼代理人意见的基础上作出司法决定。但对于拟作不起诉的案件或者有非法证据需要排除的情形，应当适用司法化的审查程序。

（四）诉讼监督权的行使能否司法化

我国检察机关的诉讼监督范围从立案一直到刑罚执行，监督的对象既有侦查机关、审判机关和刑罚执行机关的侦查、审判和执行行为，又有它们作出的决定和裁决；监督的方式有“通知纠正（如立案监督）”“提出纠正意见（如对于侦查机关、审判机关和刑罚执行机关的违法行为）”“建议（如对羁押必要性的审查）”和“提起抗诉（如对法院生效的裁判）”等。在诉讼监督权的行使过程中，除了立案监督、羁押必要性审查、民事、行政审判监督以及刑事申诉审查外，检察机关和被监督机关之间的程序结构更多的是两方结构，并且在这部分检察权的行使中，检察机关一般无须作出重大程序决策（只是提出纠正意见）。因此，既无可能也无必要采用司法化的程序来进行审查。

立案监督在主体之间的关系结构上形成了检察机关、公安机关以及控告人或申诉人三方构造，检察机关能够根据事实和法律，中立地作出判断。同时，公安机关应立案而不立案、不应立案而又违法立案都会对申诉人和控告人的合法权益造成损害，检察监督权的行使关涉到公民合法权益的保护。因此，立案监督程序采用司法化的方式进行有其可能性和必要性。另外，检察机关的立案监督决定也有一定实效性，对于监督决定，如果公安机关不提出复议、复核，就应当按照检察机关的通知立案或撤销案件。

羁押是对公民人身自由的剥夺，域外多赋予被羁押人申请司法救济的权利，联合国《公民权利和政治权利国际公约》第9条第4项规定，“任何因逮捕或拘禁被剥夺自由的人，有资格向法庭提起诉讼，以便法庭能不拖延地决定拘禁他是否合法以及如果拘禁不合法时命令予以释放”。2012年《刑事诉讼法》赋予了检察机关对羁押必要性的审查权，实际上也赋予被羁押人向检察机关就羁押是否必要寻求救济的权利，《高检规则》第618条对此予以确认，并规定了申请人一定的说明义务和提供证据的义务。无论从可能性还是必要性上分析，羁押必要性审查程序司法化应无问题。《刑事诉讼法》第93条规定，检察机关对羁押必要性审查后，如果认为无需继续羁押的，只是“建议”有关机关予以释放或者变更强制措施，而不是直接作出释放或继续羁押的决定。司法决定拘束力和执行力不足无疑会影响审查程序司法化的价值。

民事、行政生效裁判的监督既关涉到申诉人的合法权益，又关涉到法院裁判的权威性、独立性和中立性问题，是否提起抗诉当属重大的程序决定事项，具备进行司法化审查的可能性、必要性，并且提起抗诉的司法决定具有实效性，必然会启动法院的再审程序。通过司法化审查，更能保证程序公正和司法决策的正确性。2013年11月，最高人民检察院公布的《人民检察院民事诉讼监督规则（试行）》也详细规定了由检察官主持的听证程序。

刑事申诉案件主要包括两类：一是对检察机关作出的终结性刑事处理决定，如不批准逮捕决定、不起诉决定、撤销案件决定等；二是对法院生效的刑事裁判。上述两类申诉案件有申诉人、作出决定的检察机关和作出裁判的法院以及享有审查权的检察机关，能够形成三方构造，具备司法化审查的可能性。启动对上述两类案件的审查应属重大的程序决定事项，具备司法化审查的必要性。经过审查后行使审查权的检察机关可以作出决定，改变原终结性刑事处理决定或按照审判监督程序向法院提起抗诉，这种司法决定具备实效性，下级检察机关对上级检察机关的审查决定必须执行，抗诉的决定也必然会启动再审程序。2014年10月，最高人民检察院公布了修改后的《人民检察院复查刑事申诉案件规定》，明确了对上述两类申诉案件的复查程序，复查同样可以采用司法化的方式进行。2015年2月28日最高人民检察院颁发了《关于全面推进检务公开工作的意见》（以下简称《全面推进检务公开的意见》）明确对有较大争议或社会影响的刑事申诉应当进行公开审查。

（五）救济权的行使能否司法化

“救济权是指检察机关在诉讼过程中因诉讼参与人的权利保护请求而启动的维护诉讼参与人合法权利的救济性的检察权能。”[①] 是2012年《刑事诉讼法》赋予检察机关的一项独立检察权能，具体体现为第47条和第115条的规定。这种救济权和诉讼监督权既有联系又有区别：两者的共性表现为监督的内容都是有关机关或其工作人员具体行为的合法性；监督的方式都是通知纠正违法行为；在行使权力过程中，检察机关都能保持相对中立性。两者的差异表现为：救济权的启动多被动而诉讼监督权的启动多主动；救济权的实现方式为通知纠正错误而诉讼监督权的实现方式多为提出纠正意见，前者的强制力更大；救济权的重心为护权（权利）而诉讼监督权为制权（权力）。可见，救济权行使程序具备司法化的条件，可以采用公开的、抗辩式的对审程序。

在域外，辩护人、诉讼代理人的程序权利以及当事人、利害关系人的实体权利在刑事诉讼中受到侵害的救济权由法官行使，“法理上认为只能由一个独立和中立于控辩双方，且具有裁决权的主体来审查和处置争议，纠正违法或不当的侵权性程序行为”[②]。我国将救济权赋予了检察机关，为保证司法决定的公正性与准确性，更应该适用司法化的程序来进行审查。

---

① 向泽选：《新时期检察改革的进路》，载《中国法学》2013年第5期。
② 龙宗智：《检察机关办案方式的适度司法化改革》，载《法学研究》2013年第1期。

第三节 检察权司法化可行性的现实基础

从我国制度上的实践来看，检察权的司法化可以追溯到清末修律时期。清光绪三十二年（1906年）《大清大理院审判编织法草案》中首次规定了大理院对重大案件的秘密预审权（《草案》第21条），正式在实践中施行的《大清各级审判厅试办章程》（1907年）第22条至第25条规定预审推事进行预审的范围和程序。在预审制度实施过程中，修律大臣沈家本发现在推事预审中，检察官的作用受限。因此在《大清刑事诉讼律（草案）》对预审制度进行了修改，预审权不再由预审推事行使，而由检察官行使这一权力。清朝刑律起草顾问冈田朝太郎认为："中国刑诉法草案，以预审作为起诉前准备公诉之处分，由检察官行之。按之以理，征诸实际。由各国之长而无其短，此谓中国刑诉法之特色，实为世界最新之法例。"并预测"各国改正刑诉法，必取法中国无疑"。[①]1935年《中华民国刑事诉讼法典》删除了预审制度，至今未被恢复，因为从功能上看，无论是推事预审还是检察官预审，"凡在预审中可以实施之处分，侦查中皆得为之，尤无需此重复之必要"[②]。撇开预审制度废除的原因不谈，检察官预审从程序上看体现出检察权行使的司法化特征。目前，从制度层面和实践层面来看，检察权行使的司法化具备了可行性条件。

一、制度基础

（一）宪法层面

我国现行《宪法》第131条规定："人民检察院依照法律规定独立行使检察

---

① 熊元襄：《刑事诉讼法》，安徽法学社宣统三年（1911年）刊印，第161页。转引自刘清生：《中国近代检察权制度研究》，湘潭大学出版社2010年版，第177页。

② 毕惜茜：《预审学理论研究综述》，群众出版社1998年版，第7页。

权，不受行政机关、社会团体和个人的干涉。”这是我国检察权依法独立行使的宪法表述。第129条规定人民检察院的法律性质是国家的法律监督机关，从监督的基本性质来看，检察机关的法律监督权必须具有一定的中立性，其必须依法客观公正、不偏不倚地实施监督，超脱于被监督者的利益是权力行使的必然要求。

（二）法律层面

如果说宪法对检察权的规定是检察权运行司法化抽象基础的话，2012年刑事诉讼法的修正就使得检察权运行司法化具有了现实可能性。新刑事诉讼法赋予了检察机关一些域外法制中“法官保留”的权力，如第47条和第115条规定的司法救济权以及第93条规定的羁押必要性审查权。由于我国刑事诉讼中侦查行为不可诉，法院也不能介入侦查中的干预处分，对于侦查行为侵权的司法救济以及对干预处分进行“司法审查”的权力赋予行使法律监督权的检察机关也就是必然的选择。这种“司法救济权”和“司法审查权”当然应当按照司法规律来运行。另外，新刑事诉讼法对审查批准逮捕程序也进行了修改，第86条增加了人民检察院审查批准逮捕时，讯问犯罪嫌疑人、询问证人等诉讼参与人、听取辩护律师的意见的规定，逮捕的审查程序由双方结构（侦查机关、检察机关）向三方结构（主要是侦查机关、检察机关、犯罪嫌疑人）转变，审查方式由书面性、间接性、封闭性向言词性、亲历性、公开性转变，逮捕审查程序体现出明显的司法化特征。

（三）司法解释层面

早在2001年，最高人民检察院就颁布了《人民检察院办理不起诉案件公开审查规则（试行）》（以下简称2001年《不起诉审查规则》），规定了有争议且社会影响较大的拟不起诉的案件实行公开审查，侦查人员、犯罪嫌疑人及其辩护人、被害人及其诉讼代理人可以案件事实、证据、适用的法律以及是否应予不起诉各自发表意见。在审查程序中，没有举证、质证和辩论的环节，没有对抗性，虽有其形，不得其实，不能成立实质意义上的听证。同时，由于受到“不起诉率”考评指标的影响，该规则的实施情况不尽如人意，无法充分体现不起诉公开审查所应有的民主、科学、公正等价值。

真正实现检察权运行从“兼听模式”向“对审抗辩模式”转变的制度实践是 2012 年 1 月 10 日最高人民检察院颁布实施的《人民检察院刑事申诉案件公开审查程序规定》，该《规定》第 18 条至第 23 条详细地规定了刑事申诉听证审查程序，包括听证审查的范围、主体、对审抗辩的听证程序、听证的评议与决定等。2013 年 11 月 18 日最高人民检察院公布实施了《人民检察院民事诉讼监督规则（试行）》，该《规则》详细地规定了审查民事诉讼监督案件的听证程序。该《规则》第 57 条至第 64 条规定了听证程序的主体、内容、听证准备程序、听证庭审程序以及听证笔录的制作，还规定了听证的场所要求、违反听证秩序的法律责任等。结合第 6 条规定的检察官办案责任制和第 9 条规定的回避制度，检察机关民事诉讼监督听证程序类似于法官的审判程序，是检察权运行司法化的具体表现。2014 年《人民检察院复查刑事申诉案件规定》第 26 条至第 42 条明确审查方式除了阅卷、复核勘验、检查、辨认、侦查实验等笔录和鉴定意见之外，还有采用“兼听”的方式听取案件当事人、证人和其他有关人员、申诉人以及原办案人员的意见，如果认为需要抗诉的，还应当讯问原审被告人。该《规定》第 4 条还规定，审查可以采用公开听证等方式公开审查。

二、实践基础

（一）审查批准逮捕听证

在 2012 年《刑事诉讼法》正式实施之前，有的地方检察机关已经开始审查逮捕听证的尝试。2011 年 5 月浙江省嘉兴市南湖区人民检察院制定了《审查逮捕阶段听证暂行办法》，6 月 30 日南湖区人民检察院主持掩饰、隐瞒犯罪所得、犯罪所得收益案的逮捕听证，经过举证、质证和辩论，最终作出不批准逮捕的决定。

2011 年江苏省宿迁市宿城区人民检察院会同公安机关制定了《审查逮捕听证

制度实施细则》、2012年上海市嘉定区人民检察院制定了《未成年人案件审查逮捕听证办法》、山东省博兴县人民检察院制定了《审查逮捕案件听证办法》并组织实施。其中，宿迁市宿城区人民检察院自2011年以来（至2012年2月），适用听证程序后作出不批捕决定案件47件75人，无一复议复核案件。①

2013年1月1日，新刑事诉讼法正式实施后，全国大部分省、市、自治区开始制定关于审查批准逮捕听证的相关制度并组织实施。2013年至今，四川省平武县人民检察院制定了《审查逮捕案件公开听证制度》试行规定、彭州市人民检察院制定了《审查逮捕案件公开听证制度（试行）》、犍为县人民检察院制定了《审查逮捕阶段公开听证制度》（试行），其他省份如上海、陕西、安徽、浙江、山东、江苏、新疆等省、市、自治区地方检察院也制定了相关的制度。从媒体报道来看，上海、四川、江苏、湖北等省市地方检察院更多地采用听证方式来审查逮捕。以上海为例，2013年1月至8月，市、区检察机关共对39起案件56名犯罪嫌疑人进行了审查逮捕公开听证，对28人作出批准逮捕的决定，对其余28人作出不批准逮捕的决定；其中，相对不捕24人，绝对不捕3人，存疑不捕1人。②

（二）羁押必要性审查听证

新刑事诉讼法规定了羁押必要性审查制度，新刑事诉讼法正式实施后，各地方检察机关在羁押必要性审查中积极推行听证程序。如2013年上海宝山区、奉贤区人民检察院、江西宁都县、于都县人民检察院、江苏南京玄武区人民检察院、山东沂水县人民检察院、重庆市涪陵区人民检察院等地方检察机关，2014年上海浦东区、松江区人民检察院、四川资阳市雁江区人民检察院、山东省青岛市李沧区人民检察院、日照市东港区人民检察院、河北保定市南市区人民检察院、湖北保康县人民检察院、福建福安市人民检察院等都陆续在羁押必要性审查中引入听证程序，武汉市人民检察院率先将职务犯罪案件羁押必要性审查引入听证程

① 王苏洁：《审查逮捕听证制提升执法公信力》，载《检察日报》2012年2月12日。
② 赵阳：《审查逮捕从封闭运行到公开透明》，载《法制日报》2013年11月4日。

序。江西新余市渝水区人民检察院于2013年制定了《羁押必要性监所审查听证规则（试行）》，将羁押必要性进行听证审查制度化、常态化。以2013年上海检察机关进行的羁押必要性审查为例，2013年1月至8月，上海市检察机关受理羁押必要性审查案件111人，提出释放或变更强制措施建议52人。对30人以公开听证的方式开展羁押必要性审查。①

（三）不起诉听证

2001年《不起诉审查规则》规定侦查人员、犯罪嫌疑人及其辩护人、被害人及其诉讼代理人可以案件事实、证据、适用的法律以及是否应予不起诉各自发表意见。在审查程序中，没有举证、质证和辩论的环节，没有对抗性，虽有其形，不得其实，不能成立实质意义上的听证。同时，由于受到“不起诉率”这个考评指标的影响，该规则的实施情况不尽如人意，无法充分体现不起诉公开审查所应有的民主、科学、公正等价值。新刑事诉讼法对检察权运行的公正性、正当性提出了新的要求，不起诉审查的司法化是自然的选择。新刑事诉讼法正式实施后，各地的检察机关积极地推动不起诉的听证审查。北京、上海、广东、浙江、江苏、甘肃、福建、四川、湖北等大多数省市地方检察机关都在司法实践中推行不起诉听证制度。

其中，上海徐汇区人民检察院颁布了《上海市徐汇区人民检察院关于不起诉适用检察庭听证及宣告的实施意见（试行）》，设置了检察庭，用于不起诉听证以及司法决定的宣告，上海市其他各区检察机关也普遍设置了专门的听证场所“听证室”“宣告室”。自2014年以来，听证审查不起诉案件80件，公开宣告不起诉案件80件。②十八届四中全会《决定》提出推进“以审判为中心”的诉讼制度改革必然会要求扩大检察机关的起诉裁量权，强化其审前调节职能。③如何保证

---

① 上述数据来自华东政法大学方臻博士对2013年1月至8月上海公、检、法机关刑事诉讼法实施情况的调研。

② 戴佳：《上海检察机关不起诉案件公开办理提升司法公信力》，http://news.sina.com.cn/o/2014-12-15/062831285194.shtml（最后访问日期：2014年12月20日）。

③ 王守安：《以审判为中心的诉讼制度改革带来深刻影响》，载《检察日报》2014年11月10日。

检察权公正地行使，在我国现行制度框架下，公开、透明的听证程序将是必然的选择。

（四）民事、行政诉讼监督听证

相比较而言，民事诉讼监督适用听证则是“有章可循”，2013年《人民检察院民事诉讼监督规则（试行）》详细地规定了民事诉讼监督的听证程序。2014年云南临沧市人民检察院、湖北竹溪县人民检察院、山东寿光市人民检察院、青岛市李沧区人民检察院、广东中山市人民检察院等地方检察机关已经在民事诉讼监督中适用听证程序，云南玉溪市人民检察院还在行政诉讼监督中适用听证程序。自2014年以来，山东青岛市李沧区人民检察院已就16起申请监督案件举行了听证会。①

（五）立案监督听证

立案监督采用听证的方式进行审查在司法实践中相对较少，也有部分检察机关积极进行制度创新，在立案监督中引入听证程序。如2009年山东泰州市高港区人民检察院对一起公安机关先立案后撤案的案件通过公开听证的方式进行立案监督，2012年安徽淮南市谢家集区人民检察院、2013年湖北赤壁市人民检察院对职务犯罪（涉嫌渎职）不立案通过公开听证进行审查。2014年四川合江县、犍为县人民检察院分别对死亡案和抢劫案不立案进行了听证审查。

（六）刑事申诉听证

从2015年2月15日最高人民检察院正式印发实施2015年修订《关于深化检察改革的意见（2013—2017年工作规划）》（以下简称《检察改革意见》）以及2015年《全面推进检务公开的意见》的规定来看，刑事申诉案件被列为实行公

① 张媛、李方杰：《山东李沧：公开听证让检察权阳光运行》，载《光明日报》2014年5月10日。

开审查的两类案件之一，将来应会有更多的刑事申诉案件适用公开听证的方式进行审查。2012 年《人民检察院刑事申诉案件公开审查程序规定》实施前后，已经有一些检察机关开始了对刑事申诉案件进行听证审查。早在 2000 年上海市人民检察院就对宝山区一起不服检察机关免于起诉的申诉案件进行公开听证审查。2009 年海南省人民检察院对一起不服法院刑事判决的申诉案件进行公开听证审查。2011 年甘肃景泰县人民检察院对不服不批准逮捕申诉案件进行公开听证审查。2013 年上海闵行区人民检察院对一起不服不批准逮捕决定申诉案进行了公开听证。2014 年天津市人民检察院对一起存疑不起诉申诉案件进行了公开听证。

第四节　检察权司法化可行性的理论分析

检察权司法化具备制度和实践支持，其可行性从理论上也不难论证。但这并不意味着检察权司法化可行性没有任何顾虑之处。在检察权司法化的运行中，检察机关的角色冲突会不会导致其无法保证案件审查的客观中立性？由于取消行政审批制，检察官权力运行监督的真空状态该如何填补？检察权司法化与推进以审判为中心的诉讼制度改革是否相冲突？本节将针对上述三个问题展开分析。

一、角色冲突问题及分析

由于我国检察权属性的复合性以及内容的复杂性，检察机关作为整体在检察权行使过程中不可避免出现职能和角色的混同。在宏观层面表现为职能的混同，检察机关既行使诉讼职能，又行使诉讼监督职能和司法救济职能。在微观层面表现为角色的混同，检察机关有时是“运动员”“裁判员”集于一身。当角色混同表现为角色的冲突或矛盾时，检察权司法化的正当性也就不复存在。因为在现代诉讼文明中，“任何人不得成为自己案件的法官”已然成为程序正义的基石。德国学者拉德布鲁赫曾言，“假如原告本身就是法官，那只有上帝才能充当辩护人”[①]。

但是角色混同本身是一个中性的概念，它并不必然意味着角色的冲突或矛盾。在两大法系国家，检察官在行使检察权的过程中出现职能混同并不鲜见，如法国、德国等大陆法系国家检察机关既承担诉讼职能又承担诉讼监督职能，在美国检察官可以通过有限的上诉权来监督法官裁判，检察官职能的行使同样有混同的现象存在，在域外也没有证据证明这种职能的混同产生了危害结果。在我国检察机关职能混同更加复杂，但职能混同本身不能否定检察机关职能配置的正当性。笔者认为，这种职能混同有没有导致职能冲突或矛盾要看其是否违背司法规律、扭曲诉讼构造、破坏程序正义。微观层面的检察权运行过程中检察机关角色混同亦是如此。例如，检察机关对公安机关立案、侦查行使监督权，是审查者的角色，同时检察机关承担对公安机关侦查终结的案件的控诉职能，是指控者的角色。由于检察权的层次性，在公诉权的行使过程中，检察官担当的角色亦有所不同，如在审查起诉中，检察官是审查者的角色；在提起公诉时，检察官又承担的是指控者（诉讼当事人）的角色。但是上述角色的混同本身在权力运行中并未带来理论上或实践中的困扰，相反，这种角色混同有利于实现正确、有效的指控。

当然，笔者也不否认检察权运行过程中角色冲突的现实存在，但如果要全面认识角色冲突问题对检察权司法化的影响，需要考虑以下两个方面：一是直接的角色冲突，即发生在同一时空下，三方构造中当事人和审查者身份集于一身；二是间接的角色冲突，即非发生在同一时空下，但基于利益的一致性可推定审查者实际上和对抗中的一方当事人角色混同。

从制度层面来看，直接的角色冲突以检察一体为前提，主要有以下几种情形：（1）检察机关自侦案件的立案、侦查监督；（2）检察机关自侦案件的审查逮捕、羁押必要性审查；（3）检察机关自侦案件的起诉审查；（4）检察机关及其工作人

① [德] 拉德布鲁赫：《法学导论》，中国大百科全书出版社 1997 年版，第 121 页。

员阻碍辩护人、诉讼代理人依法行使诉讼权利的；（5）检察机关及其工作人员的侦查行为侵犯当事人实体权利的；（6）不服检察机关司法决定提起的申诉案件。在上述情形中，检察机关既是审查者又是当事人，当然会产生角色的冲突问题。从2012年《刑事诉讼法》以及2012年《人民检察院刑事诉讼规则（试行）》的具体规定以及立法精神来看，主要通过上提一级进行审查来解决上述角色冲突。宪法和人民检察院组织法规定检察机关之间是领导和被领导的关系，上级检察机关一般不能直接介入下级检察机关检察权的行使，因此上级检察机关在进行审查时能够保证相对独立性，相对地解决了上述检察权运行中的角色冲突问题。在应然意义上，这种内部的监督最终要被外部监督或权力（权利）制约所代替。通过诉权的制约将在下文中具体论述，在此不多加赘述；通过引入审判权的制约具有合理性，但在目前的法律框架下没有现实性；通过人民监督员的外部监督将会是发展的方向。2015年3月7日，最高人民检察院、司法部联合发布了《深化人民监督员制度改革方案》，规定人民监督员对于检察机关直接受理案件的11种情形实施监督①。在具体方式上，笔者认为可以探索以下两种途径，一是检察官和人民监督员组成“合议庭”的形式；二是把人民监督员审查作为一种最后的救济途径，即对上一级检察机关的司法决定不服的，可向人民监督员申请复查。

除了上述直接的角色冲突之外，有学者认为公安机关与检察机关基于追诉利益的一致性，实际上也会引起角色冲突问题。例如，就普通刑事案件的审查批捕而言，审查程序的构造由公安机关、犯罪嫌疑人以及检察机关组成，其中检察机关为审查者，公安机关和犯罪嫌疑人为对抗的当事人。从制度层面，检察机关具有客观中立性应无异议，但是现实中的高批捕率自然让人产生合理怀疑。如果不是制度的原因，那这种间接角色冲突的原因可能更多来自制度之外。无论是外部

① 人民监督员对检察机关直接受理案件实施监督的11种情形包括：（1）应当立案而不立案或者不应当立案而立案的；（2）超期羁押或者检察机关延长羁押期限决定不正确的；（3）违法搜查、扣押、冻结或者违法处理扣押、冻结款物的；（4）拟撤销案件的；（5）拟不起诉的；（6）应当给予刑事赔偿而不依法予以赔偿的；（7）检察人员在办案中有徇私舞弊、贪赃枉法、刑讯逼供、暴力取证等违法违纪情况的；（8）犯罪嫌疑人不服逮捕决定的；（9）采取指定居所监视居住强制措施违法的；（10）阻碍律师或其他诉讼参与人依法行使诉讼权利的；（11）应当退还取保候审保证金而不退还的。

其他权力对检察权行使的不当介入、干涉，还是内部检察机关本身对客观义务的不认同，都不能成为否定检察权司法化正当性的理由。不论从制度起源还是价值取向，公安机关与检察机关都不是利益共同体。因此我们不能简单地抵制检察权司法化改革，从某种意义上看，检察权司法化反而能够促进检察机关“法律守护人”的回归。早在1845年德国学者米德迈尔就指出：“检察官应仅力求真实与正义，因为他知晓，显露他（片面打击被告）的狂热将减损他的效用和威信，他也知晓，只有公正合宜的刑罚才符合国家的利益！”①“依实事求是之准则行事、同等考量正反观点的检察官，不是乌托邦，而是德国（刑事）程序的实况。”②

综上，在现行的法律框架下，既然上一级检察机关审查仍不能消除公众对角色冲突的合理怀疑，就更需要通过正当程序来提高检察公信力、实现司法公正。从此种意义上，角色冲突不仅不是检察权司法化的阻碍因素，反而是检察权司法化的促进因素。

二、审查者的监督或制约问题及分析

中国的检察机关作为法律监督机关，不仅享有羁押等干预处分的批准、决定权，还享有几乎不受限制发动公诉的权力，一直以来面临着“谁来监督监督者”的质疑。为了约束检察官，防止其滥用权力，检察机关通过案件处理的“行政审批制”来进行内部监督。检察权运行司法化要求检察官能够相对独立地行使检察权，如果赋予承办案件的检察官以独立作出司法决定的权力，在当前情形下会不会导致检察官权力独大而更易导致司法腐败？“行政审批制”虽然有其不合理之处，但也是基于权力监督的需要而产生。检察权行使过程中即便去除了行政审批，对于检察官权力行使监督的需要仍然客观存在，这就需要检察权运行程序的

① Zitiert nach Ed.Schmidt, DRiZ 1957, 273, 276. 转引自林钰雄：《检察官在诉讼法上之任务与义务》，载《法令月刊》1998年第10期。

② Beulke, Dünnebier -Festschrift, 1982, S.290, zitiert nach Krey, Strafverfahrensrecht Ⅰ, Rdnr.361 Anm.93. 转引自林钰雄：《检察官在诉讼法上之任务与义务》，载《法令月刊》1998年第10期。

司法化能够提供一种新的机制来代替“行政审批”履行权力监督功能。

行政审批制所体现的是权力内部的监督。“在政治哲学上，监督具有自上而下地、单方面地进行监视和督促的意思，意味着一个政治权威较大的机构或个人，对于一个处于从属地位的机构、个人所实施的行为和所作的决定，可以进行各种形式的检查、审核，对于不适当的行为和决定有权责令其撤销和改变。”①从监督的性质上可以看出，检察机关内部的三级审批制具有“先天的缺陷”。如果说办案检察官职权的行使可以由部门负责人监督，部门负责人亦可由检察长或检察委员会监督，那么检察长或检察委员会的决定又由谁来监督呢？如果办案检察官由于没有监督可能导致司法腐败的话，检察长或检察委员会同样也会因为缺少监督而导致司法腐败。

检察权司法化运行中，检察官独立行使检察权并不意味着检察官不受到任何制约，可以恣意地作出司法决定。相反，检察官职权的行使要受到当事人诉权的制约。制约是“指两个以上的机构或个人在互不隶属、地位平等的前提下，相互进行检查、督促，发现别的机构或个人实施了违反法律的行为或决定时，可以促使后者加以变更或作出撤销决定”②。检察权司法化运行中的诉权制约主要是指与案件的处理有利害关系的当事人，通过对检察官主持听证程序的参与并积极对抗，从而对检察官的司法决定的作出产生积极有效的影响；且对于不利的司法决定，可以通过申诉或起诉获得进一步的救济。

相比较而言，诉权制约无论是在维护实体公正方面还是程序公正方面的价值都是行政审批所无法比拟的。检察官的公开听证，不仅是形式的公开，也是实质的公开，实质的公开不仅是指听证结果的公开，更是指检察官作出司法决定的“心证公开”，检察官必须在决定书中进行充分说理，说明其内心确信形成的过程以及结论的合理性和合法性。对于不合情理和不合法理的决定，根据情形的不同，当事人还有依法复议、复核（如公安机关不服不起诉决定）、申诉或向法院

① 陈瑞华：《刑事诉讼中的问题与主义》，中国人民大学出版社 2013 年版，第 61 页。
② 陈瑞华：《刑事诉讼中的问题与主义》，中国人民大学出版社 2013 年版，第 61 页。

起诉等（如被害人不服不起诉决定）。当事人通过此种诉权的行使，促使检察官能够公正地作出决定。诉讼制约机制也可以为当事人申请检察官回避提供保障，确保检察官可以不偏不倚地作出决定。

三、对审判权的僭越问题及分析

十八届四中全会《决定》明确了推进以审判为中心的诉讼制度改革的目标。一直以来，我国公检法之间“流水作业式”刑事诉讼构造实际上架空了审判的定罪功能，审判流于形式，导致了冤假错案频发。“以审判为中心作为对三机关现状的反思，实际上是要摆正公检法三机关之间的关系，其核心在于构建一个以审判为中心的科学、合理的诉讼构造。”对于“审判中心主义”的具体内容和要求，有学者认为“在程序意义上，所有关涉犯罪嫌疑人、被告人的重大权利的侦查、起诉行为都必须由法院作出裁决”①。还有学者认为“审判中心主义”不仅是形式上的，更是实质性的，如实行起诉状一本主义、贯彻直接、言词原则、重视和发挥民众制约司法的功能、确立自白任意性和传闻法则等。②我国要实现审判中心主义，有学者认为需要进行七个方面的改革：一是由既不承担追诉职能又不承担案件实体裁判的独立法官对检警机构限制或剥夺公民基本权益的行为进行司法审查；二是彻底切断审判前的追诉程序与审判程序的因果关系；三是强化犯罪嫌疑人、被告人的诉讼主体地位；四是彻底贯彻控审分离原则；五是将检察机关从法律监督者变为刑事追诉机构；六是赋予法院最终裁判者的地位；七是确保司法裁判者真正具有独立自主权。③从上述学者的观点来看，他们比较认同域外尤其是英美法系国家的成熟经验。但笔者认为，以审判为中心的诉讼制度改革必须立足于中国的具体情况，“走一条既符合国情、又接轨国际的

---

① 陈卫东：《以审判为中心推动诉讼制度改革》，载《中国社会科学报》2014年10月31日。
② 张建伟：《审判中心主义的实质与表象》，载《人民法院报》2014年6月20日。
③ 陈瑞华：《刑事诉讼的前沿问题》，中国人民大学出版社2011年版，第273－277页。

法治秩序的新路径”[①]。十八届四中全会《决定》关于司法改革的精神亦是如此，在该《决定》中明确提出“健全公安机关、检察机关、审判机关、司法行政机关各司其职，侦查权、检察权、审判权、执行权相互配合、相互制约的体制机制”，“完善检察机关行使监督权的法律制度，加强对刑事诉讼、民事诉讼、行政诉讼的法律监督”。

从表面上看，检察权的司法化是解决检察权的运行机制问题，而以审判为中心的诉讼制度改革解决法院与公安机关、检察机关之间的关系问题，两者之间并无关联性。但是，在审前程序中，审查批准逮捕权以及审查起诉权的司法化运行实际上将本来只有在审判程序中才享有的辩方参与权前置到审前程序中。也就是说，检察权的司法化强化了审前程序。例如，在审查批准逮捕的听证程序中，为了保障犯罪嫌疑人具有平等对抗侦查机关的能力，就有必要赋予犯罪嫌疑人或其辩护人以阅卷权。在公开听证时，犯罪嫌疑人或其辩护人有权对侦查机关提出的证据进行质证，甚至还有质问对自己不利证人的机会。这种对被追诉人的程序保障通常只能在审判程序中才有。一旦赋予了被追诉人在侦查程序中有效参与的机会，被追诉人必定会在侦查程序中全力以赴。因为“从辩方的角度看，一旦输了侦查程序，审判程序往往就难以扭转，再多的程序保障也因为时已晚而无济于事”[②]。就检察权司法化而言，不论是审查批准逮捕权行使的司法化还是审查起诉权行使的司法化，实行抗辩式的对审方式会不会冲击审判权威、妨碍以审判为中心的诉讼制度改革呢？从理论上分析这种可能性是存在的，审判中心主义要求直接、言词、公开审理，且经过庭审程序调查的证据才为判决的唯一根据。但是目前经济犯罪与有组织犯罪，“无论是质或量都已经超过审判中心模式的负荷，单一经济犯罪的证据资料，往往就多到不可能在直接、言词、公开的审判庭逐一调查与呈现，更别提整体案件数量暴增的问题”。我国台湾学者林钰雄教授认为：“从十九世纪以来以审判为中心的刑事诉讼结构，已经渐次地转移到侦查程

① 季卫东：《宪政新论》，北京大学出版社 2002 年版，第 40 页。

② 林钰雄：《改革侦查程序之新视野》，载《月旦法学杂志》2008 年第 157 期。

序，审判与侦查程序的重要性的猪羊变色，恐怕不是是否，而是何时以及如何的问题。”①

我国审判中心主义改革的根本目的是“提高庭审质量，最大限度地避免冤错案件”②。检察权司法化的目的是通过检察权行使的公正性来提高办案质量，两者在价值取向上具有一致性。检察权的司法化不仅不会妨碍，反而会促进以审判为中心的刑事诉讼结构的形成。有学者认为审判中心主义更重要的意义是要坚持审判、起诉、逮捕、立案法律判断上的统一标准，即“以审判活动中内心确信的标准，排除合理怀疑，在审判之前的所有诉讼活动中都要以审判的标准来约束自己的行为，力求在本环节剔除不符合定罪标准的残次品，提前终结程序，避免浪费诉讼资源，切实维护对刑事法治的社会信赖”③。

检察机关采用抗辩式的对审方式进行审查逮捕、起诉，在直接、言词、公开的审理中根据证据作出决定，更能够保证司法决定的正确性。通过在审查起诉中剔除不符合定罪标准的案件，既能保障人权，避免冤假错案，又能避免司法资源浪费，提高司法效率。这也是审判中心模式对检察机关的基本要求。

此外，检察权的司法化还有利于解决审判中心模式下庭审的效率问题。审判中心模式为了实现程序公正，庭审中必须坚持直接审理原则和传闻法则，原则上定案的言词证据都需要在审判中陈述，这必然会引发庭审效率问题。欧洲人权法院在解释《欧洲人权公约》第 6 条的质问条款时，认为重点是有无保障辩方质问的机会，至于这个保障是在审判中或侦查中践行，则是次要的问题。④ 学说上将这种解释方法称为“整体观察法”，它从整体的角度看待程序保障，辩方如果在审判前程序中得到充分的程序保障，在审判阶段相关的程序保障可以相应缩减。例如，在审判前程序中辩方对相关证人已经进行了充分的质问，那么质问过的证言可以直接引进审判程序而不得主张传闻证据予以排除，因为被告的质问权已经

---

① 林钰雄：《改革侦查程序之新视野》，载《月旦法学杂志》2008 年第 157 期。
② 王守安：《以审判为中心的诉讼制度改革带来深刻影响》，载《检察日报》2014 年 11 月 10 日。
③ 甄贞：《推进以审判为中心的诉讼制度改革》，载《检察日报》2014 年 11 月 4 日。
④ 转引自林钰雄：《改革侦查程序之新视野》，载《月旦法学杂志》2008 年第 157 期。

得到充分保障，在庭审中重复质问原则上当无必要。同样，检察权的司法化为当事人提供了行使质问权的程序平台，在审判前程序，被告在检察官主持的听证程序中对相关证人进行了充分质问后，质问后的证言可以直接在庭审中出示而无须证人再次出庭接受重复质问，如此亦能缓解审判中心模式下庭审的效率问题。

第三章　检察权司法化的理论支点

检察权的司法化是我国司法实践中客观存在的法律现象，它不是凭空产生的，而是基于制度和实践的切实需要。检察权的司法属性决定检察权司法化的合规律性，检察权司法化的具体举措必须符合司法规律的内在要求。从制度生成的理论基础来看，检察权司法化是司法民主、司法公正以及司法公信的必然要求，民主、公正以及公信既是检察权司法化的理论基础，也是检察权司法化的具体目标。

第一节　司法民主视野下的检察权司法化

一、司法民主的基本内涵

（一）什么是民主

从词源上看，“democracy”（民主）一词来源于希腊语，其词根为 demos（人民）和 kratein（治理）。民主最初的含义即为“民治”。[①] 但是，民主并不是一个恒定的概念，民主的内涵和形式具有鲜明的时代性特征，它不能简单地通过代代相传，而必须根据具体的社会生活、社会问题以及时代条件来建构，[②] 正因如此，即便在历史的发展中，民主不断地被毁灭，而后重建，在民主的基本问题上仍

---

①［美］科恩：《论民主》，聂崇信等译，商务印书馆 1988 年版，第 6 页。
②［美］杜威：《新旧个人主义》，孙有中等译，上海人民出版社 1997 年版，第 27 页。

无共识。[①]无论是何种意义上的民主，相关的理论总难以令人满意。[②]“我们生活在一个以民主观混乱为特色的时代里。”[③]关于民主的概念更难以达成意见的统一。

1. 不同的民主观：实质主义和程序主义

伴随着时代的发展，民主概念经历了“价值”与“程序”分离的过程，逐步形成了两种对立的民主观：实质主义的民主观和程序主义的民主观。两者对立的焦点主要集中在“民主究竟意味着人民的某种权力，还是意味着一种决策的手段”[④]。实质主义的民主观体现了古典民主理论的传统，强调个人权利，重视结果而非程序，认为民主是使“个人的权利得到了最充分的保证”[⑤]的一种政治状态。程序主义的民主观则与之不同，从本质上看，“民主是一种程序”[⑥]，通过这一途径，公众问题能够得以解决。但程序意义上的民主不仅仅是解决问题的手段，其还具有保障价值。作为一种“程序”，民主“有助于保护公民自由以及为公民追求自我选择的目标而提供最低限度的公共物品”[⑦]。民主被视为实现个人权利、控制决策过程的程序，相比较而言，程序主义的民主观认为民主最重要的是权利实现的过程而非结果。毫无疑问，实质民主与程序民主之争的意义重大，它“表明政治学家们终于跳出了数千年纠缠不清的民主的本体论，转而把重点放在了过程和关系上”[⑧]。

近代以来西方民主理论关注的对象由实质民主向程序民主转移。“当代民主的特点就是程序与实质的分离，而且公共领域也基本局限于程序性问题。”[⑨]在一个价值观多元共存的时代，基于不同的价值基础，必然会出现价值竞争以及随之

①［美］罗伯特・达尔：《论民主》，李柏光、林猛译，商务印书馆1999年版，第3页。
②［美］罗伯特・达尔：《民主理论的前言》，顾昕、朱丹译，生活・读书・新知三联书店1999年版，第1页。
③［美］乔・萨托利：《民主新论》，冯克利等译，东方出版社1998年版，第7页。
④［英］戴维・赫尔德：《民主的模式》，燕继荣等译，中央编绎出版社1998年版，第4页。
⑤俞可平：《权利政治与公益政治：当代西方政治哲学评析》，社会科学文献出版社2000年版，第125页。
⑥［美］科恩：《论民主》，聂崇信等译，商务印书馆2005年版，第4页。
⑦［英］戴维・赫尔德：《民主的模式》，燕继荣等译，中央编译出版社2008年版，第265页。
⑧俞可平：《权利政治与公益政治：当代西方政治哲学评析》，社会科学文献出版社2000年版，第126页。
⑨［美］理查德・C. 勃克斯等：《新公共管理与实质性民主》，曾峻译，载《上海行政学院学报》2002年第3期。

而来的选择差异，很难说谁一定是客观正确的，社会契约论所创设的道德基础也不可能永远具有说服力。那么，政体正当性的基础只能来自程序，程序本身能够体现和促进价值多元下的“竞争”以及人民选择的“自由”，如果要使程序在论证政体正当性上具有有效性，民主又是必要的关键因素。①

2. 民主的协商转向

把实质民主和程序民主割裂开来的做法还是引起了学者的反思。有学者明确反对将两者对立的做法，指出如果片面地把民主程序性的一面和实质性的一面截然分离，“就会使得社会效果、人民的生活状况和全体民众政治潜能的实现等问题无法得到解决”②。但是如果要避免对立的情形，还必须从理论上解决实质民主和程序民主兼容的问题。针对这一问题，20 世纪后期协商民主理论（协商民主又被译为商谈民主或审议民主）兴起，提出了“通过自由而平等的公民之间的协商来进行集体决策的观念”③。该理论认为，实质民主和程序民主分歧的关键在于程序和结果的优先性问题，实质民主主张公正结果对于民主程序的优先性，程序民主主张民主程序对于公正结果的优先性。协商民主理论抛弃这种将民主概念割裂的“两分法”，主张民主为“一个结果取向的过程”。④ 一方面，协商民主强调民主对个人权利的充分保证——平等尊重与关怀，充分保证“每一个个人对基本权利方面的平等而兼容的分享，在理论上以及逻辑上乃是界定现代民主之人民的终极根据”⑤。另一方面，注重以中立、透明、公开的程序保障参与者实质上的平等性，保障权力与资源的分配不能剥夺参与者在任何阶段参与协商过程的机会，保障参与者参与的有效性，确保其能够在协商过程中真正发挥权威性作用。⑥ 正是由于协商民主注重协商的程序性保障，有的学者倾向于把协商民主理论归于程序

---

①［英］戴维·赫尔德：《民主的模式》，燕继荣等译，中央编译出版社 2008 年版，第 148－149 页。

②［美］理查德·C. 勃克斯等：《新公共管理与实质性民主》，曾峻译，载《上海行政学院学报》2002 年第 3 期。

③ Jon Elster, *Introduction*, in Jon Elster(ed.) *Deliberative Democracy*, Cambridge university Press, 1998, p.1. Jon Elster 还认为，协商民主并非创新，而是一种复兴，这种理念与实践可追溯到公元前 5 世纪的雅典。

④［美］阿米·古特曼、丹尼斯·汤普森著：《民主与分歧》，杨立峰等译，东方出版社 2007 年版，第 25 页。

⑤ 韩水法：《民主的概念》，载《天津社会科学》2007 年第 5 期。

⑥［美］詹姆斯·博曼、威廉·雷吉：《协商民主：论理性与政治》，陈家刚等译，中央编译出版社 2006 年版，第 223 页。

民主理论，但是协商民主与程序民主的区别也是显而易见的，除了注重程序的作用以外，协商民主同样重视个人权利和结果，程序既有工具性价值又有其独立的价值。

民主思想的历史之复杂性使得民主概念存在分歧，甚至相互冲突。但是民主的核心和本质仍表现为“人民通过一系列保证其实现自由、平等和其他权利的制度和程序来实现统治”①。不同的民主观的差异主要来自它们描述民主的角度不同，它们也有共性的一面：它们的立足点和根本目的都是个人权利，只是保障和实现的方式各异而已。

（二）什么是司法民主

对于司法与民主的关系，我国有学者将之简要地概括为“司法作用于民主、民主影响司法的双向关系”②。这种双向关系是客观的、现实的。但是，对于如何处理两者之间的关系这个问题上一直存在争议，其中争议的焦点就是司法民主化问题。从学者们对于司法民主化问题的研究状况来看，民主的时代性特征往往被忽视，民主理论与其存在的时代背景之间的关系被人为地割裂。由此导致的结果是，学者们往往基于不同的民主观而对司法民主进行解释，功利性色彩较为明显。当需要证成司法民主正当性的时候，就选择古典民主理论作为论证的根据；当需要否定司法民主化正当性的时候，就选择竞争式民主理论作为论证的根据。因此，从上述分歧产生的原因来看，我们并未形成一种能够成为解释论基础的司法民主理论。

我国学界存在关于司法民主化的理论争议，反对者从司法的产生和本质两个方面分析，认为司法是司法，民主是民主，两者没有必然的关联，“不能用民主的原则、方法、民众情绪来取代司法”③。如果说两者之间有着某种关联的话，“最

① 胡铭：《刑事司法民主论》，中国人民公安大学出版社 2007 年版，第 8 页。
② 陈端洪：《司法与民主：中国司法民主化及其批判》，载《中外法学》1998 年第 4 期。
③ 该学者认为，司法不是随着民主制而产生的，专制社会也有司法；司法的本质是理性，不同于民主体制中的个人偏向。见陈端洪：《司法与民主：中国司法民主化及其批判》，载《中外法学》1998 年第 4 期。

重要的就是法院所适用的规范是民主机构所制定的”[①]，司法的民主责任就是独立实施法律，“法官严格地依照体现国民意志的宪法和法律来裁判案件”[②]。上述“司法民主化”的观点，实际上否定了民众直接参与司法的正当性。有学者对此提出了不同意见，主张民众可以有序、直接参与司法，该学者认为，民主化有其不可替代的价值所在，在制度安排上，司法的职业化必须与民主化结合，通过司法的民主化来促进司法的职业化。[③]

我国学界出现上述分歧的表面原因是“将司法民主与大众司法等同、司法民主与司法职业化以及司法独立对立起来”[④]，其深层次原因是基于不同的民主观而对司法民主的不同理解。我国当下主流的民主理论是“主体民主理论”[⑤]，其以古典民主理论为基础，强调权力主体——人民的核心地位，关注焦点是“人民”而非“统治”，从这个意义上，主体民主理论可归入实质主义的民主观。在这种民主理论下的司法民主具有以下特征：一是政治性，认为司法民主本质上就是政治民主。体现民众直接参与司法的陪审制度实质上“就是把领导社会的权力置于人民或这一部分公民之手”，“陪审制度首先是一种政治制度，应当把它看成是人民主权的一种形式。当人民的主权被推翻时，就要把陪审制度丢到九霄云外；而当人民主权存在时，就使得陪审制度与建立这个主权的各项法律协调一致”。[⑥]司法民主也是人人享有政治自由的表现。二是人民性，“人民是一切事物的原因和结果”[⑦]，司法权力源自人民，司法民主就是人民主权在司法领域的表现形式。三是补充性，通过公民对司法的直接参与，以常识、常理、常情等大众道德标准对案件进行评判，与法官的法律思维形成互补，保证实质公正的实现。历史的教训表明，此种民主理论下的司法民主极易被“权力者”假借“人民主权”之名推向对

① 贺卫方：《司法改革的难题与出路》，载《南方周末》2008 年 9 月 18 日。
② 贺卫方：《回归司法的本源》，载《南风窗》2009 年第 8 期。
③ 陈忠林：《中国法治应该怎样向前走》，载《经济观察报》2008 年 7 月 19 日。
④ 周永坤：《我们需要什么样的司法民主》，载《法学》2009 年第 2 期。
⑤ 这一民主理论将民主寄托于掌权人的身份之上，或者称之为立足于“权力主体”的民主理论——人民掌权，就是民主，而什么是“人民”，则取决于话语权的归属。参见周永坤：《我们需要什么样的司法民主》，载《法学》2009 年第 2 期。
⑥ [法] 托克维尔：《论美国的民主（上卷）》，商务印书馆 1997 年版，第 314 页、第 315 页。
⑦ [法] 托克维尔：《论美国的民主（上卷）》，商务印书馆 1997 年版，第 64 页。

立面，成为压制民主的工具。

基于对主体古典民主理论的反思，美国学者约瑟夫·熊彼特提出竞争式民主理论，该理论认为："民主就是那种为作出政治决定而实行的制度安排，在这种安排中，某些人通过争取人民选票取得作决定的权力。"① 竞争式民主理论认为民主本身不是目的，而是实现政治决策的一种制度安排，其实质是一种程序。人民在程序中的作用就是选举领导者，民主成为此种竞争程序的副产品。② 从这种意义上，竞争式民主理论可归入程序主义的民主观。根据此种民主理论，民主和司法没有必然的相互关联性，两者之间相对独立。司法的特征是"司法独立，法官中立，强调分权制衡"③，如果说两者之间有一定的关联性的话，就体现在司法的民主责任上，即严格遵守宪法和法律，防止法官的恣意与专断；通过司法权的独立行使，对其他权力进行制衡。但是这种司法民主理论，虽然强调了司法的独立性以及权力制衡功能，但它使得"司法因脱离实质性参与以及缺失实体性责任的承担而丧失了其对于实质正义之追求"④。

总的来说，实质主义民主观和程序主义民主观各有侧重，不可避免具有片面性，片面的民主观则必然导致片面的司法民主理论。但是，不能为否定而否定，在对片面的司法民主理论否定的同时，还需要寻找一种新的思路对司法民主理论进行理性重构。我国有的学者主张用"多元的民主理念重构司法民主"，从综合的视角去衡量和判断。司法的民主性不仅仅从司法的主体视角去理解，由于"司法是一个发现事实并在此基础上贯彻规则的行为，因此程序对于司法民主就显得特别重要"，⑤ 程序的民主性构成了司法民主的具体标准和保障。综上，我们可以从"司法适度反映民意以及程序的民主性"这个综合的视角来探讨司法民主的基本标准。

---

①［美］约瑟夫·熊彼特：《资本主义、社会主义与民主》，吴良健译，商务印书馆2000年版，第395－396页。

②［英］戴维·赫尔德：《民主的模式》，燕继荣等译，中央编译出版社1998年版，第225页。

③ 熊先觉：《司法学》，法律出版社2008年版，第26－27页。

④ 王荔：《当代中国司法民主问题研究》，吉林大学2012年博士学位论文，第41页。

⑤ 周永坤：《我们需要什么样的司法民主》，载《法学》2009年第2期。

二、司法民主的衡量标准

民主理念是理解司法民主的基础，上文所提出的多元民主理念大体可以概括为主体意义上的民主理念和程序意义上的民主理念的结合。主体意义上的民主理念能够解释司法权的权力来源以及合法性基础，此种意义上的司法民主直接表现为民众以及当事人对司法的参与；程序意义上的民主意味着“自由而平等的公民可以通过一定的程序给出彼此都可以接受的理由来证成决策的合理性”①，此种意义上的司法民主表现为程序的参与性、公开性、中立性以及平等性等。在司法过程中，通过程序的民主性来实现对公民个人权利的平等尊重与关怀，同时通过程序的民主性亦可用以证成司法决定的合理性。我国有的学者在批判片面民主观下的司法民主理论基础上，提出“民主的主要含义不是主体意义上的，而是一套保障人的尊严的制度与规范体系，司法民主是与此相关的要素的综合”②。这种论断是从形式上对民主的界定，有其合理性的一面。其不足之处在于，这种论断仍然是以民主的实质含义与形式含义对立为前提。实际上，通过对司法民主具体标准的分析可以看出，实质意义的民主和形式意义的民主并非泾渭分明、非此即彼的关系。在成熟的民主制度中，公民不仅是裁判者，而且还是参与者，③公民参与的广度、深度和范围直接决定了民主的程度。④民众以及当事人对司法的参与既体现了主体意义上的民主，又体现了程序意义上的民主；司法程序的公开性、中立性以及平等性既体现程序意义上的民主，又体现主体意义上的民主。此外，无论何种意义上的司法民主，其最终目标都可归结为对人的平等尊重与关怀。基于此，我们可以从以下几个视角去衡量司法的民主性：

第一，从司法理念来看，应当体现对人的平等尊重与关怀。“民主并非只是政体意义上的治理机制，而是尊重人的权利的这样一种态度和行为，而司法过程

---

① Amy Gutmann and Dennis Thompson, *Why Deliberative Democracy?* Princeton University Press, 2004, p.7.

② 周永坤：《我们需要什么样的司法民主》，载《法学》2009 年第 2 期。

③ [美] 罗纳德 · 德沃金：《至上的美德——平等的理论与实践》，冯克利译，江苏人民出版社 2003 年版，第 414 页。

④ [美] 科恩：《论民主》，聂崇信等译，商务印书馆 1988 年版，第 12 – 26 页。

只有时刻体现对个人的平等尊重才是民主的。”[①] 这也是判断司法是否具有民主性的前提条件，不以对人的平等尊重与关怀为目标的司法过程以及司法裁决，不论其如何行进或以什么样的方式做出的，都不是民主的。

第二，从司法程序来看，司法的民主应当满足参与、平等、中立、公开等标准。美国学者达尔认为平等的、有利于所有人的、有约束力的民主程序的运作过程包括以下特征：所有相关者都能够参与；有平等、有效的参与机会；平等的决定权利；选择议题、审核议程的平等权；参与者都能够对问题和利益有明确理解。[②] 我国有的学者认为司法程序的民主主要体现在程序的公开性和对抗性两个方面。[③] 还有学者从刑事司法的角度提出了程序民主在诉讼程序上主要体现为：司法独立、当事人的有效参与和诉讼人权保障、程序公开、程序法定和司法审查。[④]

首先，参与是司法民主的前提。国家在进行重大决策时，需要的不仅是决策所依据的科学知识，同时需要对决策进行道德和价值上的评判、对不同目的的冲突进行平衡，而且在有限的资源下，每个公民都应该有适当的机会来了解手段和目的的关系、自身的利益以及政策的预期后果与自身利益及所有相关他人利益的关系，而这种评判、平衡和了解并不是科学知识本身所能解决的，因此需要公民的参与、讨论。[⑤] 在司法程序中，公民基于两种身份参与司法：一种是裁判者，如人民陪审员和人民监督员；另外一种是受裁决影响的参与者，如当事人。但是公民的参与本身并不意味着司法民主的实现，如果公民的参与既无法有效限制权力的恣意和腐败，又没能真正实现对个人权利和自由的平等保护，那它只是“在民主前加漂亮修饰词的方法来阉割民主、驯服民主”[⑥]。只有作为陪审员、监督员的参与广泛、充分和有效，作为当事人的参与对于裁决具有实质的影响力时，才

---

①［意］皮罗·克拉玛德雷：《程序与民主》，翟小波、刘刚译，高等教育出版社 2005 年版，第 12 页。
② Robert A. Dahl, *A Preface to Economic Democracy*, University of California Press, 1986, p.59.
③ 周永坤：《我们需要什么样的司法民主》，载《法学》2009 年第 2 期。
④ 胡铭：《刑事司法民主论》，中国人民公安大学出版社 2007 年版，第 153－374 页。
⑤［美］罗伯特·达尔：《论民主》，李柏光、林猛译，商务印书馆 1999 年版，第 79 页。
⑥ 王绍光：《民主四讲》，上海三联书店 2008 年版，第 31－33 页。

体现司法的民主。

其次，平等是司法民主的基础。平等性意味着要排除有损于参与者平等的“外在强制”和“内在强制”。受决策影响的每个参与者都有平等的机会被倾听、提出建议或批评。这种平等绝不仅仅是指程序意义上的平等——参与和表达的机会平等，同时也指实质意义上的平等——对决策平等的影响力。德国学者哈贝马斯在交往行动理论中提出人与人之间的关系是具有语言能力和行动能力的主体之间的活动，其结构形式是“主体—主体”而非“主体—客体”。只有参与者作为交互主体的平等性，才有可能在有效性规范下以言词形式发生交互行为以达成理解并取得意见一致。[①] 在司法程序中，平等不仅是指形式上平等，如当事人诉讼权利、地位以及辩论的机会的平等，同时也指实质上平等，即对立的诉讼参与者具有平等对抗的能力。“仅有对立的两方当事人的出席及法官对他们的论点的听取是不够的；当事人还必须出于平等的情境，不仅是法律平等（可能仅存在于抽象的层面），还包括事实平等，也就是说技术和经济的平等。”[②] 后者对于刑事司法而言尤为重要，和国家相比，犯罪嫌疑人、被告人处于绝对的弱势地位，如果刑事诉讼程序的设计不能保障被追诉人具有和国家进行平等对抗的能力，程序的民主性就不存在。

再次，中立是司法民主的标志。德国学者哈贝马斯提出了程序性的民主过程概念。这个概念突破把国家当作中心的整体论社会模式，声称对彼此竞争的世界观和生活形式保持中立。中立性的含义首先在于论辩逻辑所论证的正义对于善的优先性，也就是关于良好生活的问题退居于关于正义的问题之后。[③] 权力拥有者的行动必须是中立于彼此冲突的、互不相容的关于好生活的各种观点的：“任何理由，如果它要求权力拥有者作如下主张的话就不是一个好的理由：说他关于善的观念要好于其他公民所主张的善的观念，或者说不管他的善的观念如何，他都内

---

①［德］哈贝马斯：《交往行动理论（第一卷）》，洪佩郁等译，重庆出版社 1994 年版，第 121－122 页。

②［意］皮罗·克拉玛德雷：《程序与民主》，翟小波、刘刚译，高等教育出版社 2005 年版，第 67 页。

③［德］哈贝马斯：《在事实与规范之间——关于法律和民主法治国的商谈理论》，童世骏译，生活·读书·新知三联书店 2011 年版，第 358－382 页。

在地优于一个或一个以上其他公民。”① “只要关于良好生活的某个观点仍然是有争议的，国家的任何决定就不能根据它的所谓内在优势或内在劣势而得到辩护。” ② 司法的任务是通过其判决确定是非曲直，判决为一种“认识”，不容许在是非真假上用命令插手干预。③ 司法如果不能中立，势必将成为利益和权力的附庸，最终将走向司法腐败和司法独裁。司法的中立既是捍卫程序民主的中坚力量，又是衡量程序民主性的标志。

最后，公开是司法民主的保障。在决策形式上，“全体一致”是一种最完美的形式，但在现实生活中，即使在理想的条件下，“全体一致”的结果也不是必然出现的。“多数一致”仍是决策所依赖的主要形式，“没有人相信充分和全面的协商要求每个人都能够满意地将自己的观点作为任何集体决策的前提” ④，但为了防止“多数一致”变成多数人的“专制”，“多数一致”必须以公开为前提，“经过公开协商后的多数决定是有质量的多数决定，是合法性和正当性被大大强化的多数决定” ⑤。公开包括过程的公开和决策理由的公开，通过过程公开和说理公开的制度化设计，参与者无法为了私利去说服其他的参与者，决策的合理性和合法性不是来自决策者数量上的优势，而是建立在参与者公开、理性的协商的基础上。“公开性能够使公民审视协商过程，……公开性还能够阻止秘密的、幕后的政策协定，因为参与者知道，他们需要公开其理由和动机以寻求公众支持其建议。” ⑥ 司法裁决不仅要实现正义，还要以“看得见的方式”实现。根据民主理论，司法裁决程序的公开是司法裁决获得正当性和合法性的重要途径，同时司法裁决程序的公开可以保障公民对于裁决过程的监督以及当事人对程序的平等参与。司法裁决理由的公开可以阻止裁决的“暗箱操作”，防止司法腐败和司法独裁。对

---

① B. Ackerman, *Social Justice in the Liberal State*, New Haven. 1980, p.11. 转引自［德］哈贝马斯：《在事实与规范之间——关于法律和民主法治国的商谈理论》，童世骏译，生活 · 读书 · 新知三联书店 2011 年版，第 382 页。

② CH. Larmore, *Patterns of Moral Complexity,* Cambridge 1987, p.47. 转引自［德］哈贝马斯：《在事实与规范之间——关于法律和民主法治国的商谈理论》，童世骏译，生活 · 读书 · 新知三联书店 2011 年版，第 383 页。

③［德］拉德布鲁赫：《法学导论》，米健等译，中国大百科全书出版社 1997 年版，第 101 页。

④［美］约翰 · 费尔约翰：《建构协商民主制度》，李静译，载陈家刚选编：《协商民主》，上海三联书店 2004 年版，第 192 页。

⑤ 许国贤：《商议式民主与民主想象》，载《政治科学论丛》2000 年第 13 期。

⑥［美］乔治 · M. 瓦拉德兹：《协商民主》，何莉编译，载《马克思主义与现实》2004 年第 3 期。

于司法机关而言，其也需要通过公开裁决程序和裁决理由以获得公众对裁决的支持。就司法审判而言，除了法律规定不公开审理的案件外，审判必须公开进行；同时裁判文书也必须向公众公开，公众可以依法查阅。

第三，从司法裁决的形成上看，司法的民主性主要体现在以下两个方面：一是裁决者必须亲历当事人的论辩过程，也就是司法的亲历性。有学者把司法民主分为司法的外部民主和内部民主，认为遵从司法独立和司法权威的基础上所展现的少数服从多数就是司法的内部民主，进而认为检察委员会制度是典型的司法内部民主。[①] 依照这种标准，审判委员会制度当然也是司法民主的表现。这种观点是值得商榷的。少数服从多数的确是民主政治所依赖的决策形式之一，但其最多也只是民主“量”的要求，民主与否还取决于是否具备“质”的要求，即决策的品质。裁决者如果没有参与当事人的公开论辩，我们如何能期待裁决的品质呢？既然裁决的品质的无法保证，就意味着民主“质”的要求的缺失，因此，缺乏亲历性的司法裁决机制是不具有民主性的。二是司法裁决只能基于当事人在平等、公开的论辩过程中通过证据论证、说服形成，司法裁决的事实根据要尽可能建立在当事人无争议的事实和证据的基础上。

三、司法民主对检察权司法化的要求

司法民主不仅是司法改革的目的，也是司法改革的理论基础。检察权司法化作为司法改革的内容之一，当然不能例外，司法民主理论是检察权司法化的理论基础，检察权司法化则是司法民主在检察监督领域的具体化。不论是在司法理念、司法程序还是司法决定的形成上，检察权司法化应当与司法民主的具体要求完全一致，充分体现司法民主的基本精神。

首先，从司法理念上看，司法民主是“以人为本”在司法领域的具体表现，

① 陈松林：《从司法民主性看检察委员会制度之完善》，载《人民检察》2010 年第 23 期。

它体现了对人的平等尊重与关怀。在刑事司法中，要坚决反对将犯罪嫌疑人、被告人客体化、工具化。无论是根据人本主义还是无罪推定原则，犯罪嫌疑人、被告人都应当是诉讼的主体，这同时也是刑事诉讼中对人平等尊重与关怀的必然要求。在检察权司法化运行过程中，坚持以当事人为中心，尤其要注重犯罪嫌疑人、被告人的人权保障，同时应当兼顾被害人的权利保护，实现被害人人权保障和犯罪嫌疑人、被告人人权保障的平衡。在刑事追诉过程中，保障犯罪嫌疑人、被告人人权的核心是保障其获得律师帮助的权利。在检察机关逮捕、羁押审查案件以及起诉审查案件中，为了达到侦辩对等，检察机关必须保障其获得律师帮助权。对于被害人，应当保障其参与检察机关对案件的审查程序，切实保障其诉讼权利。司法民主还要求检察权司法化的程序安排应当坚持方便民众原则，尤其是被追诉人。如在司法实践中，上海有些区检察院尝试把听证室或检察庭安排在看守所内，方便被羁押的犯罪嫌疑人、被告人能够便利地参加听证程序。

其次，从司法程序上看，参与、平等、中立、公开等都是司法民主的基本要素。检察权的司法化实质上就是检察权运行程序的司法化，这种程序的司法化必须体现参与、平等、中立、公开的民主要求。第一，检察权的司法化必须保障公民或当事人能够有效、充分地参与案件审查。被选任为人民监督员的公民可以和检察官组成“合议庭”共同审查案件、共同作出决定；案件的当事人的参与不仅仅是简单地陈述意见，还应享有举证、质证和辩论的诉讼权利，并且当事人的参与应当能够对司法决定产生积极的影响。第二，检察权司法化必须保障案件对抗双方在审查中的平等。司法程序意义上平等体现为形式上的平等和实质上的平等，由于对抗的一方往往是拥有公权力的国家机关，实质上的平等就显得尤为重要。例如，在检察机关主持羁押审查、公安司法机关违法办案导致侵犯当事人诉讼权利和实体权利案件的听证程序中，既可以通过保障弱势一方获得律师帮助权以增强其对抗能力，又可以通过举证责任的转移来实现双方平等的对抗。

第三，检察权司法化必须保障检察官的中立性。中立性是程序民主的标志，在我国刑事追诉中检察官的中立是决定检察权司法化运行成败的标志。一方面检察官要防止由于所谓的“追诉利益一致性”而与侦查机关只讲配合，不讲制约；另一方面，当检察机关基于侦控职能而成为一方当事人，必须由上一级检察机关承担审查职能，保证程序的相对独立性。第四，检察权司法化必须保证除法定情形外，案件审查一律公开进行，让审查的过程接受社会的监督。此外，基于公开审查而形成的司法决定必须公开宣告，检察官作出司法决定的心证必须公开，也就是说检察官必须说明作出司法决定的过程和理由。

最后，从司法裁决的形成上看，检察权司法化的民主性要求我们着眼于以下两个方面：一是检察权司法化必须体现司法的亲历性以及审查程序的直接言词原则。司法的亲历性要求作出决定的检察官必须亲历案件的审查程序，保证职权行使的独立性，必须抛弃以往行政审批模式下的“办案者不定案”“定案者不办案”做法。直接言词原则要求检察官要直接听取当事人以及其他诉讼参与人的陈述、审查相关证据材料，同时要求对抗双方以言词方式开展质证、辩论。二是检察官的司法决定必须来自对抗双方积极的对抗过程，而非来自审查程序之外；司法决定必须依据事实和法律，在证据的基础上形成。

第二节　司法公正视野下的检察权司法化

一、司法公正的基本解说

（一）什么是公正

公正一词在中国古代典籍中早有记载，表示公平正直，不偏私。如《慎子·威德》中记载：“故蓍龟，所以立公识也；权衡，所以立公正也；书契，所以立公信也；度量，所以立公审也；法制礼籍，所以立公义也。凡立公，所以弃私也。”《荀子·正论》中记载：“故上者下之本也。上宣明，则下治辨矣，上端诚，则下愿悫矣，上公正，则下易直矣。”公正在英文中一般对应为justice，主要指规则公平合理的适用。[①]justice词根为jus，“所谓jus来自正义（justitia）；事实上，根据杰尔苏的绝妙定义。Jus是善与公正之艺术”[②]。在法学研究领域，没有区分公正和正义的概念，二者可交互使用。[③]正义在传统上分为客观正义与主观正义，客观正义作为规范秩序，社会制度与体系（如国家、法律、经济、家庭）正当化之最高准则。主观正义则是依据在罗马法中与由西塞罗所烙印之形式道德，“正义是一场持久的意愿，使人各得其权利”[④]。

广义的正义有三个特点：平等（狭义的正义），也是正义的核心；合目的性（社会式公共福祉正义）；法律安定性。平等是正义的形式，民主的最高道德；合目的性是正义之内容；而法律安定性是正义的作用。[⑤]“从概念的形成史上看，公正概念最初是作为伦理学和价值观概念而形成的，并且自古希腊到近代资产阶级革命之前，它基本上是一个伦理学和价值观概念。”[⑥]现在公正的概念无处不在，它构成了伦理学、法学、经济法、政治学等学科的核心概念。“在伦理上，我们可以把它看成是一种个人美德或是对人类的需要或者要求的一种合理、公平的满足。在经济和政治上，我们可以把社会正义说成是一种与社会理想相符合，足以保证人们的利益与愿望的制度。在法学上，我们所讲的执行正义（执行法律）是指在政治上有组织的社会中，通过这一社会的法律来调整人与人之间关系及安排人们的行为。”[⑦]

美国学者罗尔斯把正义类型化为三种相对独立的形态：实质正义、形式正

① See Bryan A.Garner ed., *Black's Law Dictionary（Eighth Edition）*, West Group, 2004, p.2528.

② 转引自张乃根：《论西方法的精神》，载《比较法研究》1996年第1期。

③ 吴忠民：《汉语语境中公正和正义概念的区别》，载《理论视野》2011年第4期。

④ 李匡郎：《人权、正义与法律》，载刘幸义主编：《多元价值、宽容与法律》，五南图书出版公司2003年版，第90－91页。

⑤ A. Kaufmann：《法律哲学》，刘幸义等译，五南图书出版公司2000年版，第154页。

⑥ 景天魁等：《社会公正理论与政策》，社会科学文献出版社2004年版，第8页。

⑦［美］罗斯科·庞德：《通过法律的社会控制：法律的任务》，沈宗灵、董世忠译，商务印书馆1984年版，第55页。

义和程序正义。实质正义是法律和制度的正义，即关于人的实体权利义务以及社会实体目标安排的正义。形式正义作为规则性的正义，即类似情况类似处理，有关的同异都由既定规范来鉴别，但是形式正义并不足以保证实质正义，“正义是社会制度的首要价值，正像真理是思想体系的首要价值一样。一种理论，无论它多么精致和简洁，只要它不真实，就必须加以拒绝或修正；同样，某些法律和制度，不管他们如何有效率和有条理，只要他们不正义，就必须加以改造或废除”。因为“至少那些很不正义的制度是不可能被公正一致地管理的，至少这种情况很罕见”。①“程序正义是介于实质正义与形式正义之间的一种东西，它要求规则在制定和适用中程序具有正当性。”②

我国有学者根据公正内涵的层次性把公正分为程序公平、实体公正、制度正义。③程序公平注重过程公平，实体公正注重结果公平，实体公正凭借程序公平得以实现。制度正义是程序公平和实体公正之上更高层次的价值，对程序公平和实体公正的实现具有决定作用，无制度正义，结果的公正将无从产生。马克思指出：“如果认为在立法者偏私的情况下可以有公正的法官，那简直是愚蠢而不切实际的幻想！既然法律是自私自利的，那么大公无私的判决还能有什么意义呢？法官只能够丝毫不苟地表达法律的自私自利，只能够无条件地执行它。在这种情形下，公正是判决的形式，但不是它的内容。内容早被法律所规定。”④有学者从司法裁判的角度把正义类型化为程序正义、实体正义和形式正义。⑤程序正义是指司法裁判过程的正义性；实体正义是指司法裁判结果的正义性；形式正义是指司法裁判结果要体现无差别待遇原则。

综上比较，可得出以下结论：第一，罗尔斯的正义理论涉及广泛地领域，从道德的角度研究社会的基本结构，包括社会政治、经济、法律等各个方面，按照

① [美] 罗尔斯：《正义论》，何怀宏等译，中国社会科学出版社 1988 年版，第 54－90 页、第 3 页。
② 肖建国：《程序公正的理念及其实现》，载《法学研究》1999 年第 3 期。
③ 徐显明：《何谓司法公正》，载《文史哲》1999 年第 6 期。
④《马克思恩格斯全集》（第 1 卷），人民出版社 1956 年版，第 178 页。
⑤ 陈瑞华：《程序正义理论》，中国法制出版社 2010 年版，第 93－94 页。

罗尔斯自己的说法，他的正义理论主要是理想性质，不涉及现实的社会制度、政策。按照美国学者庞德的理解，伦理上的正义、经济和政治上的正义、法学上的执行正义这三种正义中，只有法学上的执行正义才是真实、可行的。我国学者对正义理论的研究也主要集中在司法领域，也就是司法公正问题。第二，罗尔斯的实质正义是指制度正义，是法律和制度设计层面的正义问题，而我国学者的实质正义主要是司法层面的正义问题，特指司法裁判结果的正义性。

另外，形式正义主要是指类似案件类似处理，不能因人而异。它包括两项基本要素：一是司法裁决的结果要具有同一性，不能相同情况区别对待；二是对当事人要一视同仁，同等对待。[①]形式正义的内容实质上没有超出程序正义和实体正义的范围，可分别归入程序正义和实体正义，裁决结果的同一性属于实体正义的当然要求，而对当事人同等对待是程序中立性的表现，是程序正义的构成要素之一。因此，我国学界的通说是把司法裁判的正义分为实体正义和程序正义，或者实体公正和程序公正。

（二）什么是司法公正

司法作为国家为当事人双方提供不用武力解决争端的方法。[②]"在现代社会，司法应当以公正作为价值取向，公正与现代司法有着内在的联系，不与公正相联系的司法就丧失了现代司法的应有之义。"[③]从主观意识上，"司法公正是人类进入文明社会以来，为解决各类社会冲突而追求或持有的一种法律理想和法律评价"[④]。一般而言，这种理想和评价可以具体化为两个方面，一是严格执法；二是在正确认定事实的基础上做出正确的裁判。[⑤]在理论研究上，学界一般将上述两个方面的内容类型化为程序公正和实体公正。

---

① 陈瑞华：《程序正义理论》，中国法制出版社2010年版，第95－96页。

② 张文显：《当代西方法理学》，吉林大学出版社1987年版，第206页。

③ 公丕祥：《论司法公正的价值内涵及制度保障》，载信春鹰、李林主编：《依法治国与司法改革》，中国法制出版社1999年版，第198页。

④ 孙国华、唐仲清：《公正理念论》，载信春鹰、李林主编：《依法治国与司法改革》，中国法制出版社1999年版，第271页。

⑤ 王利明：《司法改革研究》，法律出版社2001年版，第12－13页。

关于程序公正和实体公正的关系，归纳起来不外乎三种观点。一是实体公正或程序公正优先论；二是程序公正和实体公正并重论；三是程序公正和实体公正统一论。优先论分为实体公正优先论和程序公正优先论。实体公正优先论认为程序公正是手段，实体公正才是目的，符合案件客观真实的裁判结果才是司法的核心目标。因此，程序的唯一正当目的就是保证实体公正的实现。相比较而言，大陆法系一直保留着轻视程序法的传统。[①]“二战”后，“大陆法系国家逐步确立了程序公正的独立价值，逐渐摆脱传统的实体公正优先论”[②]。

但在我国，大陆法系实体公正优先论的传统一直在潜移默化地起着作用，理论上认同程序公正的价值，实践中“重实体、轻程序”仍大行其道，“我们总是很容易无意识地接受这种观点的影响：只要结果正确，无论过程、方法或程序怎样都无所谓”[③]。程序公正优先论起源于英美法，相比较而言，英美法更重视程序，认为“正义先于真实”，当实体公正和程序公正不可兼顾时，程序公正优先。在这种法律传统的影响下，英国大法官基尔穆尔认为：“必须遵守关于审判活动的程序，即使——在一些例外的场合下——有损于事实真相，也在所不惜。”[④]基于对实体公正优先论消极作用的反思，我国有的学者旗帜鲜明地支持程序公正优先论，认为无论从科学的发展的角度还是从诉讼进程和诉讼规律的角度，都应当树立程序优先于实体、重于实体的理念。[⑤]当程序公正与实体公正分离、冲突时，坚持程序优先，是唯一现实、可行的价值选择方案。[⑥]

并重论主张程序公正和实体公正相互独立，公正的程序既有利于实体公正的实现，但有时又会妨碍实体公正的实现，因此，应坚持程序公正与实体公正并重，实现二者的协调与平衡。“在法治国家的刑事诉讼程序中，对司法程序之合法与否，被视为与对有罪之被告、有罪之判决及法和平之恢复，具有同等之重要

---

① [法] 勒内·达维德：《当代主要法律体系》，漆竹生译，上海译文出版社1984年版，第333页。
② 陈学权：《论刑事诉讼中实体公正与程序公正的并重》，载《法学评论》2013年第4期。
③ [日] 谷口安平：《程序的正义与诉讼》，中国政法大学出版社2002年版，第1页。
④ 转引自 [法] 勒内·达维德：《当代主要法律体系》，漆竹生译，上海译文出版社1984年版，第337页。
⑤ 樊崇义：《刑事诉讼法再修改的理性思考》，载《政法论坛》2005年第5期。
⑥ 谢佑平：《刑事司法程序的一般理论》，复旦大学出版社2003年版，第19页。

性。”在我国，这种折中的观点不仅为理论层面所认同，也得到了政策层面的肯定。陈瑞华教授提出要兼顾实体公正与程序公正，对公正的程序和公正的结果予以同等的重视。① 也有学者认为：“坚持实体公正与程序公正并重，既是诉讼规律的客观要求，也符合我国当前的国情。”② 并重论秉承了中华传统的中庸之道，它既不会只求结果不重过程，也不会只求过程不重结果。

统一论主张实体公正和程序公正是辩证统一关系。脱离了程序的实体是无法运作的空洞内容，它必须借助“本身特有的必要的诉讼形式”才能实现其调整社会的价值；同样，程序如果不能体现内容，只是一种“毫无内容的形式”，那么，这种程序就没有任何实质意义上的价值。③ 两者并非相互独立，而是一个整体，两者相互依存、相互肯定、相互促进、相互制约，共同作用保证司法公正的实现。实体公正和程序公正作为司法公正的两个层面，有对立的一面也有统一的一面。统一论辩证地看待两者的关系，既不回避特定情形下两者的冲突性，也不会忽视两者统一的一面，将冲突扩大化而得出非此即彼的结论。就我国刑事诉讼制度而言，关于不得强迫自证其罪，非法证据排除规则，瑕疵证据补正规则，证人、鉴定人出庭等规定的背后无不体现程序公正和实体公正对立的一面。同时，理想的正义终究应是形式要素和实体要素之和。④ 一方面，不正当的程序往往直接影响结果的正当性；另一方面，正当程序的实施确实能够发挥给结果以正当性的作用：使由于程序进行蒙受了不利结果的当事者不得不接受该结果以及对社会整体产生的正当化效果。⑤

至于冲突会产生什么结果是一个判断问题，没有什么理由非得在两种公平之间制造出孤注一掷的选择。⑥ 对于特定情形下程序公正和实体公正的冲突问题，国家政策层面主张“努力兼顾两者的价值平衡”。中共中央政法委员会编写

---

① 陈瑞华：《刑事审判原理论》，北京大学出版社 1997 年版，第 105 页。
② 陈学权：《论刑事诉讼中实体公正与程序公正的并重》，载《法学评论》2013 年第 4 期。
③ 胡玉鸿：《程序公正的价值》，载《政治与法律》2003 年第 6 期。
④ [美] 戈尔丁：《法律哲学》，齐海滨译，三联书店 1987 年版，第 237 页。
⑤ [日] 谷口安平：《程序的正义与诉讼》，中国政法大学出版社 2002 年版，第 10 页。
⑥ [英] 戴维·米勒：《社会正义原则》，应奇译，江苏人民出版社 2001 年版，第 117－118 页。

的《社会主义法治理念读本》指出："司法公正包括实体公正和程序公正两个方面，两者相互依存，不可偏废，努力兼顾两者的价值平衡。"① 目前，崇尚程序公正的英美国家的司法实践也逐渐在发生变化，上述规则在司法适用中增加了诸多例外的限制。由此可见，"解决冲突并不必然意味牺牲其一而成就其他，而是在尽可能的范围之内，谋求并存的方案，并且，在迫不得已时，仅容许最小限度牺牲"②。

对于程序公正和实体公正冲突的解决之道，统一论主张进行利益权衡，追求两者价值的动态平衡。"在一定的情况下，应当采取程序优先的原则；但在某种情况下，又必须采取实体优先的原则。"③ 优先论将实体公正和程序公正进行了不合理的割裂。实体公正优先论认为在欠缺程序公正的情形下，公正的裁判结果也可以产生。但事实上，这一结论是不能成立的。④ 程序公正优先论也不符合司法活动的要求以及我国的现实国情。"从根本上说，离开实体公正，司法活动是没有实际意义的。"⑤ 各国的刑事诉讼法一般都把实体公正的实现作为其根本目的，如日本《刑事诉讼法》第 1 条就明确规定刑事诉讼的目的包括查明案件真相，正确适用刑罚；德国《刑事诉讼法》第 244 条关于证据调查的规定也明确法院依职权查清真相的职责；我国《刑事诉讼法》第 2 条也规定了刑事诉讼法查明犯罪事实、正确应用法律的基本任务。我国台湾学者林钰雄明确指出，"刑事诉讼法的首要任务，便是获致一个依照实体刑法的正确裁判"⑥。另外，"我国社会公众对实体公正存在着强烈的期待心理"⑦，程序公正优先论缺乏民众心理的认同和对司法的期望。并重论努力地在司法过程中兼顾程序公正和实体公正的价值追求，试图找到解决两者冲突的最佳结合点。迄今为止，虽然从理论上不能否认两者的结合

---

① 中共中央政法委员会编：《社会主义法治理念读本》，中国长安出版社 2009 年版，第 152 页。
② 林钰雄：《刑事诉讼法（上册）》，中国人民大学出版社 2005 年版，第 11 页。
③ 陈光中主编：《刑事诉讼法》，北京大学出版社 2002 年版，第 12 页。
④ R.A.Duff, *Trial and Punishment,* Cambridge Univ. Press, 1986, p.114.
⑤ 谢佑平、万毅：《论司法改革与司法公正》，载《中国法学》2002 年第 5 期。
⑥ 林钰雄：《刑事诉讼法（上册）》，中国人民大学出版社 2005 年版，第 10 页。
⑦ 陈学权：《论刑事诉讼中实体公正与程序公正的并重》，载《法学评论》2013 年第 4 期。

点的存在，但是不仅理论上无法科学地概括出结合点之所在，实践中也是不可能的。并重论不仅无法达到所期望的完美结果，反而“极容易导致刑事司法实践将二者割裂，强调其中的一个方面而忽略另一个方面”[①]。在我国，由于法律传统和司法理念的影响，更多地倒向实体公正优先论，以实体公正之名抛弃程序公正。最坏的结果是程序公正与实体公正都无法实现，我国目前频频出现的刑讯逼供导致冤假错案便是明证，由于刑讯逼供，程序公正被践踏，而冤假错案的结果又表明实体公正的丧失。

相比较而言，统一论既符合辩证法，又能够解决具体个案中程序公正和实体公正的冲突问题。统一论主张程序公正和实体公正的动态平衡，而不是特定情形下的静态平衡。这种理念在2012年新《刑事诉讼法》中有较显著的体现。比如，第54条关于非法证据排除的规定，对于采用刑讯逼供等非法方法收集的犯罪嫌疑人、被告人供述和采用暴力、威胁等非法方法收集的证人证言、被害人陈述要绝对排除，即使有证据印证上述供述和陈述是真实的。在这种情形下，采取就是程序优先的原则。而对于违反法定程序收集的物证、书证，只有严重影响司法公正并且不能补正或者作出合理解释的才予以排除，实际上就是物证、书证的“相对不排除”，新刑事诉讼法实施至今，有非法言词证据排除的案例，却无一例非法实物证据排除的案例。在这种情形下，采取的又是实体优先的原则。当然，统一论在实体公正与程序公正冲突时有所侧重，并不是简单的程序优先或实体优先，而是根据利益权衡原则所作出的选择，“宽严相济的刑事政策、被追诉人宪法权利之保障以及法律效果与社会效果的统一”[②]等因素都是司法机关进行科学权衡的依据。

① 史立梅：《程序公正与实体真实》，载《国家检察官学院学报》2013年第5期。

② 陈学权：《论刑事诉讼中实体公正与程序公正的并重》，载《法学评论》2013年第4期。

二、通过程序公正实现实体公正

(一)程序正义

广义的程序是指在社会生活中，为了形成一定的结果或状态，人们伴随着一段时间经过的活动过程。法律意义上的程序是指为了形成一定的法律决定而经过的步骤、过程、程式。从古希腊亚里士多德以来，人们一直注重在结果层面上考察正义的问题，所以实质正义一直是正义理论的核心。在司法活动中，为了形成司法裁判，特定的程序是不可或缺的，甚至从原始社会或英美法和大陆法早期解决纠纷的历史来看，程序的观念是先于实体的观念而存在，从这一层面来看，“程序是实体之母，或程序法是实体法之母”①。在人们认识到程序对结果的重大影响的同时，自然产生对程序存在价值以及程序品质的思考。美国著名大法官杰克逊曾指出，程序的公正与合法是自由必不可少的构成要素。实体法只要得到公平和无偏见的适用，那么即使它再苛酷，也是可以忍受的。②美国另一著名大法官威廉姆·道格拉斯指出：“权利法案的大多数规定都是程序性条款，这一事实决不是无意义的，正是程序决定了法治与恣意的人治之间的基本区别。”③可见，公正的程序无论是对个人自由的保障还是一国之法治都具有重要意义。我国有学者也认为司法制度的核心是程序问题，公正司法制度的核心就是正当程序，司法公正是正当程序的输出。④

程序正义的观念形成于英国的“自然公正”思想，发展于美国的“正当程序”思想。“自然公正”思想可以被概括为两个方面的内容，即任何人不得成为自己案件的法官以及双方的陈述都应被听取。自然公正通常表示处理纷争的一般原则和最低限度的公正标准，又叫作“诉讼程序中的公正”。在美国，“自然公正”

---

①[日]谷口安平：《程序的正义与诉讼》，中国政法大学出版社 2002 年版，第 7 页。

② J.A. Andrew, *Human Right in Criminal Procedure,* Martinus Nijhoff Publishers, 1982, pp.260-264. 转引自陈瑞华：《看得见的正义》，北京大学出版社 2013 年版，第 4 页。

③ 转引自季卫东：《法律程序的意义》，载《中国社会科学》1993 年第 1 期。

④ 周永坤：《提升司法公正的路径选择》，载《苏州大学学报》2012 年第 5 期。

为“正当程序”所取代，“正当程序”包括以下三个方面的内容：在个人利益被剥夺时，其有权向不偏听不偏信的裁判所和正式法院陈述案情、有权知道被指控的事由（事实和理由）、有权对控告进行辩解。[①]“在英美法系里，满足正当程序要件的程序才是合乎程序正义的程序，反过来说合乎程序正义的程序就是正当程序。”[②]由上可知，起初程序正义只适用于法院的诉讼过程和程序，在美国内战前期，正当程序的含义被扩大，分为“实体性正当程序”和“程序性正当程序”。前者是对立法权的限制，要求任何涉及公民基本人权的法律都应当符合公平、正义、理性等基本理念；后者要求解决利益争端的法律程序必须是公正、合理的。在美国学者看来，正当法律程序体现了正义的基本要求，而程序性正当程序更是体现了程序正义的基本观念。[③]

美国学者罗尔斯根据程序正义与实体正义的关系把程序正义分为三种类型：纯粹的程序正义、完善的程序正义以及不完善的程序正义。“在纯粹程序正义中，不存在对正当结果的独立标准，而是存在一种正确的或公平的程序，这种程序若被人们恰当地遵守，其结果也会是正确的或公平的，无论它们可能会是一些什么样的结果。”[④]简言之，只要程序正当并被严格遵守，由此得出的结果就被视为是公正的。完善的程序正义有两个特征：一是存在决定结果是否公正的独立标准，独立于程序并先于程序存在；二是保障实现预期结果的程序是存在的，但是，“在具有重大实践利害关系的情形中，完善的程序正义如果不是不可能，也是很罕见的”。不完善的正义是指当在程序之外存在判断结果公正与否的客观的、独立的标准，却没有绝对保证其实现的程序。如在刑事审判中，“即便法律被仔细地遵循，过程被公正、恰当地引导，还是有可能达到错误的结果。一个无罪的人可能被判有罪，一个有罪的人却可能逍遥法外”。通过比较程序正义的三种类型，罗尔斯认为纯粹的程序正义具有巨大的实践优点：“在满足正义的要求时，它不再需

---

① 龚祥瑞：《西方国家司法制度》，北京大学出版社 1993 年版，第 126－128 页。
②［日］谷口安平：《程序的正义与诉讼》，中国政法大学出版社 2002 年版，第 4 页。
③ 陈瑞华：《看得见的正义》，北京大学出版社 2013 年版，第 7 页。
④［美］罗尔斯：《正义论》，何怀宏等译，中国社会科学出版社 1988 年版，第 86 页。

要追溯无数的特殊环境和个人在不断改变着的相对地位，我们避免了将由这些细节引起的非常复杂的原则问题。”[①] 罗尔斯纯粹的程序正义理论对于司法公正评价、实现、程序或诉讼的目的观以及人权保障都具有积极意义。

第一，既然在程序之外不存在决定结果是否公正的独立的、可参照的标准，司法公正评价和实现的核心就是裁判结果的形成过程以及结果得以形成的程序本身是否公正，“只要结果正确而无视过程、方法或程序”的观点就失去理论基础。第二，对于刑事案件中的被追诉人而言，既然没有先在的结果公正性标准，司法机关当然不能以追求结果公正为由在追诉程序中侵犯被追诉人的权益。第三，自亚里士多德以来，较为重视实体正义，早期在程序正义的讨论上，仅侧重于程序正义的服务性机能。英美法哲学家边沁将程序法视为附属法，程序之目的仅为有助于作出正确裁判之结果。[②] 纯粹的程序正义理论为认识实体与程序的关系带来了新的视角，程序或诉讼的目的不仅为了实体内容的实现（工具价值），程序本身还要符合一些客观的正当性、合理性标准，程序具有独立性（独立价值）。美国心理学家 Thibaut 及律师 Walker 从当事人的角度进行实证研究，研究印证了程序之独立价值，在纷争处理程序中，当事人对于程序过程的重视不亚于最后之结果，不论其最后获得胜诉还是败诉，其均独立地对程序进行之价值有所评价。[③] 第四，在司法领域确立“通过程序的正当化机制”，如果正当程序得以实际执行，这种程序本身就能够产生赋予结果以正当性的作用。

当然，罗尔斯的纯粹程序正义理论也引起学者的质疑，有的学者认为即便现实生活中存在相关例证，但也不能充分证明公正的程序决定结果的公正这一论断。[④] 我国有学者认为否定结果公正的独立标准与我国的伦理道德、社会现实及

---

①［美］罗尔斯：《正义论》，何怀宏等译，中国社会科学出版社 1988 年版，第 86 页、第 88 页。

② Gerald J. Postema, The Principle of Utility and the Law of Procedures: Bentham's Theory of Adjudication, 11 GA.L.REV. 1393, 1396 (1977) .

③ John W. Thibaut and Laurens Walker, *Procedural Justice: A Psychological Analysis,* Hillsdale, NJ: Erlbaum, 1975, pp.67-80. 转引自沈冠伶：《新世纪民事诉讼法制之程序正义：以民事诉讼及家事程序为中心》，载《台大法学论丛》2012 年第 41 卷特刊。

④ Michael D. Bayles, *Procedural Justice,* Kluwer Academic Publishers, 1990, p.5.

人们的认识背道而驰，另外，罗尔斯也认为不能因为一种特殊结果是在遵循一种公平的程序中达到的就说它是正义的。①

（二）通过程序正当化实现司法公正

罗尔斯将刑事诉讼归入不完善的程序正义，承认某个被告是否真正犯罪客观上存在绝对的标准，“但除了万能的上帝，人类并不掌握任何时候都能满足绝对标准的认识手段……且什么是实体的正义也并不总是明明白白”②。“要想给所有案件的裁判活动确定一个统一适用的公正标准，确实是十分困难，甚至是不现实的。”③那么，如何在不完善的程序正义的情形下实现实体正义呢？普遍的做法是采用法律拟制，即通过追加一种所谓半纯粹的程序公正使结果正当化，常见的有陪审制度、当事人主义的参与保障等措施。④日本学者谷口安平主张必要的妥协，如果从方法和过程中已尽了最大努力仍不能确定实体时，“为了保证那些其正当性标准并不容易把握或者很难预测的活动结果的正当性和可接受性，人们可以将努力的重心倾注到对程序本身公正性的保障方面，以达到通过程序——并且仅仅通过程序——实现正义的目标”⑤。事实上，“理论上是不完全的程序正义在制度上却作为纯粹的程序正义而发挥了作用”⑥。我国有的学者通过对“法”字古体的解释，得出“司法的实体公正借助司法程序的公平得以实现”的结论。“法”字古体为灋，根据《说文解字》，“灋者，刑也，平之如水，从水；廌，所以触不直者去之，从去”。“直与不直”是裁判的结果，廌的裁判过程是程序，由于“直与不直”的相对性，“灋”的首要价值就体现为程序的公正，“凭廌的神圣而令实体正义借程序公平得以实现”⑦。

---

① 谢安平：《半纯粹刑事程序公正的内涵》，载《政法论坛》2011 年第 4 期。
② [日] 谷口安平：《程序的正义与诉讼》，中国政法大学出版社 2002 年版，第 3 页。
③ 陈瑞华：《看得见的正义》，北京大学出版社 2013 年版，第 2 页。
④ 肖建国：《程序公正的理念及其实现》，载《法学研究》1999 年第 3 期。
⑤ 陈瑞华：《程序正义理论》，中国法制出版社 2010 年版，第 25 页。
⑥ [日] 谷口安平：《程序的正义与诉讼》，中国政法大学出版社 2002 年版，第 3－4 页。
⑦ 徐显明：《何谓司法公正》，载《文史哲》1999 年第 6 期。

事实上，“在一般情况下，公正的程序比不公正的程序能够产生更加公正的结果”①。各项程序正义原则如中立、获得庭审、提供裁决及理由等分别从不同的方面保证程序结果的公正性。②国家通过“看得见的方式”实现正义，当事人和人民群众，尤其是人民群众是通过程序的公正性来对司法的结果进行价值评判的。通过程序正当化实现司法公正“这种观念对于我国的刑事司法实践尤为重要，能够引导公安司法人员正确理解和把握新刑事诉讼法的规定，引导其走出片面追求实体真实的认识误区”③。2014年习近平总书记在十八届四中全会《决定》起草情况说明中明确提出了“通过法庭审判的程序公正实现案件裁判的实体公正”。

（三）程序正义的标准

如果通过程序的正当化可以实现司法公正，那么首先必须明确的问题就是程序正义的判断标准，没有判断的标准就无所谓程序的公正，更谈不上通过程序的公正以实现司法公正。美国学者泰勒认为程序公正的标准包括：参与性、一致性、中立性、决定和努力的质量、纠错性和伦理性。④美国学者戈尔丁则认为程序公正包含以下九项内容：（1）任何人不能作为有关自己案件的法官；（2）利益无涉；（3）无偏见；（4）公平关注；（5）听审；（6）不单独听取一方当事人意见；（7）公平对抗；（8）以理性推演为依据；（9）结论形成于当事人作出的辩论和证据。⑤贝勒斯认为应从以下几个方面判断：和平性、自愿性、参与性、公平性、可理解性、及时性和止争性。⑥

我国学者程序正义的判断标准存在以下问题：第一，西方学者一般将程序

---

① G. M. Pops & T. J. Pavlak, *The Case for Justice*, Jossery-Bass Publisher, 1991, p.85.

② Michael D. Bayles, *Procedural Justice*, Kluwer Academic Publishers, 1990, pp.115-138.

③ 史立梅：《程序公正与实体真实》，载《国家检察官学院学报》2013年第5期。

④ Tom R. Tyler, *What is procedural Justice*, Law and Society Review 22 (1988). 转引自肖建国：《程序公正的理念及其实现》，载《法学研究》1999年第3期。

⑤ [美] 戈尔丁：《法律哲学》，齐海滨译，三联书店1987年版，第240－243页。

⑥ [美] 迈克尔·D. 贝勒斯：《法律的原则——一个规范的分析》，张文显等译，中国大百科全书出版社1996年版，第34－37页。

公正的判断依据与诉讼过程相联系，通过程序正当化实现实体公正，从公正的实现逻辑上，两者的先后关系非常明显。我国有的学者主张“冲突事实的真实回复”这种实体公正的标准作为判断程序公正的标准，[①]导致了逻辑顺序上的颠倒。第二，作为判断标准，应当明确、具体并能够与其他标准相区别，关于程序正义的判断标准过于抽象，仁者见仁、智者见智。例如，有的学者认为程序正义的标准包括程序合理性[②]，程序科学性、文明性[③]，何为“合理”“科学”“文明”？这些本身就是价值判断的对象，其内涵甚至可以包括其他要素，我们可以说程序的中立性、平等性、透明性等要素本身就是程序合理、科学、文明的内容，以此作为程序正义的判断标准不具有明确性，也不能和其他要素区别开来。第三，混淆了程序正义的功能和程序正义的标准问题，有的学者把“排除恣意专断”“控权性”等程序正义的功能或属性作为判断程序正义性的标准，混淆了它们的区别。第四，从总体上看，学者们从不同侧面，力求全面概括出程序正义的判断标准，其结果是确定程序正义标准的根据不统一。正义本身也是相对性与绝对性的统一，“正义的相对性就是正义的条件性，它表现为正义不是固定不变的，而是随不同的时代、社会、阶级、群体而呈现出差别性、多样性、多元化”[④]。“就程序公正而言，程序公正的观念和标准总是不断发展变化的，它们要与特定时代和特定社会的政治、经济、文化等方面的状况相适应，并受制于一个社会的法律传统，人们很难提出一种普遍适用于所有时代和社会的公正理想。”[⑤]但同时，正义又有绝对性的一面，也就是正义的普遍性，普遍性的正义体现人们对某种正义标准的

① 顾培东教授认为程序公正的实现决定于这样三个要素：冲突事实的真实回复；执法者中立的立场；对冲突主体合法愿望的尊重。见顾培东：《社会冲突与诉讼机制》，四川人民出版社 1991 年版，第 90 页。

② 有学者认为程序公正与否的评断标准有四个方面：当事人的地位平等；权利义务相当；排除恣意专断；程序合理。张令杰：《程序法的几个基本问题》，载《法学研究》1994 年第 5 期。

③ 陈桂明教授认为程序规则的科学性、法官的中立性、当事人双方的平等性、诉讼程序的透明性、制约与监督性共同构成了程序公正的标准和要素。陈桂明：《诉讼公正与程序保障——民事诉讼程序之优化》，中国法制出版社 1996 年版，第 12 页以下。孙笑侠教授认为程序的民主性、程序的控权性（从人权角度看）、程序的平等性、程序的公开性、程序的科学性和程序的文明性是现代法治社会对程序公正的要求。参见孙笑侠：《两种程序法类型的纵向比较——兼论程序公正的要义》，载《法学》1992 年第 8 期。

④ 张文显：《二十世纪西方法哲学思潮研究》，法律出版社 2006 年版，第 489 页。

⑤ 陈瑞华：《刑事审判原理论》，北京大学出版社 1997 年版，第 59 页。

共同追求，这是维系人们合作关系以及社会和平的基础。程序总有最低限度、最基本的要求，有学者称之为最低限度程序正义的要求，也就是程序正义的最低标准，它包括：程序的参与性、裁判者的中立性、程序的对等性、程序的合理性、程序的及时性、程序的终结性。① 该学者虽然统一了判断程序正义标准的根据，但如前文所述，把程序的合理性作为判断标准过于抽象且不能与其他标准区别开来。

从以上分析可知，美国以及我国学者对程序正义标准研究有共性的一面，即侧重研究程序正义的客观性、规范性标准，而忽视对主观的程序正义的研究，如此直接导致无法在理论上解释、立法上确立、司法上运用的某些程序的正当性问题。例如，有学者认为："程序正义对于控辩双方处于对立立场的诉讼活动是可以适用的，但对于控辩双方通过协商达成合意的案件，却是不完全适用的……" ②。因此，就刑事和解制度而言，传统的程序正义是不完全适用的。

美国学者博登海默也认为，"正义有着一张普洛透斯似的脸，变幻无常、随时可呈不同形状并具有极不相同的面貌" ③。美国纯粹法学的代表人物凯尔逊曾说道："自古以来，什么是正义这一问题是永远存在的。为了正义的问题，不知有多少人流了宝贵的鲜血与痛苦的眼泪，不知有多少杰出思想家，从柏拉图到康德，绞尽了脑汁；可是现在和过去一样，问题依然未获解决。" ④ 究其原因，凯尔逊认为是人们为了绝对的正义而无视正义的主观性、相对性、有条件性的结果。虽然凯尔逊夸大了正义的主观性，但就其关于非理性的情感因素在有关正义的价值判断中的影响以及人们对于正义标准的冲突和对立等论断而言，仍有其积极意义和价值所在。

从唯物辩证法的角度来看，正义应是主观与客观的统一。正义的主观性体现

---

① 陈瑞华：《程序正义理论》，中国法制出版社 2010 年版，第 99 - 109 页。

② 陈瑞华：《程序正义理论》，中国法制出版社 2010 年版，序言第 7 页。

③ [美] E. 博登海默：《法理学——法律哲学与法律方法》，邓正来译，中国政法大学出版社 2004 年版，第 261 页。

④ [美] 凯尔逊：《什么是正义》，载《现代外国哲学社会科学文摘》1961 年第 8 期。转引自张文显：《二十世纪西方法哲学思潮研究》，法律出版社 2006 年版，第 485 - 486 页。

在“正义的价值是以主体的需要为基准或参照的，没有主体对正义的需要，法律的任何属性和功能都不能构成价值”；正义的客观性体现在“主体的需要只有通过正义原则的客观存在的功能而得到满足”。[①]两者是辩证统一的，“如果我们并不试图给出（正义）一个全面的定义，那么我们就有可能指出，满足个人的合理需要和主张，并于此同时促进生产进步和提高社会内聚性的程度——这是维续文明的社会生活所必需的——就是正义的目标”。[②]在德国，有的学者在对程序正义进行研究时，根据不同之取径或侧重，将程序正义分为主观的程序正义和客观的程序正义。主观的程序正义侧重于根据当事人之观点而分析程序正义。[③]强调程序正义系受当事人对于程序之期待而决定，而重视程序之信服机能，其包含所有足以影响当事人对于裁判信服之要素。如当事人对于结果之控制性或可期待性、程序之控制性、参与发言性、受尊严对待（含法官之态度）等。就程序之控制性而言，当事人就证据有较多之提出机会可能性，并因此影响裁判所据事实之主张与否选择，则有较高程序正义；当事人在程序上越有充分之机会陈述个人就系争事件之见解时，则主观程序正义越高。就结果之控制性而言，诉讼和解系出于当事人之完全自主决定以终结程序，就具有较高主观程序正义。德国哲学家哈贝马斯也认为，在维持程序规则下，各关系人如经一个免受他人掌控的论证过程状态而形成共识，即可产生关于正义的规范性决定判断。客观的程序正义则探讨程序正义的规范性标准，也有不同观点，有侧重于程序系为确保、实现实体的结果正义；也有强调程序本身之适当性，而不论结果如何。不过各种正义的程序理论归根结底均强调，正义之主张应以合乎程序要求之形式而被建立。[④]

坚持程序正义主观和客观的统一，有助于我们从多元视角分析程序，从不同角度解释程序的正当性问题。因此，我们对程序是否正义的判断不仅要从最低限

---

① 张文显：《二十世纪西方法哲学思潮研究》，法律出版社 2006 年版，第 488 页。

②［美］E. 博登海默：《法理学——法律哲学与法律方法》，邓正来译，中国政法大学出版社 2004 年版，第 261 页。

③ Tschentscher, *Prozedurale Theorien der Gerechtigkeit*, Berlin, 2000, p.119. 转引自沈冠伶：《新世纪民事诉讼法制之程序正义：以民事诉讼及家事程序为中心》，载《台大法学论丛》2012 年第 41 卷特刊。

④ 沈冠伶：《新世纪民事诉讼法制之程序正义：以民事诉讼及家事程序为中心》，载《台大法学论丛》2012 年第 41 卷特刊。

度的客观要求方面，还要从满足当事人的合理需要和主张方面。另外，域外的控辩交易、略式程序虽然不能完全符合程序正义的客观标准，但是其符合当事人对于结果之控制性或可期待性、程序之控制性、参与发言性、受尊严对待等，其也被认为是符合程序正义的。我国的刑事和解制度、正在试点的刑事速裁程序也是如此。

三、司法公正对检察权司法化的要求

十八届四中全会《决定》中明确指出，“公正是法治的生命线”，法治的过程就是对社会公正追求和实现的过程。而司法是社会公正的最后保障，“一次不公正的判断比多次不平的举动为祸尤烈。因为这些不平的举动不过弄脏了水流，而不公的判断则把水源败坏了”。[①] 但是司法的公正并非先天存在的，法治的发展和推进需要司法进行改革以满足社会对公正的需求，在形式上，司法改革是实现司法公正的具体路径，是否体现司法公正是评判司法改革成败的核心标准。司法公正不仅是司法改革的目标，也是司法改革的理论基础和指导原则。检察权司法化的最终目的是为了实现司法公正，包括检察权行使结果的公正（实体公正）以及检察权运行程序的公正（程序公正），检察权通过权力行使程序的公正实现案件处理的实体公正。同时，司法公正理论也构成了检察权司法化改革的理论基础，要求检察权司法化着眼于以下几个方面：

第一，司法体制的完善。当前司法体制存在的主要问题是司法的行政化、地方化，这也是导致司法不公的主要原因，新一轮司法改革的主要目标也是要消除司法的行政化、地方化。检察权司法化必须与司法改革的目标一致并且能够促进司法体制的完善。具体而言，检察权司法化过程中要实现检察权的独立行使，不受任何行政机关、社会团体和个人的干涉。同时，在检察机关内部，检察权的行

---

①［英］培根：《培根论说文集》，水天同译，商务印书馆 1983 年版，第 193 页。

使也要去行政化，保证检察权的相对独立性，改革“上令下从”的行政审批模式，实现“审”“定”合一，“权”“责”统一。

第二，司法职权配置的合理。司法职权配置是否合理关系司法公正能否实现，历次的司法改革都把优化司法职权配置作为目标之一，党的十八届四中全会通过的《决定》中再次提出要优化司法职权的配置。目前公检法司法职权的配置“重配合而轻制约”，如审查批准逮捕仍然主要以单方的书面审查为主，《刑事诉讼法》第86条规定只有“对是否符合逮捕条件有疑问的、犯罪嫌疑人要求向检察人员当面陈述的、侦查活动可能有重大违法行为的”这三种情形检察机关才必须“兼听”犯罪嫌疑人的意见。这种单方审查必然导致批捕率居高不下，近三年全国平均批捕率近90%；[①]而在有些地方检察机关试点逮捕的听证审查、律师介入，让犯罪嫌疑人能够和侦查机关进行平等对抗，检察机关在兼听双方意见的基础上作出决定，从结果来看，批捕率一般为50%左右[②]。检察权的司法化必须能够促进司法职权的优化、合理配置，重点突出对侦查权、审判权以及执行权的制约。

第三，权力运行机制的科学。检察权的司法性决定了检察权运行必须遵循司法规律，“体现权责统一、权力制约、公开公正、尊重程序的要求”[③]。首先，检察权的司法化要保障检察官职权的独立行使，实现“让审查者决定，由决定者负责”的权责统一。“有权无责”和“有责无权”都是违背司法规律的，无法保障承办案件的检察官公正、独立地审查案件，必然会导致“乱作为”和“不作为”的现象出现，最终不利于司法公正的实现。其次，检察权的司法化要能够体现“权力对权力的制约”以及“权利对权力的制约”。通过对审听证的程序构建，让公权力机关承担其行为合理性、合法性的证明责任，如果其举证不能或没有达到

---

① 根据2012年、2013年、2014年最高人民检察院工作报告，2011年依法批准逮捕各类刑事犯罪嫌疑人908756人，依法决定不批准逮捕151095人，批捕率为86%；2012年依法决定批准逮捕2642067人，决定不批准逮捕311460人，批捕率为89%；2013年共批准逮捕各类刑事犯罪嫌疑人879817人，决定不批捕82089人，批捕率为91%。见《历年最高人民检察院工作报告》，http://www.gov.cn/test/2008-03/21/content_925597.htm（最后访问日期：2014年11月1日）。

② 北京市海淀区人民检察院2008年6月至12月一共有21名律师介入该院审查批捕的18起刑事案件，不捕率达53%。参见林世钰：《北京市海淀区检察院：律师介入提升批捕质量》，载《检察日报》2009年2月4日。

③ 孟建柱：《完善司法管理体制和司法权力运行机制》，载《人民日报》2014年11月7日。

证明标准，则要承担不利的法律后果。如侦查机关提请审查批准逮捕，如果其不能证明存在逮捕的必要性，检察机关则应作出不予批准的决定。另外，当事人对审查程序的参与，并能够举证、质证并发表意见，能够形成“诉权”对检察权的制约，检察官必须在直接言词审查的基础上，依据证据作出处理决定。再次，检察权的司法化要能够体现程序正义和司法的民主性。检察官在当事人的参与下公开公正地审查案件，主动接受社会的监督，实现“人民群众在每一个司法案件中感受到公平正义”。最后，检察权的司法化要能够保证司法决定只能来自审查程序，而不能来自审查程序之外的指令。检察权的运行应当尊重程序，通过程序公正实现实体公正。

第四，人权司法保障的加强。检察权司法化要突出对当事人基本人权的司法保护，一方面，通过审查程序的诉讼化突出当事人尤其是犯罪嫌疑人、被告人的主体地位，赋予当事人请求公开审查的权利，如果对听证决定不服，还应提供寻求进一步救济的途径；另一方面，检察权的司法化也会促进检察机关司法审查权的完善，如现行刑事诉讼法已经赋予了检察机关以司法救济权，把不具有可诉性侦查行为、检察行为、审判行为等侵犯当事人、辩护人、诉讼代理人、利害关系人诉讼权利以及其他合法权益的情形（即不能向法院寻求司法救济的情形）纳入检察机关审查的范围。检察机关和法院为当事人的基本人权提供刑事诉讼阶段完整的司法保护。

第三节　司法公信力视野下的检察权司法化

由于司法是维护社会公平的最后保障，在所有社会信用危机中，司法信用危机是最严重的。如果司法也缺乏公信力，社会就失去了公平保障的“最后希望”，公民就会对整个社会失去信任，整个社会的信用体系就会瞬间坍塌，其后果将具有致命性破坏。十八届四中全会《决定》把“保证公正司法，提高司法公信力”作为司法改革的总目标，司法公信力和司法公正居于同等重要的位置。正如有的学者所言，“司法公信力之于司法犹如信仰之于法律。”[①]“法律必须被信仰，否则就形同虚设”，缺乏公信力的司法也是注定没有生命力的。

一、司法公信力的基本内涵

（一）公信力

从字义上分析，根据《说文解字》，“公，平分也”。“公”的基本含义是公正，无私，后延伸出“公共、公家、公众的”等含义，还可指“朝廷、国家”。《说文解字》中“信”的基本含义是真诚，“信，诚也”。后延伸出“信用、信任”等含义。“力”在《说文解字》中的基本含义是体力、力气，“力，筋也”。后延伸出“能力、威力、权势”等含义。从字义分析上看，公信力可以解释为两个层面的内容：一是公共权力主体的信用度；二是公众对公共权力主体的信任度。公共权力主体的信用指的是公共权力主体获得公众信任的能力，主要体现为公共权力的基本品质以及保障公共权力良性运行的行为准则等客观因素；公众对公共权力主体的信任指的是公众基于公共权力良性运行而对其产生的心理上的认同，主要体现为公众对于公共权力的主观评价、心理反映和价值判断等主观因素。

公信力应是客观因素和主观因素的统一。因此，有的学者把公信力的概念概括为信用与信任两个维度，信用和信任是公众和公共权力的主体之间的交互关系的具体体现，“任何一方都有区别于另一方的独立意义，同时又给另一方提供逻辑支撑点”[②]。信用是信任的前提和基础，信任又是信用存在的价值所在。公众对于公共权力的信任不是凭空产生的，而是基于公共权力的信用，而公共权力的信用必须经过公众的信任，公信力才得以产生，“失去信任这种心理品质，信用的

---

① 关玫：《司法公信力研究》，人民法院出版社 2008 年版，序言。

② 关玫：《司法公信力研究》，人民法院出版社 2008 年版，第 23 页。

存在只是一个没有任何实际意义的概念”[①]。

（二）司法公信力

从公共权力的起源来看，公共权力的本质就是信任和信用的问题，是“一大群人相互订立信约，每个人都对它的行为授权，以便使它能按其认为有利于大家的和平与共同防卫的方式运用全体的力量和手段的一个人格”[②]。司法权作为一种公共权力，也必然存在公信力的问题。司法权的裁决特性决定了司法公信力对于司法权的核心地位。

司法公信力可以从两个方面来解读，一是司法权威。司法权威作为一种法律理性权威，准确认定事实、正确适用法律以及实现司法公正应是司法权威的具体体现。二是社会公众、当事人对司法的认同和信服。[③]我们也可以将之概括为两个维度：信用维度和信任维度。从信用的维度看，“司法公信力是司法权在其自在运行的过程中以其主体、制度、组织、结构、功能、程序、公正结果承载的获得公众信任的资格和能力”[④]；从信任的维度看，司法公信力是公众对司法机关及其司法行为的主观评价或价值判断。从上述对司法公信力的界定可以看出其具有如下特征：

1. 主体的特定性

司法公信力的主体同样由两方组成，信用方为司法机关具体为人民法院和人民检察院；信任方为公众（包括案件的当事人）。司法公信力实际就是“司法与公众之间的动态、均衡的信任交往与相互评价”[⑤]。

2. 客观性和主观性统一

司法公信力既有客观性，又有主观性。司法信用的体现是具体化的，具有

---

① 关玫：《司法公信力研究》，人民法院出版社 2008 年版，第 23 页。

② [英] 霍布斯：《利维坦》，黎思复等译，商务印书馆 1985 年版，第 132 页。

③ 叶青：《司法公信力建设的“色、象、味”》，载《社会观察》2014 年第 7 期。

④ 关玫：《司法公信力初论——概念、类型与特征》，载《法制与社会发展》2005 年第 4 期。

⑤ 关玫：《司法公信力研究》，人民法院出版社 2008 年版，第 42 页。

客观性。比如，司法制度是否完善，司法体制是否统一，司法行为是否公正，司法权是否能够独立行使，司法程序是否公开、透明，等等。主观性来自公众对司法信用具体体现的价值判断，包括公众对司法的“认识、情感、态度、情绪、兴趣、期待和信念”。但是，两者不是截然对立的，公众的主观评价不是公众的主观臆测，而是一种理性的评判，是以各种司法要素的客观表现为基础的；同样，各种司法要素的客观表现只有得到公众的理性认同，司法公信力才得以产生。

3. 内容的辩证统一

在对司法公信力的双重维度的认识上，较多的学者偏重于信任维度。认为司法公信力“在实践中基本上处于一种主客观特征兼有、偏向主观评价意义上的社会心理状况”①。在具体到信用和信任的关系时，认为信任是基础，是内在品质，信用是工具，是外在表现。②“当一定数量的多数人对某一社会现象或事物具有认同感时，我们说这一社会现象或事物取得了公信力。”③有的学者甚至认为，“就司法的社会控制本质而言，能不能充分发挥规范力，一如宗教或伦理，关键还是在于其决定的‘被信赖’而被接受，不在于其‘正确性’。故当信赖不足时，决定的质与量再改善，也是徒劳无功的”④。

但是，司法的信用要求司法权的行使必须遵循司法规律并以此获得公众的信任，不能置司法的规律于不顾，将民众的需求与满意作为司法运行的主要标准。否则，即使构建出公信力，也必然不是“司法”的公信力。⑤因为，如果将民众对司法的满意度作为评价法院工作的至上标准，可能导致司法独立和司法公正的崩溃，而且也违背了司法权的性质、功能与价值追求。⑥澳大利亚法官杰勒德·布伦南曾指出，根据群众意见或社会的普遍呼声裁判案件是无法维护法治的，在特

① 莫纪宏：《司法公信力的制度保障》，载《中国法律》2013 年第 3 期。
② 关玫：《司法公信力研究》，人民法院出版社 2008 年版，第 23 页。
③ 董皞：《司法功能与司法公正、司法权威》，载《政法论坛》2002 年第 2 期。
④ 苏永钦：《司法改革的再改革》，月旦出版社 1998 年版，第 14 页。
⑤ 钱大军：《司法公信力应当如何建构》，载《社会科学战线》2013 年第 3 期。
⑥ 朱应平：《满意是衡量司法的至上标准吗》，载《华东政法学院学报》2001 年第 3 期。

定情形下，法治要求必须抵抗公众意见。[①]司法公信力的信用维度和信任维度应是辩证统一的，司法的信用是公众信任的前提和基础，公众的信任又是司法信用存在的价值。

（三）检察公信力

与域外司法仅指狭义的审判不同，我国司法的概念涵盖了审判和检察两个方面，司法公信力包括审判公信力和检察公信力。检察公信力作为司法公信力的重要一环，同样包括两个维度的内容：信用维度和信任维度。一方面是检察权在其运行过程中能够赢得公众信任的能力；另一方面是公众对检察机关及其司法行为的评价和判断。检察公信力的最基本目标就是“检察信用，公众信任”，检察信用是公众信任的基础和前提，公众信任反过来促进检察权威的形成。

检察公信力和审判公信力同为司法公信力，当然具有共性的一面，但两者权力运行的差异性又决定了两者个性的一面。有学者将公信力的基本要素概括为“法律规则的权威性、司法主体公正执法性、司法过程的开放性以及司法裁判的权威性”[②]。前三个要素体现了检察公信力和审判公信力共性特征，而司法裁判的权威性主要是针对审判公信力而言，检察权的本质主要是一种程序性权力，其所形成的司法决定只具有相对的拘束性、终结性。在司法决定的权威性方面，检察公信力是无法与审判公信力相比的。另外，在司法公信力建设方面，两者的重点亦有所不同，对于审判公信力，其在公开性、参与性、程序性等方面已经建立了较好的基础，其建设的核心是如何通过审判权依法独立公正行使来保障裁判结果的公正性。而检察公信力建设面临的问题较多，检务的公开、律师、当事人的参与、办案程序的正当化、终结性法律文书的公开等方面都是要着力解决的问题。如果从司法公信力的建设方面进行概括，基本上可以归入以下三个方面：司法公开、独立司法以及司法公正。

---

①［澳］杰勒德·布伦南：《是“为人民的法院”，不是“人民的法院”》，于秀艳译，载《人民司法》1999 年第 3 期。

② 樊崇义：《公信力理论研究的六个前提性问题》，载《人民检察》2009 年第 23 期。

二、司法公信力的具体表现

（一）司法公信力的意义

司法公信力的重要意义来自司法的重要性，“司法对于国家的意义而言，是秩序控制的重要手段，是国家的一项重要职能；司法对于社会而言，是分配和实现社会正义的重要渠道；而司法对于社会个体而言，是解决纠纷的裁判工具和权利保障的最后防线”[①]。如果司法不具有公信力和权威性，很难期待司法能够很好地履行秩序控制、实现正义、解决纠纷和权利保障的职责和功能。

司法公信力主要是一个中国语境下的问题。一方面，司法腐败、中国式冤假错案的频发不仅使公众失去了对实质公正的期待，而且引起了公众对司法权威、司法体制、司法程序等的质疑，正义不仅没有实现，甚至没有实现正义的过程也是以看不见的方式进行，这可归结为司法信用的缺失。另一方面，正是因为司法信用的缺失，当然地产生司法的信任危机问题。从 2008 年至 2014 年全国人大对“两高”报告表决情况来看（见表一），代表们对“两高”报告的赞成的比例总体是低于 80%，如果再把代表中官员和“精英”主导的因素考虑进去综合判断，[②]普通公众对“两高”报告的赞成的比例必然低得多。这也能在现实生活中找到佐证，“信访不信法”现象日趋常态化，并且逐步发展成为一种普遍社会心理。这种司法的信任危机如果任由发展，必然会导致公众对法治的信仰危机。[③]

法治的推进需要来自社会公众的合作以及司法的保驾护航，司法如果缺少公信力，法治社会建设的目标也就不可能实现，甚至会导致法治社会的倒退。另外，司法公信力的构建也有利于对司法效率的追求，公众（包括当事人）愿意与

① 李树民：《当代中国司法公信力建构的政治蕴含》，载《当代法学》2013 年第 6 期。

② 以九届人大和十届人大代表为例，工人农民的代表的比例，加起来是 2.89%和 5.44%，领导干部占 41.55%和 33.17%，企业家占 20.54%和 13.83%，专业人士占 19.64%和 18.36%。参见蔡定剑：《中国人民代表大会制度》，法律出版社 2003 年版，第 221 页。

③ 澳大利亚首席大法官杰勒德·布伦南认为：“法治取决于甚至可以说等同于法院的公信力”，“摧毁了公众对法院的信任，也就摧毁了法治的基础”。见［澳］杰勒德·布伦南：《是“为人民的法院”，不是“人民的法院”》，载《人民司法》1999 年第 3 期。

司法机关合作，支持和配合司法行为，可以节约司法资源、减少司法成本，司法效率自然就得以提高。

表一：2008—2014 年全国人大对“两高”报告表决情况

年份	表决方式	最高法		最高检	
		票数	所占比例	票数	所占比例
2008	赞成	2287	78%	2270	77%
	反对	521	18%	514	18%
	弃权	120	4%	142	5%
2009	赞成	2172	75%	2210	77%
	反对	519	18%	505	18%
	弃权	192	7%	162	5%
2010	赞成	2289	79%	2341	81%
	反对	479	17%	411	14%
	弃权	128	4%	147	5%
2011	赞成	2242	78%	2306	80%
	反对	475	17%	434	15%
	弃权	155	5%	130	5%
2012	赞成	2311	81%	2349	82%
	反对	429	15%	393	14%
	弃权	115	4%	112	4%
2013	赞成	2218	75%	2339	79%
	反对	605	21%	485	16%
	弃权	120	4%	121	5%
2014	赞成	2425	84%	2402	83%
	反对	378	13%	390	13%
	弃权	95	3%	108	4%

（二）司法公信力的具体表现

有学者把司法公信力的内在构成要素归纳为司法的判断力、司法的自律力、裁判说服力和司法约束力[①]，司法公信力不足可归因于这四个方面的缺失。司法的判断力主要是法官、检察官的遴选机制问题，司法的自律力主要是对司法行为的规范、制约问题，裁判说服力主要是司法的公开问题，司法约束力主要是司法的独立性问题。可见，司法公信力不足的原因正如习近平总书记在关于十八届三中全会《决定》的说明中所指出的那样，在很大程度上与司法体制和工作机制不合理有关。

理论研究也表明，尽管学者们更强调公众对司法信任的重要性，但也意识到"司法公信力缺少，很多情形下是制度公信力缺少引发的，必须通过制度改革才能有效提高"[②]，司法公信力的提高必然要回到司法公信力的客观层面——司法信用上来，"构建司法公信力的理想路径必然是一种法治化的路径，一种讲求规则的路径"[③]。"理性的司法以严格的形式化法律为基础，这种形式化的法律只有通过一整套制度才能得以实现制度的权威给人以形式上公平的感觉，同时还增加了司法在一定程度上的可预见性，因此更容易为现代人所接受。"[④]在政策层面的顶层设计便是如此，如十八届三中全会《决定》中明确了司法权运行机制、司法独立、司法公开以及司法民主等司法改革目标。下文拟从司法公开、独立司法以及司法公正三个方面展开分析。

1. 司法公开——司法公信力的前提

在法治社会，实现公平正义是司法的使命，但正义的实现也要以看得见的方式进行，"没有公开则无所谓正义"[⑤]。如果司法连形式上的正义性都不具备，自然不会赢得公民的尊重和信任。有学者认为，"在建设中国特色社会主义法治国家

---

① 关玫：《司法公信力研究》，人民法院出版社 2008 年版，第 84 页。
② 莫纪宏：《司法公信力的制度保障》，载《中国法律》2013 年第 3 期，第 9 页。
③ 钱大军：《司法公信力应当如何建构》，载《社会科学战线》2013 年第 3 期，第 222 页。
④［德］马克斯·韦伯：《经济与社会（上卷）》，商务印书馆 1997 年版，第 108－109 页。
⑤［美］伯尔曼：《法律与宗教》，梁治平译，三联书店 1991 年版，第 48 页。

的进程中，司法公信力被赋予了新的内容，而这些新内容必须通过司法机关和法官、检察官的司法行为这一载体来实现，因此规范司法行为是提升司法公信力的根本途径”①。司法公开使得司法权必须在阳光下运行，有利于遏制“权力寻租”，促使司法人员规范司法。另外，司法透明公开本身也体现对公民知情权、参与权、表达权和监督权的尊重，司法不透明公开很容易使公民产生司法暗箱操作的合理怀疑。司法制度以及司法行为不可能完美无缺，公民的参与、监督以及建议不仅有利于制度完善、行为纠正，也有利于公民对司法的理解和认同，从而实现司法公信力的提高。

但是，司法公开绝不能仅仅限于或主要是通过所谓的“开放日”来体现，它应当满足“依法、全面、实质、及时以及规范”②的要求。具体而言，第一，司法公开必须依法进行，为了维护国家利益或当事人以及相关人员的合法权益，法律规定不能公开的内容不予公开，如对于法律规定不公开审判的情形，案件的庭审就不得公开进行，这是司法公开的合法性要求；第二，除了法律规定的例外情形，应当公开一切可以公开的过程和内容，这是司法公开的广度要求，如2009年12月8日最高人民法院发布了《关于司法公开的六项规定》，明确了立案、庭审、执行、听证、文书、审务等司法过程和司法信息的公开；第三，司法公开不能局限于传统的司法过程公开，更应强调司法裁决的依据和理由的公开，务必使得司法公开具有实际效果，这是司法公开的深度要求，如2010年10月20日，最高人民法院为了落实《关于司法公开的六项规定》，制定了《司法公开示范法院标准》，建立了司法公开的考核评价机制；第四，司法公开应当及时，迟延的公开当然会引起公民的不信任，这是司法公开的时限要求；第五，司法公开的内容和程序必须制度化，不能是随意的、无序的，这是司法公开的制度化要求。围绕十八届三中全会《决定》确定的司法公开的目标，目前已经开始试点工作。例如，人民法院开始着力推进审判公开；对庭审进行全程同步录音录像并入卷存档；

① 高铭暄、陈璐：《略论司法公信力的历史沿革与实现途径》，载《法学杂志》2010年第7期。

② 公丕祥：《司法公开：提升司法公信力的重要保证》，载《中国党政干部论坛》2012年第7期。

增强裁判说理性，开设“中国裁判文书网”，逐步实现四级人民法院生效裁判文书上网等。

上述司法公开的要求对于检察公开同样适用。检察公开必须依法进行，要有广度、深度、及时以及制度化等要求。除了法律规定不能公开的以及公开不利于案件办理的情形外，都应当予以公开（包括特定案件的审查过程）；检察公开要形式与实质相统一，不立案、不逮捕、不起诉、不予提起抗诉决定书等检察机关终结性法律文书的公开不仅是司法决定本身的公开，还应公开作出决定的依据和理由；对于相关检察案件信息的公开要及时，保证当事人通过网络或其他方式实时查询举报、控告、申诉的受理、流转和办案流程信息；检察公开要建章立制，规范化、常态化。

2. 独立司法——司法公信力的保证

司法权能否独立行使，不仅影响案件的公正处理，也会直接影响公众对裁判结果甚至司法制度的信任。“如果法院能够使世人和自己相信，其做出的裁判并未受到各种有损于原则的社会联系的腐蚀，他的权威源于某种独有的权能。……为了坚持和维护这种权能，他必须把要求指向机构自治——司法独立。”[①]美国学者戈尔丁也认为，“解决纠纷的制度必须取得信任，否则无法生存。要取得信任，解决纠纷者就必须在当事人之间保持中立；他应当公正无私且不怀偏见”。[②]独立司法是中立的前提，裁决者要保持中立，司法权必须能够依法独立行使。司法只有不受任何不当因素的影响，才能做到只依据事实和法律，不偏不倚。唯有如此才能得到公众的信任和尊重。联合国 1948 年通过的《世界人权宣言》第 10 条明确规定，“人人完全平等地有权由一个独立而无偏倚的法庭进行公正和公开的审讯，以确定他的权利和义务并判定对他提出的任何指控”。

保证司法公信力的提高，独立司法不仅要求司法机关的独立（外部独立），

①［美］P. 诺内特、P. 塞尔兹尼克：《转变中的法律与社会：迈向回应型法》，张志铭译，中国政法大学出版社 1994 年版，第 163 页。

②［美］戈尔丁：《法律哲学》，齐海滨译，生活・读书・新知三联书店 1987 年版，第 242 页。

还要求司法人员的独立（内部独立）。对于司法机关的独立，最经典的描述来自法国著名的政治学家和法学家孟德斯鸠，“如果司法权不同立法权和行政机关分立，自由也就不存在了。如果司法权同立法权合而为一，则将对公民的生命和自由施行专断的权力，因为法官就是立法者。如果司法权同行政权合而为一，法官便握有压迫者的力量”①。在我国，宪法和法律规定外部独立主要指司法机关独立于行政机关、社会团体和个人。

我国独立司法的问题主要表现为司法地方化和司法行政化，一直以来依法独立行使司法权都是司法改革的关键问题。十五大报告中首次提出司法改革，司法改革作为加强法制建设一个方面的内容；十六大报告司法改革从加强社会主义法制建设中独立出来，成为政治建设和政治体制改革一个独立的组成部分，将司法改革的目标具体化；十七大报告提出深化司法体制改革；十八大报告提出进一步深化司法体制改革。在这四次人大报告关于司法改革的内容，我们发现有一个共同点，那就是司法权的独立行使问题：审判机关和检察机关依法独立公正地行使审判权、检察权，前三次是“保证”独立司法，而十八大要求“确保”独立司法，凸显独立司法在司法改革中的重要地位。

十八届三中全会《决定》明确了确保依法独立公正行使审判权检察权的具体举措。在外部独立方面，“改革司法管理体制，推动省以下地方法院、检察院人财物统一管理，探索建立与行政区划适当分离的司法管辖制度，保证国家法律统一正确实施。建立符合职业特点的司法人员管理制度，健全法官、检察官、人民警察统一招录、有序交流、逐级遴选机制，完善司法人员分类管理制度，健全法官、检察官、人民警察职业保障制度”。在内部独立方面，“改革审判委员会制度，完善主审法官、合议庭办案责任制，让审理者裁判、由裁判者负责。明确各级法院职能定位，规范上下级法院审级监督关系”。为了实现该《决定》中司法改革的目标，2014 年 6 月 6 日，中央全面深化改革领导小组第三次会议审议通过《关

①［法］孟德斯鸠：《论法的精神（上）》，商务印书馆 1961 年版，第 156 页。

于司法体制改革试点若干问题的框架意见》和《上海市司法改革试点工作方案》，从分别管理制、员额制、遴选机制、司法责任制、职业保障、省以下地方法院、检察院人财物统一管理等方面在东、中、西部选择上海等6个省市进行试点，积累经验。十八届四中全会《决定》细化并落实了十八届三中全会关于司法改革的顶层设计。该《决定》从完善确保依法独立公正行使审判权和检察权的制度、优化司法职权配置、推进严格司法、保障人民群众参与司法、加强人权司法保障、加强对司法活动的监督等六个方面将司法改革的目标具体化。

3. 司法公正——司法公信力的关键

公正是司法的价值要求和终极目标。司法权的公开、独立行使是司法的本质属性，有其独立的价值，但同时它们也是为了保障司法公正的实现。“当人们知道这些原则和规则将被一视同仁地适用于所有的人身上时，他们就情愿使自己的要求服从于这些原则和规则。这样做是符合人类尊严的，反之，如果他们被掌握着有组织社会的权力的人在没有法规的情况下，把每一件事情都当作一个特殊问题来处理，对他们任意加以践踏，他们是要坚决反抗的。”[①] 司法公正不仅体现对公众合法权益的保障，也体现对公众尊严的尊重。司法只有公正才能获得公众的信任，司法公信力才能得以实现。司法公正是实体公正和程序公正的结合，前者只要是指结果的公正，后者主要是指过程的公正。

习近平总书记2012年12月4日在首都各界纪念现行宪法公布施行30周年大会上的讲话提出“要依法公正对待人民群众的诉求，努力让人民群众在每一个司法案件中都能感受到公平正义，决不能让不公正的审判伤害人民群众感情、损害人民群众权益”。十八届三中全会《决定》中明确司法体制改革的具体目标，“深化司法体制改革，加快建设公正高效权威的社会主义司法制度，维护人民权益，让人民群众在每一个司法案件中都感受到公平正义”。十八届四中全会《决定》中再次予以明确。

---

①［美］罗斯科·庞德:《通过法律的社会控制法律的任务》，沈宗灵、董世忠译，商务印书馆1984年版，第26页。

三、司法公信力对检察权司法化的要求

早在古希腊，亚里士多德就指出法治的两重意义："已成立的法律获得普遍的服从，而大家所服从的法律又应该本身是制定得良好的法律。"[①] 法治应是守法和良法的结合，依法治国不仅需要好的法律，还需要公民对法律的信仰。司法具有公信力是公民守法习惯形成的必要条件，从这个意义上讲，提高司法的公信力是依法治国的必然要求，同时也是司法改革的目标。检察权的司法化不仅要实现司法民主、公正，亦要提高检察公信力。有的学者形象地用"色、象、味"来表示司法公信力应当呈现的特征，"色"即司法权运行的去行政化，让司法权按照司法的规律来运行，保证司法的本色；"象"即司法权运行要维护司法"中立、公平、公正"的形象；"味"即司法权的运行要注重法律、证据和程序，有司法的味道。[②] 这与国家政策层面对于司法公信力建设的顶层设计是高度一致的。检察权的司法化亦要具备"色、象、味"，这也是检察公信力的必然要求。

（一）司法公信力与检察权司法化的高度契合

检察权的司法性格决定检察权应当遵循司法规律来运行，但是，检察机关"行政化色彩相比法院有过之而无不及"[③]，其"去行政化问题是历年司法体制改革的重要目标和内容之一"[④]。检察权的司法化也就是为了恢复检察权本"色"，实现检察权行使与实现程序的正当性，强调检察权运行过程中各程序主体对程序的亲历性。在"色"上，检察公信力与检察权司法化高度一致。司法的"中立、公平、公正"是"象"的要求，同时又是程序正义的要素和目标。检察权的司法化要求检察官具有法律监督者和人权保障者的形象，既是法律的守护人，又是人权的捍卫者，如同法官一样，中立、公平、公正地行使权力、履行责任。司法公信力要

①［古希腊］亚里士多德：《政治学》（中译本），商务印书馆 1981 年版，第 199 页。
② 叶青：《司法公信力建设的"色、象、味"》，载《社会观察》2014 年第 7 期。
③ 叶青、陈海锋：《保障审判权检察权依法独立行使应厘定的若干关系》，载《中共中央党校学报》2014 年第 6 期。
④ 万毅：《刑诉法修改对检察制度若干理念的重塑》，载《检察日报》2012 年 10 月 22 日。

求司法具有法律、证据以及程序的味道，这同样也是检察权司法化的必然要求，严格遵循法定程序，以法律为准绳、证据为依据，客观公正地作出司法决定。可见，检察权司法化也可以说就是检察公信力的实现过程。

（二）司法公信力对检察权司法化的要求

1. 遵循司法规律，依法独立行使检察权

司法公信力要求作出判断的司法官能够独立地进行裁判以及进行判断的司法官必须具有司法理性和技能。对于检察权司法化而言，司法判断的载体是检察官，检察官要能够独立行使检察权。对于案件的审查判断，检察官“除了法律就没有其他上司”。具体而言，检察官在办案过程中既不受行政机关、社会团体和个人的干预，也不受检察机关内部非法定的、程序性的干预，真正做到“审查者决定，决定者负责”的权责统一。另外，检察官的司法决定直接关涉到公民利益的处分，作为裁判者的检察官素质高低直接影响到案件的质量，进而影响到司法的公信力。“人治论的柏拉图和法治论的德沃金一样绕不过优秀的人在构织人类秩序中无可替代的作用。”[①] 检察官既要具备司法理性又要具备司法技能，应是一个法律上的专家。为此，要求建立检察官的遴选机制，保证检察官的职业素质。

2. 公开、公平、公正行使检察权

司法公信力既注重司法的内在品质，亦不会忽视司法的外在形象。在检察权行使过程中，要能够体现检察官公平、公正的品格，维护公正是对检察官职业道德品质的必然要求。检察官“不仅要主持正义，而且要人们明确无误地、毫不怀疑地看到是在主持正义，这一点不仅是重要的，而且是极为重要的”[②]。从某种意义上，正义来自信任，没有信任，司法就沦为赤裸的强制和暴力。检察权的司法化进一步强化了检察官作为司法官的法律地位，检察官在职能上“法官”化，民众对其期待亦会愈来愈高，民众对其是否信任的重要性亦会日益凸显，如果民众

---

① 陇夫:《柏拉图与德沃金》，载《法制日报》2000 年 8 月 15 日。

② [英] 丹宁勋爵:《法律的训诫》，刘庸安、丁健译，群众出版社 1985 年版，第 76 页。

有理由怀疑检察官的职业操守、公正性和职业能力时，检察权司法化的基础必然受到损害，其正当性也会受到质疑。

3. 严格遵守法律，加强司法决定的权威性

司法决定应当具有终结性、确定力以及执行力，没有约束力的司法决定是对司法公信力的根本损害。司法公信力要求检察权司法化运行的处理结果具有“定纷止争”的效力。“定纷止争”是司法最原始、最基本的功能，不能够“定纷止争”的国家行为是不能称之为司法的。除了能够确定权利义务以外，检察机关的司法决定还须具有实质的确定力，当事人和检察机关均受司法决定约束，除法定情形外，不得再做相反的主张。但是，对于一个司法决定，只有确定力还远远不够，其还必须具有执行力。没有执行力，司法决定的权威性将荡然无存。如果公民权利得不到实际的保护，司法正义也就是空中楼阁，更谈不上司法公信力的实现。然而，司法决定的强制力并非等同于司法决定的权威性。司法决定的权威性还应包括公众信任和服从的内容，要取得公众的信任，除了审查过程检察官的公正无私之外，司法决定必须给出明确、充分的理由，做到以理服人。“按照人们的意愿对裁判的理由予以坦诚的陈述”①本身就是司法决定正当化的表现，不仅体现了司法公信力，还体现了民主、公开等法治精神。“解决纠纷的制度必须取得信任，否则无法生存。”②检察权的司法化必须建立司法决定“说明理由制度”，提高检察官的说理能力、建立说理后答疑制度以及不履行说理义务的责任追究机制。③

① 张志铭：《司法判决的结构和风格》，载《法学》1998 年第 10 期。
② [美] 戈尔丁：《法律哲学》，齐海滨译，生活·读书·新知三联书店 1987 年版，第 242 页。
③ 叶青：《审查逮捕程序中律师介入权的保障》，载《法学》2014 年第 2 期。

第四章　检察权司法化的实现方式

检察权的司法化从本质上讲是一种程序的司法化，即从行政审批模式向对审听证模式的转变。检察权的司法化就是指这种权力运行方式转变的动态过程，其实现的方式有两种，一是适度的司法化（非同一时空下的兼听方式）；二是彻底的司法化（同一时空下的对审听证方式）。适度的司法化在刑事诉讼法的修改中有明显的表现，但其并非检察权司法化运行的最优方式。从应然层面，检察权的司法化需要完成对审听证程序的构建，没有对审听证程序，司法公正、司法民主以及司法公信等价值的实现无法得到保障。当然，检察权实现彻底的司法化运行并非一蹴而就的，从现实层面看，必须在相关保障机制完善的基础上“立足于中国的刑事司法实际，合理配置资源，突出重点，逐步推进，最终形成具有中国样式的刑事诉讼程序的司法化构造”[①]。从发展的角度看，检察权司法化实现方式应是以听证方式为原则，以兼听方式为补充，兼顾公正与效率。

从我国检察改革的方向看，建立案件公开审查制度是其重点任务之一。2015年《检察改革意见》第40条明确规定，对“两类案件”即“有较大争议或在当地有较大社会影响的拟不诉、不服检察机关处理决定的申诉案件”建立主动或依申请公开审查制度。2015年《全面推进检务公开的意见》把公开审查列为完善、创新检务公开的首要方式，除了进一步明确《检察改革意见》第40条所规定“两类案件”实行公开审查以外，还明确对“五类案件”[②]探索实行公开审查。案件公开审查制度改革实质就是探索特定案件中检察权运行的司法化，以公开听证的方

① 左卫民：《司法化：中国刑事诉讼修改的当下与未来走向》，载《四川大学学报（哲学社会科学版）》2012年第1期。

② 探索实行公开审查的“五类案件”是指在案件事实、适用法律方面存在较大争议或在当地有较大影响的审查逮捕、羁押必要性审查、刑事和解等案件，提起抗诉的案件以及不支持监督申请的案件。

式对案件进行审查。在检察权司法化的两种实现方式中，对审听证方式应当是标准样态，本书主要以这种标准样态为中心展开分析、论证以及建构。

第一节　检察听证的哲理基础

一般认为，听证的理论基础是英美法传统中的“自然公正”和“正当程序”观念。听证的本意是“诉讼上应听取双方当事人意见的制度”[①]，专指“司法听证”。由于听证制度的民主价值，后逐渐被引入立法领域和行政领域，形成立法听证制度和行政听证制度。这三种听证的共同点是都要听取当事人或利害关系人的意见，不同的是立法听证不具有事件性的特点，其任务主要是提高立法质量而不是对特定的个案作出裁断；涉及处罚的行政听证虽有个案争端，但行政机关既是“裁判员”又是“运动员”，其本身就是利害关系人；而司法听证一般需要满足自然公正的基本要求，即司法机关不得作为自己案件的法官，且须在“两造兼听”的基础上作出裁决。在域外，司法听证的权力基础是法官的司法审查权，只有法官才可以主持司法听证。在我国检察机关也被视为司法机关，其法律监督职能赋予了对整个刑事诉讼实施监督的权力，在审前阶段实际上行使着域外法官的司法审查权。从理论上，我国的司法听证包括人民法院组织的听证和人民检察院组织的听证两种。在司法实践中，人民法院实施的司法听证有缓刑听证、执行听证、再审申诉听证、司法赔偿听证等；人民检察院实施的司法听证主要有不起诉听证（包括附条件不起诉听证）、审查逮捕听证、羁押必要性审查听证、民事监督听证等。为了与人民法院实施的司法听证相区别，我们可以把人民检察院实施的司法听证叫作检察听证，检察听证可以界定为人民检察院在作出涉及相关利害

① 丁煌：《论行政听证制度的民主底蕴》，载《武汉大学学报（社会科学版）》2001 年第 1 期。

关系人重大权益的决定以前，采用对审抗辩的方式进行审查，在对抗双方当事人举证、质证和辩论的基础上作出处理决定的程序。检察听证作为检察权运行司法化的实现方式可从认识论、价值论和人本论等方面得以证成。

一、检察听证的认识论基础

在我国，一直以来学者们都把辩证唯物主义认识论作为诉讼法学的理论基础，因为其是“指导人们认识客观世界的唯一科学的理论”[①]。一般而言，辩证唯物主义认识论包括三个基本要素：“一是可知论；二是实践是检验真理的唯一标准；三是追求客观真实。”[②]辩证唯物主义认识论认为认识就是人脑对客观世界的反映，在刑事诉讼中司法人员凭借证据认定案件事实就是一个认识的过程，是主观对客观的反映。如果两者相一致，这种认识即具有真理性。上述关于辩证唯物主义认识论的原理指导着刑事诉讼的进行，对刑事诉讼产生了巨大影响。既然客观世界是可知的，刑事诉讼的应然目标就是查清案件真相，并要求司法人员的主观认识能准确地反映客观现实。

但是刑事诉讼程序中的认识具有历史性、间接性、特定性的特点。[③]历史性是指诉讼认识都是对已经发生过的事实的认识，从本质上看是对历史事实的认识。间接性是指裁判者的认识不能通过其亲身感受案件事实形成，现代诉讼制度要求裁判者保持中立，与案件无涉，如果裁判者直接经历案件事实，则应回避，因此，裁判者必须借助证据来获得对案件事实的认识。特定性是指每个案件都是独一无二的，无法借助已知的其他案件事实来获得对该案件事实的认识，因为“要描述的事实乃是过去的事实，而过去的事实是不能再接受直接检验的。总之，我们不能简单地看它们是否符合已经独立地为人所知的现实，来检验历史陈述的

---

① 陈光中、徐静村主编：《刑事诉讼法学》，中国政法大学出版社 2002 年版，第 154 页。

② 陈瑞华：《刑事诉讼的前沿问题》，中国人民大学出版社 2000 年版，第 193 页。

③ 樊崇义：《刑事诉讼法哲理思维》，中国人民公安大学出版社 2010 年版，第 43－45 页。

正确性”[①]。由于裁判者与作为认识对象的案件事实之间存在明显的时空割裂，单靠裁判者的认识，是很难准确地反映客观现实。英美实行对抗制诉讼的重要原因之一是它们认为“对质和争斗是发现真象的最好办法”，英国法官戴维林曾说过：“英国人认为获得真象的最好方法是让各方寻找能够证实真象的各种事实，然后双方展示他们所获得的所有材料……两个带有偏见的寻找者从田地的两端开始寻找，他们漏掉的东西要比一个公正无私的寻找者从地中间开始寻找所漏掉的东西少得多。”[②]

检察权的行使亦是如此，在检察权行使过程中，检察官的认识活动包括两部分内容，一是案件事实，二是作出法律价值的评判。如果检察官只是进行单方性的书面审查，对案件的认识可能无法准确地反映案件的客观真实，也就无法作出准确的法律判断。因此，检察官的诉讼认识应当在当事人的参与下进行，一方当事人对证明对象的证明是在另一方当事人对该命题证伪的制约下进行的，该当事人对命题得到证明直接受到另一方当事人对其论据、论证的质疑、责难、检验，甚至遭受对方当事人对所证明命题的直接证伪。[③]采用这种抗辩式的检察听证，遵循了诉讼中对立统一的认识规律，不仅体现了对客观真实的追求，其本身又体现了程序的正义性。此外，检察听证中要求检察官的司法亲历性以及审查的直接言词性都体现了辩证唯物主义认识论的一般规律。

二、检察听证的价值论基础

从哲学层面，关于价值的本质有不同的认识，有愿望价值说、快乐价值说、兴趣价值说、感情价值说、纯粹理性说、手段价值说等。马克思主义哲学认为价值的本质是主体同满足其某种需要的客体的属性之间的一种关系，价值具有以下

---

①[英]沃尔什：《历史哲学》，何兆武等译，广西师范大学出版社2001年版，第11页。
② 转引自陈光中、陈海光、魏晓娜：《刑事证据制度与认识论》，载《中国法学》2001年第1期。
③ 吴宏耀、魏晓娜：《诉讼证明原理》，法律出版社2002年版，第34页。

特点：一是价值的客观性，任何价值的基础与源泉都是客观的；二是价值的实践性，只有通过实践，客体的价值才能得以实现；三是价值的社会历史性，价值受到社会历史条件的制约，具有时代性而非永恒不变。各种学说对价值本质的表述不同，但基本上都是围绕两个维度展开："一是作为手段合理性的价值；二是作为目的合理性的价值。"① 马克思主义哲学的价值论是建立在辩证唯物主义和历史唯物主义基础之上的，更能科学地、全面地揭示价值的本质及属性，是我国社会科学的基础理论之一。对于法律科学亦是如此，"从根本上看，任何法律制度的设计及应用都以实现一定的法律价值为基本点和归宿"。② 在刑事诉讼领域，学者们将"秩序、安全、正义、自由和效益等价值以不同的标准加以排列、组合，作为诉讼价值进入诉讼法学研究领域"③。如有的学者认为，在刑事诉讼程序的立法和实施中，法律价值体现为自由和安全。④ 可见，我国学者们在对刑事诉讼的价值追求上多倾向于其"目的的合理性"，无论是自由、安全，还是秩序、效益、正义，都是从刑事诉讼的实体目的的角度来认识刑事诉讼的价值的。这种"目的价值观"满足了主体生存、发展的最基本需求，从而使刑事诉讼制度的存在正当化、合法化。

但是作为价值主体的人的需求是发展性的、多样性的，受社会历史条件的制约，不同的时代，人的需求不同，随着社会的发展，人的需求也必然呈现出发展性的一面。同时，人的需求还具有多样性的特点，人对刑事诉讼制度的需求也绝不可能仅限于目的的正当性、合理性，刑事诉讼过程的正当性、合理性同样是人的需求体系中不可或缺的组成部分。这实际上是人对于"手段合理性"的需求，也就是对于刑事诉讼过程中的中立、平等、参与、公开等价值的追求。刑事诉讼的价值系统应当是有目的价值系统和过程价值系统共同组成的多元价值体系。⑤

① 樊崇义：《刑事诉讼法哲理思维》，中国人民公安大学出版社 2010 年版，第 112 页。
② 左卫民、高晋康：《诉讼价值论》，载《中国法学》1995 年第 4 期。
③ 樊崇义：《刑事诉讼法哲理思维》，中国人民公安大学出版社 2010 年版，第 140 页。
④ 左卫民、高晋康：《诉讼价值论》，载《中国法学》1995 年第 4 期。
⑤ 樊崇义：《刑事诉讼法哲理思维》，中国人民公安大学出版社 2010 年版，第 141 页。

检察权的行使同样不仅要满足人们对目的价值的需求，同时也要满足人们对过程价值的追求。行政审批式的办案方式即便能够满足人们对秩序、安全等价值的追求，也无法满足人们对公开、参与、平等等过程价值的需求。采用检察听证的方式行使检察权既可满足目的价值的需要，又可满足过程价值的需要。如听证程序要求检察官保持中立，与案件没有利益牵连，否则应回避，退出案件的审查；听证程序要求听证审查公开进行、听证结果公开宣告，接受社会监督；听证程序采用抗辩式对审方式，当事人平等对抗，检察官在当事人的举证、质证、辩护的基础上公正地作出决定。检察听证不仅要让正义实现，还要以看得见的方式实现。

三、检察听证的人本论基础

人本主义，“就是要求一切社会行动皆应有助于提升人的价值、拓展人的自由、推动人的全面发展、谋求人的全面解放”[①]。对于法律而言，“法之生成与消亡，系于人，因于人，由于人，法律以人为本源”。人不仅是法律的本源，也是法律成立的根据，法律最终根据的正当性在于，保障每一个人作为一个人他所应得之物：各得其份。[②]

就法律领域而言，人本主义主要体现为对人权的尊重和保障，2004 年的宪法修正案以及 2012 年的刑事诉讼法修正案均以法律的形式确认了这一条款。在刑事诉讼中，由于国家与公民个人两者的实力悬殊太大，公民的权利极易受到侵犯，因此在刑事诉讼中坚持人本主义理念就显得尤为重要。刑事诉讼中的人本主义精神，就是要在刑事诉讼中尊重和保障人权，尤其是犯罪嫌疑人、被告人的人权，以人为本，承认诉讼参与人的诉讼主体地位和诉讼权利，“反对将其物化、

① 胡铭：《刑事司法民主论》，中国人民公安大学出版社 2007 年版，第 126 页。
② [德] 考夫曼：《法律哲学》，刘幸义等译，法律出版社 2004 年版，第 293 页。

客体化、工具化”[①]。为了在刑事诉讼中真正实现以人为本，在观念上必须实现从犯罪控制转向权利保障与秩序整合并重[②]、从国家（社会）本位转向个人本位与国家（社会）本位并重[③]。反映在诉讼程序上，必须贯彻正当法律程序理念。正当程序的含义包括两个方面，一是程序需是法定的；二是法定的程序本身必须具有正当性。前一方面被称为形式的正当法律程序，后一方面被称为实质的正当法律程序。实质的正当法律程序是确定程序“善恶”的标准。在刑事诉讼中，实质的正当程序最基本的理念就是保障诉讼参与人的合法利益需求，制约国家权力的行使以防其对诉讼参与人的合法权益进行侵害。

检察听证符合程序正义的最低标准，抗辩式的对审听证体现了当事人对听证程序的参与、主持听证检察官的中立、当事人的平等对抗以及程序的及时和终结等特征。另外，检察听证程序的设计本身就是以权利为中心，如审查逮捕听证、羁押必要性听证，其目的就是限制对人身自由的强制性处分，体现对犯罪嫌疑人权利的关照。又如民事诉讼监督听证、诉讼参与人权利救济听证等直接体现了对当事人及其他诉讼参与人实体权利和诉讼权利的保障。可见，检察听证程序无论是直接突出当事人的程序主体地位，还是通过对侦查权等公权力的监督以及检察权本身的规范行使，防止当事人的合法权益被公权力侵犯，其都体现了人本主义精神，即对人权的尊重和保障。

---

① 樊崇义：《刑事诉讼法哲理思维》，中国人民公安大学出版社 2010 年版，第 166 页。

② 樊崇义等：《刑事诉讼法再修改理性思考》，中国人民公安大学出版社 2007 年版，第 20－23 页。

③ 樊崇义等：《刑事诉讼法再修改理性思考》，中国人民公安大学出版社 2007 年版，第 13－16 页。

第二节　检察听证的基本原则、范围以及主体

一、检察听证的基本原则

检察听证的基本原则是指贯穿于整个检察听证过程，对检察机关听证行为起指导作用的基本准则。主要包括公开原则、辩论原则和中立原则。

（一）公开原则

检察听证公开是指检察机关采用听证方式审查案件时，除涉及国家秘密、商业秘密或者个人隐私以及未成年涉嫌犯罪等案件外，可根据案件情况允许向社会公开，允许公众旁听。检察听证的公开既指形式意义上的公开，也指实质意义上的公开。形式意义上的公开是指听证的告知、听证内容的公开以及听证过程的公开；实质意义上的公开是指司法决定的公开，尤其是检察机关作出的终结性法律文书。通过检察听证公开，首先，体现了检察权行使的形式公正性，有利于提高司法决定的可接受性，“司法者就不应该通过黑箱作业来确定司法的结果，完全公开的程序有助于获得一个双方更容易接受的结局”①。其次，通过终结性法律文书公开，还能够对检察官的心证进行制约，防止其滥用权力，最终有利于实体公正的实现。再次，通过听证公开，有利于赢得公民的尊重和信任，从而提升司法公信力。最后，听证公开有利于实现司法的民主性，“刑事程序通过公开、透明的程序展示不仅使公众了解到国家权力的具体运作，也充分体现了刑事程序的民主化程度的不断加深”②。

---

① 贺卫方:《司法的理念与制度》，中国政法大学出版社 1998 年版，第 109 页。

② 宋英辉:《刑事诉讼原理》，法律出版社 2003 年版，第 133 页。

（二）辩论原则

辩论原则是指检察听证中在检察官的主持下，“控辩双方通过口头辩论的方式以维护各自的主张，而不仅仅是提供书面材料”①。辩论原则要求听证审查中必须坚持直接性、言词性而不能仅仅进行书面审查。第一，检察听证中，辩论原则内在地要求检察官亲历听证审查，有利于检察官心证的形成，准确地作出司法决定，同时对审双方通过举证、质证、辩论所进行积极对抗，本身就有利于揭示案件的事实真相。第二，辩论原则要求检察官只能根据经过言词质证的证据以及在听证程序中查明的事实为根据作出决定，而不能受任何其他因素的影响。第三，辩论原则客观上使当事人之间以及检察官与当事人之间能够进行“面对面”的沟通，与封闭式的单方审查相比，能够更有效地消除当事人的不满和误解，不仅有效维护了当事人的诉讼权利，还提高了司法决定的可接受性，提升了司法的公信力。

（三）中立原则

任何人不得担任自己案件的法官是自然公正理念的核心内容，是衡量一个程序正义与否的基本标准。作为裁决者，保持中立是最基本的要求，裁决者的中立性是诉讼过程公正和诉讼结果公正的前提和保障。没有中立，程序形式上的正义性就不复存在，结果的公正性也难以期待。对于检察听证而言，检察官的中立性显得尤为重要。比如就公安机关和检察机关的关系而言，由于追诉利益的一致性，检察机关在对公安机关进行监督时能够保持中立就是饱受质疑的一个问题。从司法实践看，两者是配合多于制约。以审查批准逮捕为例，根据最高人民检察院工作报告，2011 年、2012 年、2013 年的批捕率分别为 86%、89%、91%。②这种缺乏中立性的审查在有的地方完全表现为对公安机关侦查的配合，实行“构罪

① 叶青：《审查逮捕程序中律师介人权的保障》，载《法学》2014 年第 2 期。

② 以上数据是根据 2012 年、2013 年、2014 年最高人民检察院工作报告中的相关数据计算得出。见《历年最高人民检察院工作报告》，http://www.gov.cn/test/2008-03/21/content_925597.htm（最后访问日期：2014 年 11 月 1 日）。

即捕，一捕到底”的原则。相比较而言，如果逮捕的审查者能够保持中立，就不会出现 91% 的高批捕率，如我国台湾地区，羁押决定权由中立的法官行使，2010 年、2011 年、2012 年检察官声请羁押获准比例分别为 78.1%、81.4%、81.08%，[①] 与大陆地区相比低了 10 个百分点。在我国现行的法律框架下，逮捕的司法审查权由检察机关行使，检察机关应当切实履行客观义务，在具有司法属性的检察权运行中保持中立性，以事实为根据、法律为准绳居中裁断，否则检察权的司法化就失去了改革的意义，检察听证也就失去了存在的根据。

二、检察听证的范围与主体

检察听证既然是检察权司法化的实现形式，其范围应当与检察权司法化的范围一致，只有能够司法化的检察权才可以采用听证的方式的进行权力运行，但并非必须采用听证的方式，决定适用听证程序时要考量必要性和适度性。如检察机关在履行法律监督职能的过程中，发现有关机关的违法行为，可依法调查核实并径行作出纠正的决定即可，无需采用听证的方式进行。检察机关的司法化改革，不是根本性的制度变革，而是一种局部性调整。[②] 由于可以司法化的检察权能具有多样性，既有诉讼职能、诉讼监督职能，亦有司法救济职能，这就决定了听证程序的主体也随之不同，因此分析检察听证的范围与主体有利于合理地构建检察听证的具体程序。

（一）审查批准逮捕听证的范围与主体

1. 审查批准逮捕听证的范围

逮捕是我国刑事诉讼法规定的最严厉的强制措施，相当于西方的羁押，一旦逮捕获得批准或决定，对犯罪嫌疑人而言，就意味着被完全剥夺人身自由，并且

① 魏俊明:《检视我国对于被告侦查中羁押审查时间阅卷权之保障》，载《刑事法杂志》2014 年第 1 期。
② 龙宗智:《检察机关办案方式的适度司法化改革》，载《法学研究》2013 年第 1 期，第 181 页。

这种强制性处分一般会持续到法院作出生效判决。从法理上看，逮捕关涉到公民基本人权——人身自由权，对于逮捕的批准或决定属于国家重大的程序性行为，应当由中立的审查主体以司法的方式进行审查。目前域外无论是大陆法系还是英美法系传统的国家和地区，羁押的决定权专属于法院，且法院须采用听审的方式作出决定。我国《宪法》第37条明确授权检察机关对于逮捕的司法审查权，在短期内无法实现法院的司法审查，但是检察机关对逮捕的审查方式以及范围不应再有所不同。即检察机关必须采用听证的方式进行审查，且对于所有提请逮捕的案件皆应以听证方式审查，不能予以限制。

在逮捕审查的司法实践中，律师的介入效果明显，不捕率大大提升。北京市海淀区检察院对于提请逮捕的案件，在听取律师意见并对律师提供材料进行审查后，不捕率达到52%。[①]重庆市沙坪坝区检察院实行了律师介入未成年人案件的审查逮捕，制度实施半年后，未成年人刑事案件的不批捕率由19%大幅上升为51.8%，其中律师建议不捕的就占了67%。[②]但如果采用听证的方式，“让控辩双方公平对抗、相互辩论、共同质证、共同揭露案件的事实真相”，“双方都能充分发表自己的意见和看法，尤其对于被告方而言，把握机会证明自己无罪或罪轻并影响最终裁判的作出”，[③]则意义将更为重大。2012年上海市嘉定区检察院制定了《未成年人案件审查逮捕听证办法》并且正式实施，取得了很好的效果。鉴于我国目前的现实条件，把所有逮捕案件都进行听证审查不太现实，因此，在司法实践的基础上可先将未成年人案件、重大疑难复杂案件的审查逮捕纳入听证的范围，然后逐渐把所有案件的审查逮捕都适用听证审查。

2. 审查批准逮捕听证的主体

听证程序的构造如同审判程序一样，由控辩审三方组成，控方为侦查人员（可以是公安机关的侦查人员或检察机关的侦查人员），辩方为犯罪嫌疑人及其辩

① 林世钰：《北京市海淀区检察院：律师介入提升批捕质量》，载《检察日报》2009年2月4日。
② 刘卉：《重庆沙坪坝：律师介入未成年人案件审查逮捕程序》，载《检察日报》2009年10月26日。
③ 叶青、周登谅：《刑事审前司法听证制度的透析与前瞻》，载《法律科学》2004年第4期。

护律师，审方为检察机关的检察人员。三者之间的关系是，控辩两造对抗，检察人员居中裁判。根据刑事诉讼法关于刑事案件立案管辖的规定，公安机关、检察机关都承担侦查职能，对于公安机关侦查的案件需要逮捕而要听证审查的，听证主体为公安机关的侦查人员、犯罪嫌疑人以及公安机关同级检察机关的检察人员；对于检察机关自侦案件需要逮捕而要听证审查的，听证主体为检察机关侦查人员、犯罪嫌疑人以及上一级检察机关的检察人员。对于前一种，在形式上解决了羁押决定作出的中立性、独立性和外部性问题；对于后一种，在现行法律框架下，羁押决定作出的中立性、独立性和外部性皆不足，但相比以前检察机关侦查的案件在同一检察机关内部实现自侦、自捕，由上一级检察机关行使逮捕审查权，羁押决定的作出又具有相对的中立性、独立性和外部性。安徽省检察机关做过统计，自《关于省级以下人民检察院立案侦查的案件由上一级人民检察院审查决定逮捕的规定（试行）》实行开始，从 2009 年 9 月至 2012 年 6 月安徽省检察机关共决定逮捕 1536 件 1737 人，同比分别下降 9.7%和 8.91%。[①] 从某种意义上说，逮捕决定权上提一级还是具有相对合理性的。

值得注意的是，我国刑事诉讼法把刑事案件被害人定位为当事人，其不应被排除在听证程序之外。立法没有规定受害人在审查批准逮捕程序中的法律地位，根据刑事诉讼法理，人权保障虽主要是犯罪嫌疑人、被告人的人权，但也包括被害人的人权，其应当享有程序参与的权利。出于对被害人人权的保障，其应作为听证程序的主体，“在听证程序中，可以考虑通知或由被害人主动申请参加到其中，准许其对听证的议题发表意见和看法，最后由听证主持人结合控辩双方及被害人等主体的意见，依据有关法律的规定作出初步的裁决”[②]。

---

① 鲁建武、程纪念：《职务犯罪案件审查逮捕程序改革成效与完善建议——以安徽省检察机关的实践为例》，载《人民检察》2013 年第 9 期。

② 叶青、周登谅：《刑事审前司法听证制度的透析与前瞻》，载《法律科学》2004 年第 4 期。

（二）审查起诉听证的范围与主体

1. 审查起诉听证的范围

我国的起诉审查类似于域外的预审，从诉讼构造上看符合听证“三方组合”的要求，检察官也是基于客观中立的立场进行审查以决定是否提起公诉。由于审查起诉“且不直接导致定罪科刑的实体法效果，因此不是必须采取抗辩式起诉审查方式”。但如果涉及拟不起诉的案件以及重大、疑难、复杂且分歧较大的案件，有必要采用听证的形式，通过侦辩双方的积极对抗，更有利于发现案件真相，保证司法决定的正确性。对于拟不起诉的案件（主要是指酌定不起诉的案件），涉及对被追诉人作出终止追诉程序的决定，其中既牵涉检察官的自由裁量权的行使，又涉及对侦查机关和被害人指控犯罪所作出的出罪的实体性处理，“应当采用一种司法性程序来作出，以保证其实体的正确与程序的公正”①。

对于不起诉的案件，我国刑事诉讼法将之分为四种情形，一是法定不起诉；二是酌定不起诉；三是证据不足不起诉；四是未成年人附条件不起诉。法定不起诉是指对《刑事诉讼法》第 15 条规定的六种情形检察官必须作出不起诉决定。由于排除了检察官的裁量权，遇到上述情形，检察官必须径行作出不起诉决定，所以无需以听证的方式进行审查。酌定不起诉是指对于犯罪情节轻微，依照刑法规定不需要判处刑罚或者免除刑罚的，检察官根据起诉便宜主义作出的不起诉决定。可见，在酌定不起诉案件中，检察机关对于是否起诉具有一定的自由裁量权，不起诉的决定又关涉到侦查机关、被害人以及被不起诉人的利益，有必要采用听证方式进行审查。证据不足不起诉是指在案件二次退回补充侦查后，仍不符合起诉条件，检察官作出的不起诉决定。在此情形下，检察官必须作出不起诉决定，没有自由裁量的空间，也就没有必要进行听证审查。但如果检察机关对于退回一次补充侦查的案件，认为证据不足不符合起诉条件，拟作不起诉的案件宜适用听证程序进行审查以保证决定的正确性。根据《刑事诉讼法》第 271 条第 1 款，

① 龙宗智：《检察机关办案方式的适度司法化改革》，载《法学研究》2013 年第 1 期。

未成年人附条件不起诉是指对于犯刑法分则第四章、第五章、第六章规定之罪的未成年人，可能判处 1 年以下有期徒刑刑罚，符合起诉条件，但有悔罪表现的，人民检察院可以对其暂缓起诉的制度。在附条件不起诉中，检察官对于起诉与否享有一定的自由裁量权，且涉及未成年人、被害人以及侦查机关的利益问题，采用听证方式更有利于保障未成年人的诉讼权利，体现程序公正。

2. 审查起诉听证的主体

对于公安机关移送审查起诉的案件，审查起诉听证程序的主体包括公安机关的侦查人员、检察机关的检察人员、犯罪嫌疑人及其辩护人以及受害人及其诉讼代理人。检察官保持客观中立，在侦查人员、受害人及其诉讼代理人（控方）与犯罪嫌疑人及其辩护人（辩方）对抗的基础上作出司法决定。未成年人附条件不起诉听证的主体还应包括未成年人的法定代理人。如果是检察机关自侦案件侦查终结后移送审查起诉的案件，拟不起诉的听证程序主体包括：检察机关的侦查人员、上一级检察机关的检察人员、犯罪嫌疑人及其辩护人以及受害人及其诉讼代理人。此时上一级检察机关的检察官应保持客观中立，公正地作出决定。

（三）诉讼监督听证的范围与主体

1. 诉讼监督听证的范围

我国检察机关作为法律监督机关，不仅对刑事诉讼的所有阶段享有监督权，同时对民事、行政诉讼也享有监督权。但是诉讼监督听证程序的适用需要以诉讼化构造的存在为前提，因此，仅有检察机关与被监督机关两方构造的情形则不宜适用听证方式进行审查，如对于司法人员徇私枉法、收受贿赂的；同时，有的违法行为事实很容易查明，也不必要适用听证程序审查，如对于侦查机关违反法定程序的行为如依法应当录音或者录像而没有录音或者录像的以及犯罪嫌疑人拘留、逮捕、指定居所监视居住后依法应当通知家属而未通知的等等。就诉讼监督司法化的可能范围而言，立案监督听证、羁押必要性审查听证、民事、行政诉讼监督听证更具有典型性。就立案监督而言，不论是应立案而不立案、不应立案而立案的都会对公民合法权益产生影响，前者损害的是公民请求国家保护和救济的权利，后者则是国家滥用刑事追诉权直接侵害公民的合法权益；羁押必要性审查涉及公民基本人权的保护；民事、行政诉讼监督不仅涉及公民的合法权益，而且涉及法院裁决的权威性；刑事申诉案件同样不仅关涉公民的合法权益，还关涉检察院终结性的司法决定以及法院的生效刑事裁判。上述诉讼监督或涉及公民的基本权利，或涉及对检察院终结性司法决定以及法院生效裁判的审查，属于重大的程序决定事项，原则上应进行听证审查。

2. 诉讼监督听证的主体

诉讼监督听证的主体一般由控告人或申诉人、被控告的有关机关及其工作人员、检察机关的检察人员构成。立案监督听证主体为申诉人或控告人、公安机关以及检察机关的检察人员，如果是检察机关立案管辖的案件，听证审查一般应由上一级检察机关进行，这是听证程序对审查者相对中立性的基本要求。羁押必要性审查听证主体根据具体情况有所不同，我国公检法三机关在刑事诉讼中各管一段，侦查阶段的羁押由侦查机关负责，审查起诉阶段的羁押由检察机关负责，审判阶段的羁押由法院负责。审判阶段的羁押听证审查以及公安机关侦查阶段的羁押听证审查由同级的检察机关进行。审查起诉阶段的羁押听证审查以及检察机关自侦案件的侦查阶段的羁押审查一般应由上一级检察机关进行。对于民事、行政生效裁判的监督需要采用听证方式进行，听证主体为民事、行政诉讼的当事人以及检察机关，“不宜通知法院人员到检察机关说明情况，而应采取征求、听取意见的方式，以防止损害审判权威和审判的独立与中立性”①。刑事申诉听证主体因案件不同而有所差异，对于刑事生效裁判的申诉听证，听证主体为检察机关、申诉人、原案其他当事人以及原案承办人（承担公诉的检察官），如果案件经过复查，还包括原案承办人。对于检察机关终结性司法决定的申诉听证，听证主体为上级检察机关、申诉人、原案其他当事人以及原案承办人（作出终结性司法决定

① 龙宗智：《检察机关办案方式的适度司法化改革》，载《法学研究》2013年第1期。

的检察官），如果案件经过复查，还包括原案承办人。为了避免角色冲突，保证审查者的中立性，如果检察机关为当事人，则原则上应当由上一级检察机关担任审查人的角色。

（四）司法救济听证的范围与主体

1. 司法救济听证的范围

根据《刑事诉讼法》第47条和第115条的规定，辩护人、诉讼代理人对于公安机关、人民检察院、人民法院及其工作人员侵犯其诉讼权利时，当事人和辩护人、诉讼代理人、利害关系人对于司法机关及其工作人员侵犯了当事人及利害关系人的实体权利时，可向检察机关寻求救济。从上述审查事项的性质看，检察机关提供的这种救济本质上就是对于诉讼权利、实体权利被侵犯的司法救济，有争议性且能够形成两造对抗的诉讼构造，原则上应当适用听证的方式进行处理。但是如果事实清楚且争议不大的，也可直接作出处理决定。例如，对于采取强制措施法定期限届满，不予以释放、解除或者变更的情形，一般通过审查相关的诉讼文书如拘留证、逮捕证等，即可确定强制措施是否超过法定的期限，没有必要再进行听证审查。

2. 司法救济听证的主体

从刑事诉讼法的规定可以看出，辩护人、诉讼代理人诉讼权利被侵犯的司法救济听证的主体根据具体情况有所不同，如果是公安机关、人民法院及其工作人员阻碍依法行使诉讼权利，则行使审查权的是同级人民检察院，此时的听证主体由辩护人、诉讼代理人、公安机关、人民法院及其工作人员以及人民检察院组成。如果是人民检察院及其工作人员阻碍依法行使诉讼权利，则行使审查权的为上一级人民检察院，此时的听证主体由辩护人、诉讼代理人、人民检察院及其工作人员以及上一级人民检察院组成。当事人和辩护人、诉讼代理人、利害关系人对于司法机关及其工作人员违法行为侵犯当事人及利害关系人实体权利的司法救济听证主体的确定也是一样。如果是检察机关及其工作人员的侵权行为，则由上一级人民检察院行使审查权，其他司法机关及其工作人员的侵权行为则由同级人民检察院进行审查。

第三节　检察听证的具体程序

一、听证的启动程序

检察听证可以根据听证内容的不同分为依申请启动或依职权启动。依申请启动是基于当事人和辩护人、诉讼代理人、利害关系人等的申诉或控告而启动的听证程序。根据英美的自然公正和正当法律程序原则，任何对公民生命、自由和财产的剥夺、限制都必须经过正当法律程序作出，正当法律程序是指“按照各个法律制度中制定的规则和原则保护个人权利的行使的诉讼程序”①。根据该原则，公民应享有“在作出决定以前的合理时间内得到通知的权利；了解作出决定的内容以及根据的权利；为自己辩护的权利”②。正当法律程序的目的是保护公民的基本权利，实现权利对权力的平衡，所以无须赋予有关机关以听证申请权。对于检察听证亦是如此，公民应享有申请对其申诉或控告进行听证审查的程序性权利。检察机关依职权启动是指在当事人和辩护人、诉讼代理人、利害关系人不申请听证的情况下，出于重大利益的考虑而主动启动听证审查程序。例如，对于案件重大、复杂、疑难且事实不清的或者案件有较大影响的情形等，检察机关可以依职权启动听证程序。一方面，通过听证查明事实真相以作出公正的决定；另一方面，通过听证化解矛盾，承担社会冲突的减震功能，实现司法决定法律效果和社会效果的统一。

---

①《不列颠百科全书（第五卷）》，中国大百科全书出版社 1999 年版，第 430 页。

②［英］韦德：《行政法》，楚建译，中国大百科全书出版社 1997 年版，第 138－140 页。

对于侦查机关报请批捕或移送审查起诉的案件、当事人和辩护人、诉讼代理人、利害关系人申诉、控告的案件或者检察机关自侦的案件，承办案件的检察官进行审查后，认为符合听证审查的适用范围，应于3日内书面告知当事人和辩护人、诉讼代理人有申请听证的权利。被告知人应在收到书面告知之日起3日内向检察机关提出听证申请，可以是口头申请也可以是书面申请，逾期不提出者则视为放弃听证申请权。检察机关在收到听证申请后，3日内作出是否听证的决定并告知申请人，如果作出不予听证的决定的，必须书面说明理由。对于涉及公民基本权利的重大程序决定（如羁押或不起诉等），即使没有申请，检察机关亦可依职权启动听证程序。为了保障上述程序设计的有效实施，需要对现行法的相关规定进行修改和完善。例如，对于审查批准逮捕，刑事诉讼法规定检察机关审查的期限为7日，如果进行听证审查，显然无法满足程序的要求，笔者建议增加规定“如果是以听证方式进行审查的，审查期限延长至15日”。为保障听证程序有效进行，可规定相应的程序性制裁措施。例如，审查批准逮捕听证中，如果侦查机关不派员出席听证，则视为撤回逮捕申请；其他案件的听证审查中，有关机关或其工作人员不出席听证，检察官可在查明事实后迳行作出决定。

二、听证的准备程序

检察机关同意申请人的听证申请或依职权决定听证的，应自决定作出之日起3日内告知听证程序当事人听证的时间、地点、主持听证的人员等并进行公告，听证以及司法决定的宣告必须在法律规定的审查期限内完成。对于主持听证的人员，当事人可以认为其与案件有利益关系的，可向检察机关申请其回避；对于听证内容，如果涉及国家秘密、商业秘密或者个人隐私或是未成年人的，“可由检察院依职权或当事人申请不公开听证”[①]。

---

① 叶青：《审查逮捕程序中律师介入权的保障》，载《法学》2014年第2期。

对于主持审查人员的确定，应当坚持司法亲历性、“审”“判”合一的原则。具体而言，可以有以下几种形式。一是检察官独任审查，独任审查的范围一般是普通案件。二是检察官合议审查。目前检察机关正在试点实行主任检察官办案责任制，可由主任检察官和检察官组成“合议庭”，对重大、复杂、疑难案件以及民行抗诉案件进行审查。三是检察官与人民监督员合议审查。从2010年《最高人民检察院关于实行人民监督员制度的规定》(以下简称《规定》) 关于人民监督员“权力配置”以及“权力运行”的规定看，其很难实现制度创设的目的。从人民监督员“权力配置”看，对于人民检察院直接受理案件的监督意见仅具有建议的性质，《规定》第33条规定，人民监督员的表决意见由承办案件的人民检察院审查，检察长不同意人民监督员的表决意见，由检察委员会讨论决定。可见，人民监督员是很难进行有效监督的。从人民监督员“权力运行”看，人民监督员对案件的审查主要采用书面审查以及案件承办人介绍，《规定》第28条规定，人民监督员所接触的材料为拟处理决定（意见）书、主要证据目录、相关法律规定及有关材料，人民监督员甚至不能对证据进行审查，其表决意见的准确性很难期待。日本创设检察审查会制度以制约公诉权，我国人民监督员制度与之相似，但日本检察审查会的决定具有法律上的拘束力，能够直接启动公诉程序。另外，检察审查会可以委托律师为审查辅助员，并进行询问证人等直接言词调查，决议的公正能够得到较好的保证。相比较而言，日本的制度设计实效性更高。笔者以为，结合检察权司法化发展趋势，可以由检察官与人民监督员组成合议庭审查下一级检察院直接受理案件的批准逮捕、不起诉以及检察院或其工作人员侵犯当事人合法权益等情形。如此，既体现了检察民主，又保证了审查者的中立性和对检察权的有效制约。

三、听证的审查程序

听证程序开始时，书记员首先查明听证当事人到场情况，宣布听证纪律，告知听证当事人的权利和义务。主持听证的检察官向听证当事人告知“检察庭”的组成，如果是“合议庭”审查，应告知合议庭的组成人员，询问当事人是否申请回避。依照刑事诉讼法，检察官、书记员的回避由检察长决定，检察长主持听证时，其回避由检察委员会决定。人民监督员的回避可由检察长决定。

依申请启动的听证，审查程序的顺序为：申请人陈述听证请求以及事实和理由；其他当事人进行答辩；申请人举证，其他当事人质证，然后是其他当事人举证，申请人质证；出示检察机关依职权收集的相关证据，申请人和其他当事人质证；听证当事人发表辩论意见；听证当事人最后陈述。如果是依职权启动的听证，审查程序的顺序为：如果是侦查机关报请逮捕、移送审查起诉的案件，由侦查机关的侦查人员陈述逮捕、起诉的必要性及事实和理由，其他当事人陈述意见或答辩；如果是羁押必要性审查的案件，由相关机关的工作人员陈述羁押的必要性及事实和理由，其他当事人陈述意见或答辩；如果是当事人和辩护人、诉讼代理人、利害关系人的合法权益受到侵犯的案件，由被侵权人陈述侵权的事实，相关机关的工作人员进行答辩；然后进行举证、质证和相互辩论，最后由听证当事人作最后陈述。在证据调查过程中，检察机关基于法律监督职能而主动调查的证据也需要交由听证当事人质证。

需要注意的是，既然检察听证程序本质上是完全诉讼化的司法听证程序，听证审查的过程就是证明的过程，证据裁判原则当然也适用于听证决定的作出。“由于人类认识存在着未知领域，没有任何一种证明调查程序能够必然地查清所争议的事实。”① 当事实真伪不明时，裁判者不得拒绝裁判，此时裁判者可以通过证明责任的分配来对真伪不明的案件作出裁判。检察听证过程也需要进行证明责任的分配以便司法决定的作出。一般情况下，基于无罪推定原则，刑事诉讼的证明责任分配坚持“疑异时有利于被告”原则。据此，逮捕必要性、羁押必要性、起诉标准、侦查行为和司法行为的合法性等证明责任应当由公安机关、人民检察院和

① 宋英辉主编：《刑事诉讼法》，清华大学出版社 2007 年版，第 237 页。

人民法院承担。另外，在刑事诉讼中，控辩双方的取证能力悬殊巨大，被追诉人往往被采取强制措施，所以也不应要求被追诉人承担过高的证明责任。例如，在公安司法机关及其工作人员在刑事诉讼中侵犯当事人和辩护人、诉讼代理人、利害关系人的合法权益，只要被侵权人提供“相关线索或者材料”即可，检察官可以要求相关机关及其工作人员提供证明以证明其行为的合法性，也可以直接调查取证。

四、听证的评议与宣告程序

听证审查程序结束后，主持听证的检察官应宣告休庭，如果是采用“合议庭”形式审查的，听证即进入评议与宣告程序。如果是检察官独任审查的，检察官作出司法决定后，应报主任检察官审核；如果是主任检察官独任审查的，应报检察长审核；如果是检察长独任审查的，应报检察委员会审核。笔者认为，主任检察官、检察长或检察委员会的审核意见只能是建议性质的，不能直接改变原司法决定。司法规律要求司法具有亲历性、直接性、言词性的基本要求，“审”“判”合一也是新一轮司法改革“去行政化”的必然要求。采用“合议庭”审查的案件评议无须公开进行，评议时，如果出现意见分歧，应按照多数一致原则，少数人的意见计入笔录。如果案件重大、疑难、复杂，且合议庭意见分歧较大，可提请检察长决定交由检察委员会讨论，有的地方在主任检察官办案责任制试点中设立主任检察官联席会议帮助办案检察官“会诊”案件。[①]但无论何种形式，笔者认为其讨论意见仍只是具有建议性质，作出司法决定的权力和责任仍应由合议庭享有和承担。

司法决定作出后，要依法将其内容向听证当事人和社会公开宣告，这是听证公开的必然要求，也是司法民主的体现。根据案件的具体情况，可以当庭宣告或

① 谢佑平、潘祖全:《主任检察官制度的探索与展望——以上海闵行区人民检察院试点探索为例》，载《法学评论》2014 年第 2 期。

定期宣告。对于检察官独任审查的案件以及合议庭审查的案件对司法决定没有分歧的，一般可以在履行了报请审核程序后立即复庭宣告司法处理结果。重大、疑难、复杂的案件且合议庭有分歧的，可以另行确定日期宣告司法处理结果。无论案件是否公开审查，宣告一律公开进行，并书面告知听证当事人申请救济的权利以及救济的具体措施。

五、听证的救济程序

“无救济则无权利”，对于检察机关的司法决定不服，任何一方当事人均有权启动救济程序，理想的方式是由法院对检察机关的司法决定进行司法审查。但在我国现行法律框架下，短时间内还不可能完全实现，根据刑事诉讼法，当事人可以向作出决定的检察机关或者上一级检察机关申诉或申请复议、复核，在法定情形下，还可以向法院寻求救济。具体而言：

一是向作出决定的检察机关申诉或申请复议。例如，《刑事诉讼法》第 90 条规定，公安机关不服检察机关不批准逮捕决定，可以要求复议。《刑事诉讼法》第 93 条规定，羁押必要性审查，其具有独立存在的价值，但从某种意义上看，也为被追诉人不服检察机关逮捕决定提供了救济途径，在检察机关批准逮捕后，被追诉人可以申请检察机关进行羁押必要性的持续性审查。《刑事诉讼法》第 175 条规定，公安机关不服检察机关不起诉决定的，可以要求复议。《刑事诉讼法》第 177 条规定，被不起诉人不服检察机关酌定不起诉决定的，可向检察机关申诉。

二是向作出决定的检察机关的上一级检察机关申诉或申请复核。例如，《刑事诉讼法》第 90 条规定，公安机关对于检察机关不批准逮捕决定的复议意见不服的，可以向上一级检察机关提请复核。《刑事诉讼法》第 175 条规定，公安机关不接受检察机关不起诉决定的复议意见的，可向上一级检察机关提请复核。《刑事诉讼法》第 176 条规定，被害人不服不起诉决定的，可向上一级检察机关申诉。

三是直接向法院提起诉讼。《刑事诉讼法》第 176 条规定，被害人对于检察机关不起诉决定不服的，可向上一级检察机关申诉，上一级检察机关维持不起诉决定的，被害人可以向法院提起诉讼；被害人也可以不经申诉，直接向法院提起诉讼。

对于经过检察听证程序作出的司法决定不服，亦可依据上述规定启动救济程序。因为司法决定并无二致，所不同的只是检察权运行方式不同。另外，刑事诉讼法在救济权的配置上既不平等，也不全面。应规定听证当事人享有平等的复议、复核申请权，同时规定审查逮捕、审查起诉以外其他案件的听证审查，如果当事人对检察机关的司法决定不服，均可申请复议、复核。需要注意的是，检察权司法化并非一味追求程序公正而不顾效率，为了平衡对二者的追求，可以规定，如果同一案件已经经过听证审查的，复查时可以不再进行听证审查。

第五章　检察权司法化的保障措施

检察权司法化改革需要完成两项基本任务：一是塑造一线责任主体，二是引进对审听证程序要素。塑造一线责任主体意味着办案检察官能够独立行使检察权，权责统一；对审听证程序则要求形成“三方组合”的诉讼构造。[①] 上述任务的实现需要其他制度的支持和保障：检察权的独立行使为检察权的司法化提供主体上的保障，检务公开为检察权的司法化提供程序上的保障，律师帮助权的完善为检察权的司法化提供诉讼构造上的保障，检察庭的设立为检察权的司法化提供物质上的保障。

第一节　检察权的独立行使——检察权司法化的主体保障

在新一轮的司法改革中，检察改革也是其中重要的组成部分。与审判机关相比，在对外关系上，由于检察机关对职务犯罪的侦办职能，其受到党政机关的干预更多，甚至被人们视为地方行政机关的组成部分。在对内关系上，检察权的运行完全行政化，办案检察官须接受办案部门负责人、检察长或检察委员会、上级检察机关层层束缚。与采用现代司法制度的国家相比，我国的检察权运行应可归于最缺乏独立性的行列。司法地方化、行政化的弊端在检察权的运行中一览无遗。可见，确保检察机关实现依法独立公正行使检察权是检察改革的核心问题之一。

---

① 龙宗智：《检察机关办案方式的适度司法化改革》，载《法学研究》2013 年第 1 期。

一、我国检察权独立行使的内涵

我国宪法、人民检察院组织法和刑事诉讼法中都明确规定检察权依法独立行使，不受行政机关、社会团体和个人的干涉，党的文件也一再强调，十八届四中全会《决定》再次明确要求“完善确保依法独立公正行使审判权和检察权的制度”。从宪法和法律的意旨看，检察权独立行使是指外部独立，“即检察权运行过程遵循自身的规律而不受外部的非法干涉”①。从学理上，我们可以分为外部独立和内部独立。前者即指我国宪法和法律的规定的检察独立，包括检察机关的独立和检察官的独立；后者则涉及上下级检察机关之间以及检察机关内部各权力行使主体之间的关系。检察权的内部独立性受到较大限制，上下级检察机关基于检察一体化而形成的检察机关集体独立，“检察权的行使保持整体的统一，不受外来势力，特别是来自现实的政治力量的不当影响，进而实现维护公共秩序和尊重基本人权的国家目的”②。在这种情况下，下级检察机关的独立性受到限制，我国宪法把上下级检察机关之间的关系定位为领导和被领导的关系，《高检规则》规定了上级检察机关对下级检察机关的决定享有撤销权和变更权，上级检察机关的决定下级检察机关也应当执行。在大陆法系中，“检察一体”下检察官职权的行使仍有较大的独立性，“检察官是以自己的名义并由自己负责来处理分配给自己的检察事务的”③。我国检察机关内部办案实行三级审批制的行政化管理，从制度层面，检察官在检察机关内部的独立性仍没有正式确立。

从应然层面，检察权独立行使应包括内部独立。就检察机关之间的关系而言，在案件办理中，各级检察机关应当具有相对的独立性，这是检察权司法属性的必然要求，“案件事实的认定、证据采信以及案件的处理，必须符合亲历性规律的要求”，“上级检察院领导下级检察院的方式只能包括部署工作，政策

① 龙宗智：《论依法独立行使检察权》，载《中国刑事法杂志》2002 年第 1 期。

② 董潘舆：《日本司法制度》，中国检察出版社 1992 年版，第 191 页。

③［日］伊藤荣树：《日本检察厅法逐条解释》，徐益初等译，中国检察出版社 1990 年版，第 44 页。

性指导，重大事项决策，培训、业务考核和检查督促”。[①] 除此之外，各级检察机关独立行使检察权。此外，在检察机关内部，检察官在检察权的行使上也应当具有相对独立性。检察官在进行逮捕审查、起诉审查、诉讼监督以及提供司法救济的过程中，检察官实际上是以独立、客观、中立的立场对事实和证据进行审查并作出决定的。此时，检察官实际上行使着类似于域外法官的司法审查职能。检察官在大陆法中被称为“独立官厅”，具有相对独立的性质，这“对保障检察权的行使及绝对公正，不受其他势力操纵，以及检察官的职务行为必须直接产生确定的效力，都是必不可少的。检察官的这种准司法性质，从职务的内容看是理所当然的”[②]。保障检察官独立行使检察权，其目的是通过排除干预，让检察官能够以事实为根据，以法律为准绳客观地作出判断，实现司法公正。

二、检察权独立行使与检察权司法化的关系

检察权的独立行使与检察权的司法化关系密切，一方面，检察权的独立行使是检察权司法化的前提和保障，没有检察权的独立行使，检察权就无法实现实质意义的司法化，当然也无从实现检察权司法化的价值目标；另一方面，在法律制度层面和司法实践层面检察权司法化的趋势又要求检察权能够独立行使，客观上形成了一种倒逼机制，促使检察权运行进行去地方化、去行政化的改革。

上述两项内容体现了当前检察改革的两个核心问题，一是宏观层面的体制改革问题，二是微观层面的机制改革问题。检察权的独立行使关涉到不同的权力主体之间的权力分配，是关于检察权的整体性安排。检察权的司法化则属于检察权的运行机制改革问题，主要体现在技术层面，实际上就是检察官具体办案方式的

① 向泽选：《新时期检察改革的进路》，载《中国法学》2013 年第 5 期。
②［日］法务省刑事局编：《日本检察讲义》，杨磊等译，中国检察出版社 1990 年版，第 18 页。

改革。相比较而言，宏观层面的体制改革是核心、是根本，“机制改革实效可能会因为其所依赖的体制而受到减损，甚至可能因为体制原因而导致异化，无法发挥实效”，“对于机制改革，则应当在体制改革的背景下进行，与体制改革相适应，是体制改革的重要内容，并构成体制改革成功的重要保障”。①

司法实践的经验和教训表明，不解决检察官职权行使的独立性问题，检察权就无法司法化运行。我国于1999年开始“还权检察官”的改革，在全国范围内推行主诉检察官办案责任制。由于主诉检察官检察权独立行使的范围仅限于公诉，不能涵盖检察官其他权能的行使，2000年5月最高人民检察院办公厅颁发了《关于在检察机关侦查部门开展主办检察官办案责任制试点工作的意见》，在检察机关侦查部门试行主办检察官办案责任制。但是这两项改革尝试最终无疾而终、不了了之。主诉检察官改革失败的主要原因是权责利不统一，检察官权力打折扣，责任增大，利益没增加。主办检察官改革失败的原因在于违反侦查规律以及刑事诉讼法的规定，具体而言，侦查活动更需要侦查小组集体的智慧，甚至需要上下一体来完成侦查任务，主办检察官违背侦查规律。在侦监部门实行主办检察官制失败的原因是与法律相冲突，根据刑事诉讼法的规定，审查批准逮捕决定权由检察长行使，检察官无权行使。归结起来，上述改革的失败还是检察官在职权行使中的独立性问题。主诉检察官办案责任制的失败一方面是在办案过程中并没有真正实现权责的统一，主诉检察官大都被“遥控”；另一方面又缺少独立行使职权的相关保障，只讲责任不提利益，检察官的积极性受挫。主办检察官办案责任制的失败一方面是因为厘清各种检察权能的性质对检察官独立性的要求；另一方面是受制于现行法律制度对于权力的分配。相应地，在上述改革阶段推行的检察权司法化运行的尝试也大多流于形式。例如，办案检察官组织逮捕的听证审查，侦查人员、犯罪嫌疑人及辩护人、办案检察官组成了“控、辩、审”的三角结构，“控、辩”两造对抗，检察官居中裁断，听证过程中还会邀请人大代表、

① 陈卫东:《司法改革背景下的检察改革》，载《检察日报》2013年7月23日。

政协委员、特约检察员等作为听证监督员参加，听证结束后，办案检察官并非自行定案，仍然提请部分负责人审核、检察长决定。检察权的司法化徒具其形，不得其实，反有“作秀”之嫌。综上可知，检察权司法化的成效实际上取决于检察官能否独立行使检察权。

三、主任检察官办案责任制改革与检察权司法化的契合

（一）主任检察官办案责任制与检察官独立

2013年年底最高人民检察院发布《检察官办案责任制改革试点方案》，在2014年1月至12月试点开展以主任检察官制度为主要内容的检察官办案责任制改革。检察官办案责任制本质上就是权责的统一，谁办案谁负责，这也是世界各国的通例。这种责任制的前提是检察官的独立，如果检察官在办案过程中不能独立地行使职权，要其承担行为或结果责任就缺乏正当性。我国开展的检察官办案责任制改革的目标是以主任检察官办案单元来代替检察机关内部科层式的行政管理结构，实现去行政化的“扁平式”管理，其实质就是还权给检察官，让检察官成为有职有权、相对独立的司法官。

从改革方案和试点情况来看，主任检察官制和检察官独立是不能画等号的。主任检察官办案责任制突出的是主任检察官的办案独立性，“在坚持检察长、检委会对重大案件、重大事项的领导和组织指挥的前提下，赋予主任检察官与其履职相对应的执法权限，特定情形下，对重大、复杂、疑难案件以外的其他案件，检察长可以授权主任检察官决定和处理，包括部分审查逮捕、审查起诉、民事抗诉案件”①。在上海市闵行区人民检察院的改革试点中，办案责任制有两种模式：一是主任检察官对组内检察官承办的一般案件行使审批权，主任检察官可以更改办案检察官的决定；二是主任检察官直接承办的疑难复杂案件，主任检察官提出

① 郑青：《关于检察官办案责任制的几点思考》，载《检察日报》2014年1月8日。

意见后交分管检察长审批或依法提请检察委员会讨论决定。[①] 检察长和检察委员会当然可以更改主任检察官的决定。上海市人民检察院检察长陈旭则认为，如果主任检察官不同意组内检察官的处理意见的，不能直接改变决定，主任检察官的意见仅具有建议性质，但主任检察官有权提交检察长决定。[②] 可见，在上海市的改革试点中，检察官实际上是不独立的，甚至主任检察官也是相对独立的。这与域外实行主任检察官制度的国家以及我国的台湾地区都是大相径庭的，如在我国台湾地区，检察官才是办案主体，检察官皆为独立之官署，办案权和定案权归于统一，检察官——主任检察官——检察长之间不是服从关系，主任检察官承担一定的管理、监督和协调之责，但其决不享有对检察官所办案件的决定权。台湾地区“地方法院及分院检察署处务规程”第 26 条第 2 款规定：“主任检察官与检察官有不同意见时，应报请检察长核定之。”但是，检察长也不能直接改变检察官的决定。如果检察长不同意检察官的决定，只能通过沟通、劝告、说服的方式，如果检察官仍坚持自己的决定，检察长可以行使法定的职务收取权和移转权，将该案件收回由自己承办或转交由其他检察官承办。通过这种方式来实现检察一体和检察独立的平衡：检察长的意见和决定得到贯彻又不强行改变承办检察官的意见。[③]

（二）对主任检察官办案责任制的质疑

从主任检察官办案责任制改革伊始，学者们就担心改革的结果仍然是变相的三级审批制，即原先由部门负责人审核，而现在由主任检察官来审核。如果主任检察官制度这样运行的话，就偏离了检察权去行政化这个改革的初衷了。用主任检察官制来代替原先的科层式结构，对于改革目标而言只具有形式意义，最关键的是要厘清检察官、主任检察官、检察长或检察委员会在检察权行使上权力和责

① 潘祖全：《主任检察官制度的实践探索》，载《人民检察》2013 年第 10 期。
② 陈旭：《建立主任检察官制度的构想》，载《法学》2014 年第 2 期。
③ 万毅：《主任检察官制度改革质评》，载《甘肃社会科学》2014 年第 4 期。

任以及三者之间的关系，既能保证检察官独立行使检察权，又能监督检察官防止其滥用职权。

在主任检察官的定位上，应定位为办案组织，具体办案主体既可以是检察官“独任制”，也可以是检察官“合议制”，无论是哪种形式的“作战单元”，都要具备职权行使的独立性，能够行使对所办案件的决定权，实现办案与定案的统一，做到有责有权。主任检察官不能实行首长负责制，剥夺承办案件检察官的定案权，否则最后仍将沦为有违司法规律的行政审批制。但从上述改革的试点情况看，仍然是按照上述逻辑在检察官、主任检察官、检察长之间配置权力的。主任检察官作为“主任检察官组（或办公室）”的首长，享有指导办案、组织案件讨论、决定案件处理的权力。[①] 主任检察官有权对组内办案检察官的处理意见进行审查，如果不同意检察官的处理意见，可以提出意见或直接改变检察官的处理决定，即便有的地方试点方案规定主任检察官不得直接改变检察官处理决定的，仍赋予主任检察官提请检察长决定的权力。不论是哪一种模式，最后的结果都是办案检察官只有办案权而没有定案权。可见，主任检察官制度改革虽然在办案机制上抛弃了科层式结构，否定了部门负责人的审核权，但同时又把这种权力赋予了主任检察官，虽然这次改革明确了主任检察官对特定案件的决定权，但实际上只是将三级审批制变为二级审批制，其本质上仍是“新瓶装旧酒”。

主任检察官办案责任制改革不能有效解决检察官独立和对检察官监督两者之间的平衡问题，在大陆法国家主要体现为检察独立和检察一体之间的平衡问题。主任检察官办案责任制改革是一个整体性改革，除了明确主任检察官的职责范围，还需要明确办案检察官、检察长以及检察委员会的职责范围，他们之间的关系界定最终的落脚点是检察官办案的独立性，主任检察官、检察长以及检察委员会应在尊重检察官独立性的基础上监督检察官办案，保证检察权行使的统一性和集中性。在目前的改革试点中，在三者的关系上，虽然办案检察官被赋予一定

① 陈宝富:《探索主任检察官办案组织制度》，载《检察日报》2013 年 4 月 2 日。

的决定权，但是终极的决定权仍然掌握在检察长或检察委员会手中，“审者不定，定者不审”的问题仍没有得到解决。我们可以借鉴大陆法国家的相关经验，通过明确检察长的职务收取权和移转权来监督检察官案件的办理。根据案件的复杂、疑难、影响程度，将一般案件由检察官或主任检察官独自承办，检察官承办的，主任检察官有审查权和异议权，不同意承办检察官意见的，主任检察官可提请检察长决定，检察长不同意承办检察官意见的，可行使收取权和移转权。对于疑难、重大、复杂或影响大的案件，可由主任检察官牵头组成“合议庭”办理，“合议庭”作出决定后报检察长审查，检察长不同意“合议庭”意见的，可行使收取权和移转权。如此设计，既保证检察官独立行使职权，又有对检察官办案的监督机制，做到检察一体和检察独立的平衡。

（三）检察权司法化与主任检察官办案责任制改革的契合

主任检察官办案责任制改革的目的是实现检察权独立公正行使，检察权的独立、公正行使也离不开检察官办案的亲历性。这些特征反映出检察权行使的司法属性。从这个意义上，检察权司法化和主任检察官办案责任制改革可以说是殊途同归。一个是进行运行机制改革以体现检察权的司法属性，一个是进行检察体制改革以体现检察权的司法属性。主任检察官办案责任制改革为检察权的司法化改革提供保障，而检察权的司法化改革又反过来对主任检察官办案责任制改革提出要求，要求其符合司法规律。相比较而言，我国检察权体现出内容复杂、性质各异的特点。内容复杂是因为我国的检察机关的职能并不限于公诉以及特定案件的侦查，还包括诉讼监督职能以及司法救济职能，这些职能包括域外由法院专属的逮捕批准权、羁押审查权以及程序权利和实体权利被侵犯的救济权。性质各异是因为检察权能中既有程序性权能又有实体性权能，如诉讼监督职能体现了检察权的程序性，即程序决定权；司法救济职能则体现检察权的实体性，即实体决定权。这些差异对于检察权的司法化的范围产生影响，检察权的司法化只能是有限的司法化。检察权司法化的有限性也要求主任检察官办案责任制改革不能“一刀切”，而应当区别对待。

对于职务犯罪的侦查而言，由于侦查更注重效率，因此可实行主任检察官负责制，主任检察官领导侦查并对组内检察官的案件处理享有决定权。为了防止主任检察官的权力过大而导致滥用，“启动或终结诉讼程序、采取人身性强制措施、采取技术性侦查手段等决定权仍应由检察长行使”[①]。

对于其他司法属性的检察职能而言，可实行办案检察官负责制或“听案合议制”[②]。一般案件采用检察官独任制，重大、复杂、有社会影响的案件采用“合议制”。办案检察官负责制中检察官享有案件处理的决定权，主任检察官没有否定权，只有审核权和异议权。“听案合议制”是类似于法院合议庭的办案组织，采用多数一致的决议机制。不论是检察官独任还是“合议制”，办案组织都享有最终的决定权，检察长也没有否定权，如果认为必须改变办案组织的处理决定，其可以行使职务收取权和移转权。

赋予办案组织以决定权是司法亲历性的当然要求，检察权的司法化要求“审查者裁判，裁判者负责”。考虑到现行法律对检察长和检察委员会职权的规定，还可采用折中的方案，即检察长或检察委员会委员在参加相关案件听证程序的前提下，可以改变办案组织的处理决定。上海市徐汇区人民检察院在不起诉听证程序中尝试通过视频网络向检委会委员直播听证程序的全部过程，检委会在听证的基础上作出决定。[③]这种做法兼顾现行法律规定和司法规律，在一定程度上增加了司法决定的正当性和公信力。

① 陈旭：《建立主任检察官制度的构想》，载《法学》2014 年第 2 期。

② 谢佑平、潘祖全：《主任检察官制度的探索与展望——以上海闵行区人民检察院试点探索为例》，载《法学评论》2014 年第 2 期。

③ 孙爽、屈灵玲：《徐汇：不起诉司法化的新路径》，载《检察风云》2013 年第 24 期。

第二节　检务公开——检察权司法化的程序保障

一、检务公开的内涵及价值

（一）检务公开的内涵

作为一项提高检察机关司法公信力的改革，检务公开制度自1998年就开始推行。1998年最高人民检察院发布《关于在全国检察机关实行“检务公开”的决定》，要求全国各检察机关推行“检务十公开”；1999年最高人民检察院又发布《人民检察院“检务公开”具体实施办法》，通过“检务公开”实施的程序化、规范化，进一步推动“检务公开”的深入实施。2000年和2005年最高人民检察院制定了《检察改革三年实施意见》，均明确提出进一步深化“检务公开”，要求拓展“检务公开”的范围、方式和途径。2006年最高人民检察院在总结各地检察机关“检务公开”实施情况的基础上，印发《关于进一步深化人民检察院“检务公开”的意见》，明确实施“检务公开”的基本原则，提出充实“检务公开”的具体内容、拓宽检务公开渠道、建立健全相关工作制度并加强组织领导的具体要求和举措。2013年最高人民检察院制定了《2014—2018年基层人民检察院建设规划》，提出“深入推进检务公开”的目标①。为贯彻、推进十八届三中全会、四中全会的《决定》，2015年2月15日最高人民检察院正式印发实施修订后的《检察改革意见》，提出“构建开放、动态、透明、便民的阳光检察机制，进一步深化检务公开”的具体任务。2015年《全面推进检务公开的意见》，系统地提出了检务公开的制度框架，包括总体要求、内容、方式和方法、机制建设以及组织领导和工作落实五个方面，标志着检务公开制度的成熟与完善。

---

① 细化执法办案公开的内容、对象、时机、方式和要求，健全主动公开和依申请公开制度；执法依据、执法程序、办案过程和检察机关终结性法律文书一律向社会公开（法律规定需要保密的除外）；坚持和完善检察开放日、案件公开审查、人民监督员等制度，切实保障人民群众对法律监督工作的知情权、参与权和监督权。

在2006年《最高人民检察院关于进一步深化人民检察院“检务公开”的意见》中，检务公开被界定为“检察机关依法向社会和诉讼参与人公开与检察职权相关的不涉及国家秘密和个人隐私等有关活动和事项”。从制度层面看，检务公开具有法定性、充分性、广泛性和拓展性的特点。法定性意味着检务公开是检察机关的义务，其必须按照法律和司法解释的规定对检务活动进行公开，否则就应当进行责任追究；充分性是指除涉及国家秘密和个人隐私等原因外，对于依法应公开之活动或事项，应当充分公开，不得进行选择性公开；广泛性是指检务公开不仅要面向有利益关涉的诉讼参与人，也要面向整个社会；拓展性是指检务公开的内容、范围、方式和途径并非一成不变的，其应随着国家法治的发展不断拓展和完善。

（二）检务公开的价值

1. 权利保障

检务公开的理论基础是“公众的知情权和政府的信息公开义务”①。在法治国家，知情权是作为公民的一项基本人权，相关的国际人权公约均规定此项权利，如《世界人权宣言》第19条规定：“人人有权享有主张和发表意见的自由；此项权利包括持有主张而不受干涉的自由，和通过任何媒介和不论国界寻求、接受和传递消息和思想的自由。”《公民权利与政治权利国际公约》也有类似的规定。②我国宪法里没有直接规定公民的知情权，但《宪法》第2条第1款明确规定，中华人民共和国的一切权力属于人民。从逻辑上分析，既然国家的管理权属于人民，人民当然享有对国家管理过程和相关事项的知情权，检务活动及相关事项也不例外。“检务公开是基于公民知情权而产生的检察机关信息公开的一项基本义务。”③检务公开对于社会而言就是对公民宪法权利的保障。

---

① 高一飞：《检务公开的比较研究》，载《中共中央党校学报》2010年第2期。

②《公民权利与政治权利国际公约》第19条第2项规定：“人人有自由发表意见的权利；此项权利包括寻求、接受和传递各种消息和思想的自由，而不论国界，也不论口头的、书写的、印刷的、采取艺术形式的、或通过他所选择的任何其他媒介。”

③ 刘昂、杨征军：《检务公开的层次性简论》，载《人民检察》2013年第17期。

对于诉讼参与人，检务公开客观上保障了其诉讼权利和实体权利。刑事诉讼法规定了检察机关对诉讼参与人诉讼权利的保护义务以及在侦查过程中受到侵害的实体权利的救济义务。但是法律的规定仅表明权利救济的可能性，检务公开可以将权利保障变为现实。“公民要提出权利主张，先决条件是其知道自己享有该种权利，不知道自己享有某种权利自然不存在主张该种权利要求的可能性。”① 检务公开可以使诉讼参与人知道自己的权利以及如何在权利受到侵害时寻求检察机关的救济，通过这种方式，检务公开间接地实现了对诉讼参与人权利的保障。

2. 权利制约和监督

检察权作为一种权力，也具有使人腐化的倾向。绝对的权力会导致绝对的腐败。“一切有权力的人都容易滥用权力，这是万古不易的一条经验。有权力的人们使用权力一直到遇有界限的地方才休止。”② 检务公开让检察权在阳光下运行，自觉接受社会和诉讼参与人的监督，让正义能够以看得见的方式实现。以检察机关主持的听证程序为例，通过审查程序的公开，诉讼参与人在听证程序中通过积极参与影响检察权的行使，对检察权形成诉权上的制约，防止其权力的滥用；公民也通过旁听的方式监督检察权运行程序的正当性。通过终极性法律文书的公开，社会和诉讼参与人可以知晓司法决定的形成过程、形成依据及结论。对于事实认定、法律适用错误的，诉讼参与人可以提起申诉以寻求救济，公民也可依法行使监督权。

二、检务公开与检察权司法化的关系

（一）检察权司法化是检务公开的核心问题

从检务公开的范围上看，检察机关依法应公开的公务活动都是检务公开的内容。它包括与检察职能相关的法律规定（如检察官的任职资格、回避以及对诉讼

① 张永红、吴茵：《检务公开的法理基础》，载《湖南社会科学》2010 年第 6 期。

②［法］孟德斯鸠：《论法的精神（上册）》，张雁深译，商务印书馆 1985 年版，第 154 页。

参与人权利的保障与救济等）、具体的办案规则（如对于不起诉案件公开审查规则）以及办案过程的公开（如对民事诉讼监督的公开审查程序）。这些内容的交集是检察权，制度和规则的公开就是检察权权能的公开，而办案程序的公开是检察权运行的公开，制度和规则是静态的，办案活动是动态的，前者的公开是为后者服务的，由于权力的腐化主要体现在检察权的行使过程中，只有办案过程的公开才能使对权力的监督成为可能，检务公开才具有实质意义。因此，检察权运行过程的公开应是检务公开的核心。

检察权的司法化本质上是检察权运行程序的司法化，实现案件审查的诉讼化，即通过公开、直接、言词的对审方式进行审查，体现了检察程序的动态公开。从2012年刑事诉讼法及相关司法解释对检察权行使的规定来看，除了检察机关自侦案件的侦查过程出于保障被追诉人权益和侦查利益的考虑不宜公开以外，检察机关的诉讼职能、诉讼监督职能以及司法救济职能皆有明显的司法化趋势。也就是说，检察权的运行模式的发展主要体现为检察权的司法化，检察机关案件公开审查的听证程序应是检务公开的核心内容。

（二）检察权的司法化促使检务公开从形式公开向实质公开转变

根据检务公开对检察权行使的影响可将其分为形式公开和实质公开。形式公开主要是指检察机关相关司法信息及司法程序通过媒体网络平台、公众旁听、开放日活动等方式予以公开的情形，其使得对检务活动和相关事项的监督成为可能，但对检察权公正行使影响甚微。实质公开要求检察机关对事实认定、证据审查的判断过程以及司法决定的理由公开，类似于法官的心证公开。司法决定的作出必须以事实为根据、以法律为准绳。通过这种形式的公开，能够形成对检察权的外在的、有效的监督，促使检察权的公正行使。十八届四中全会《决定》明确提出检务公开应是形式公开与实质公开的统一，公开的内容不仅仅是执法司法依据、程序、流程，还包括结果和生效法律文书，法律文书要加强释法说理，生效法律文书统一上网，方便公众公开查询。检察权的司法化的目标是检察权行使的独立、公正、中立，审查过程公开是最基本的要求。为了保证检察机关司法决定的公正性，检察权的司法化还要求司法决定必须来自审查程序，在对审双方举证、质证、辩论的基础上作出，同时，主持听证的检察官必须对司法决定进行说理，阐明决定形成的逻辑和理由。因此，检察权的司法化促使检务公开由形式公开为主向实质公开和形式公开并重的转化。

三、检务公开对检察权司法化的促进和保障

（一）检务公开为检察权司法化提供制度基础

司法公开是司法公正的保障和基础，也是树立司法权威、提升司法公信力的重要方式。我国宪法及三大诉讼法均明确规定审判公开原则，《宪法》第 125 条规定，人民法院审理案件，除法律规定的特别情况外，一律公开进行。《刑事诉讼法》第 11 条规定，人民法院审判案件，除本法另有规定的以外，一律公开进行。《民事诉讼法》第 10 条和《行政诉讼法》第 6 条规定，人民法院审理案件依照法律规定实行公开审判。检察权的司法化要求检察机关采用抗辩式的对审方式公开审查案件，公开性是检察权司法化的内在要求。但是我国宪法和法律都没有直接规定检察机关主持的听证程序必须遵循公开原则，最高人民检察院关于听证程序的规定实际上把是否公开作为检察机关的裁量权力而非义务。2001 年《不起诉公开审查规则》规定了不起诉听证程序，该规则虽明确不起诉案件要举行听证公开审查，但实际上赋予了检察机关自由决定是否公开的权力，如该规则第 5 条规定了不进行公开审查的四种情形[①]。从该条可以看出，如果检察机关认为没有必要进行公开审查的，可以径行决定。2013 年《人民检察院民事诉讼监督规则（试行）》规定了民事诉讼监督的听证程序，该规则也没有明确听证程序必须公开进行，该规则第 57 条第 2 款规定，检察机关根据案件具体情况，可以邀请与案件

① 四种情形包括：案情简单，没有争议的案件；涉及国家秘密或者个人隐私的案件；十四岁以上不满十六岁未成年人犯罪的案件；其他没有必要进行公开审查的案件。

没有利害关系的人大代表、政协委员、人民监督员、特约检察员、专家咨询委员、人民调解员或者当事人所在单位、居住地的居民委员会委员以及专家、学者等其他社会人士参加听证。这实际上也是赋予了检察机关听证公开与否的决定权。其他的听证程序如审查批准逮捕听证、羁押必要性听证以及立案监督听证等虽是检察权司法化的必然结果，但这些听证的实施如果没有制度支持，那就更谈不上有公开听证的义务了。

上述问题在 2015 年《全面推进检务公开的意见》中得以解决。首先，由于检察权司法化运行是检务公开的核心内容，该意见及最高人民检察院关于检务公开的其他规定构成了检察权司法化的制度基础。其次，该意见明确对于“两类案件”实行公开审查，对“五类案件”探索实行公开审查，这实际上要求检察机关对“两类案件”必须进行公开审查，对“五类案件”则可以自行决定是否公开审查。从某种意义上看，该意见为检察权司法化提供了直接的、明确的制度支持。

（二）检务公开为检察权司法化过程中检察权监督问题提供解决路径

检察权的司法化的直接目标就是检察权按照司法规律运行，司法的亲历性要求“审理者裁判，裁判者负责”。行政审批模式下办案权和决定权分离，检察机关部门负责人通过行使审核权、检察长通过行使决定权来对办案检察官职权的行使进行监督。检察权的司法化要求办案权和决定权统一由办案检察官行使，但是权力统一可能会导致检察官的权力膨胀，如何抑制其权力滥用是一个必须解决的问题。我国目前正在试点主任检察官办案责任制，如前文论述，其并没有实现司法的亲历性，行政审批式的办案模式并未彻底改变，究其原因，一方面可能是现行法律制度的限制；另一方面就是权力监督的问题。对于现行法规定由检察长或检察委员会行使决定权的情形（如批准逮捕的决定权），可由检察长或检察委员会授权于办案检察官行使。对于办案检察官权力监督的问题，可通过检察长行使职务收取权和移转权来解决，但最根本的还是要让检察权在阳光下运行，“阳光是最好的防腐剂”。通过办案过程以及不予立案、不予逮捕、不予起诉、不予提起抗诉决定书等终结性法律文书的公开，实现社会和诉讼参与人对检察权的独立、公正行使进行监督。

第三节　律师帮助权的完善——检察权司法化的构造保障

在某种程度上，刑事诉讼的历史，就是辩护权不断扩大的历史。[①] 在刑事诉讼中能否获得律师的帮助被视为衡量一国刑事诉讼文明程度的标准之一，获得律师帮助权也被视为被追诉人的基本人权。《世界人权宣言》第 11 条规定，“凡受刑事指控者，在未经获得辩护上所需的一切保证的公开审判而依法证实有罪以前，有权被视为无罪”。《公民权利和政治权利国际公约》第 14 条第 3 款中规定获得律师帮助（在自己没有经济能力的情况下获得指定法律援助）是被追诉人应当享有的最低限度的保证。联合国《关于律师作用的基本原则》第 1 条也明确规定：“所有的人都有权请求由其选择的一名律师协助保护和确立其权利并在刑事诉讼的各个阶段为其辩护。”世界刑法学协会《关于刑事诉讼法中的人权问题的决议》第 18 条也有规定应从刑事诉讼程序启动时便保障被追诉人获得律师帮助的权利：聘请律师以及在没有能力聘请时国家应提供法律援助。美国将被追诉人的律师帮助权宪法化，其宪法第六修正案中规定，在所有的刑事诉讼中，被指控人都有获得律师帮助的权利。在 1977 年 Brewer v. Williams 案中[②]，法院进一步明确被指控人的律师帮助权从刑事诉讼启动时即享有而不论是正式提出指控、预审、正式起诉、控告或是初次聆讯。日本《宪法》第 34 条规定，如不直接讲明理由并立即给予委托辩护人的权利，对任何人均不得加以拘留或拘禁。

---

①［日］田口守一：《刑事诉讼法》，刘迪等译，法律出版社 2000 年版，第 89 页。

② Brewer v. Williams,430 U. S. 387(1977).

相比较而言，我国被追诉人律师帮助权的保障不容乐观，有的学者通过调查，我国各地律师辩护率（包括指定辩护）大致在20%—30%。[①] 在2013年新刑事诉讼法正式实施以前，指定辩护仅限于审判阶段，审前阶段被追诉人无法获得国家的法律援助；另外，出于侦查利益，侦查机关抗拒律师的介入，即便律师介入，辩护的实际效果也较差。在刑事诉讼的各个阶段中，对被追诉人而言审判阶段是最后的保障，但审前阶段才是最关键的，如果在侦查阶段没有与侦查机关对抗的能力，在审判阶段往往也难以扭转局面，在我国目前刑事诉讼侦查主导模式下更是如此。从形式上看，决定被告命运的是审判程序，但从实质上看，绝大多数被告的命运在侦查程序中即已决定。[②] 可见，如果审前阶段律师帮助权无法获得保障，刑事诉讼人权保障的目的便会沦为空谈。

一、律师帮助权在检察权司法化中的作用

（一）有利于保障人权，促使检察机关公平审查案件

人权保障是现代刑事司法的基本要求，也是刑事诉讼的目的之一。在审前程序中，侦查机关、犯罪嫌疑人或被告人以及检察官组成了“控、辩、审”三方结构，相对于侦查机关，犯罪嫌疑人或被告人虽然同为程序主体，但却处于绝对的劣势地位。一方面，犯罪嫌疑人或被告人面对的是代表国家的强大公权，在追诉过程中，可以并且往往对犯罪嫌疑人或被告人采取限制人身自由的强制措施，犯罪嫌疑人或被告人无法进行积极、有效地对抗；另一方面，刑事诉讼程序具有复杂性、专业性，犯罪嫌疑人或被告人一般不具备相关的知识和技能，无法进行有效取证和质证。“如果没有律师的帮助，被刑事追究者就不可能在与刑事追究者或指控者对等的意义上充分有效地实现自己的辩护权。”[③] 获得律师帮助权本身就

① 左卫民：《中国应当构建什么样的刑事法律援助制度》，载《中国法学》2013年第1期。
② 徐美君：《我国刑事诉讼运行状况实证分析》，载《法学研究》2010年第2期。
③ 张志铭：《关于被刑事追究者获得律师帮助的权利——国际标准与国内立法之比较》，载《人权》2006年第6期。

是犯罪嫌疑人或被告人的一项重要人权，通过律师的帮助，犯罪嫌疑人或被告人才能有效地保护自己的诉讼权利和实体权利。另外，律师的介入能够打破检察机关和侦查机关封闭性、单方性的书面审查，增强程序的兼听性，让检察机关能够进行公平的审查。

（二）有利于控辩对等，实现司法公正

控辩对等是衡量程序是否公正的基本标准，是现代刑事司法的核心机制。但控辩双方诉讼地位和诉讼权利的对等只是形式的对等，程序的正义性还要求控辩双方能够"平等武装"，不仅享有平等对抗的机会，还有平等对抗的能力，即实质的对等。在我国刑事诉讼审前程序中，客观地形成了侦查机关和犯罪嫌疑人或被告人两造对抗，检察官客观中立、居中裁断的三方构造。侦查机关和犯罪嫌疑人或被告人在对抗能力上天然的不对等，如果"没有律师辩护职能的充分发挥，司法公正是难以实现的"[①]。可见，律师的介入是侦辩对等的必然要求，而侦辩对等又是程序正义的必要条件之一。因此，律师帮助权的保障也是程序正义的必然要求。此外，辩护律师还享有调查取证权，通过辩方证据的收集，增强了证据的全面性；同时，辩护律师的有效质证，能够帮助检察官查明证据的真实性。通过律师的介入，有利于揭示案件事实，有利于最大限度发现真相，实现实体公正。

（三）有利于制约侦查权，抑制侦查机关违法办案

德国著名的法学家萨维尼曾言："警察官署的行动自始蕴藏侵害民权的危险，而经验告诉我们警察人员经常不利关系人，犯下此类侵害民权的错误。"[②]我国检察机关、公安机关各有分工，检察机关一般无法直接介入公安机关的侦查活动。侦查活动外在监督的缺少再加上侦查程序的非公开性，非法取证行为频发也就不足为奇了。辩护律师可以通过审查逮捕听证程序、审查起诉听证程序提起非法证

① 熊秋红：《为辩护权辩护（下）——刑事法治视野中的辩护权》，载《法学》2004 年第 1 期。
② 转引自龙宗智：《评"检警一体化"——兼论我国的检警关系》，载《法学研究》2000 年第 2 期。

据排除审查，请求检察机关将公安机关非法取得的证据排除。从而达到通过程序性制裁抑制非法取证的目的。对于其他的违法侦查行为（如采取强制措施法定期限届满，不予以释放、解除或者变更的；应当退还取保候审保证金不退还的；对与案件无关的财物采取查封、扣押、冻结措施的；应当解除查封、扣押、冻结不解除的；贪污、挪用、私分、调换、违反规定使用查封、扣押、冻结的财物的）侵犯诉讼权利和实体权利的，可根据《刑事诉讼法》第 47 条、第 115 条之规定向检察机关寻求司法救济。

二、律师帮助权对检察权司法化的保障

（一）关于刑事辩护制度的规定

新刑事诉讼法“对我国刑事辩护制度作了全面改革和完善，是我国辩护制度发展的重要里程碑”[①]，辩护制度的完善，促进了审前程序检察机关、侦查机关和被追诉人之间实质意义上的诉讼构造形成。

1. 明确侦查阶段律师的法律地位——辩护人

《刑事诉讼法》第 33 条第 1 款规定，侦查阶段犯罪嫌疑人有权委托辩护人，出于有效辩护的考量，此阶段只能委托律师作为辩护人。律师作为辩护人法律地位的确立意味着在侦查机关辩护律师可以依法行使法律所赋予的权利，有利于实现侦查机关和犯罪嫌疑人之间对抗能力的平衡，进而使得侦查阶段“控辩对等”的诉讼构造形成具有可能性，为侦查阶段检察权的司法化奠定基础。

2. 辩护权具体内容进一步扩展

新刑事诉讼法的修改进一步扩展了辩护权的内容，加强了对被追诉人合法权益的保护，审前阶段辩护律师可以行使的权利如下：（1）侦查期间可以为犯罪嫌疑人提供法律帮助；代理申诉、控告；申请变更强制措施；向侦查机关了

① 陈国庆：《辩护制度的改革及其对检察机关的积极意义》，载《国家检察官学院学报》2012 年第 3 期。

解犯罪嫌疑人涉嫌的罪名和案件有关情况，提出意见（《刑事诉讼法》第 36 条）。（2）会见和通信权（《刑事诉讼法》第 37 条）。（3）要求回避、申请复议权（《刑事诉讼法》第 31 条第 2 款）。（4）对侦查机关使用非法方法收集证据的控告权（《刑事诉讼法》第 55 条）。（5）审查起诉阶段查阅、摘抄、复制案卷材料的权利（《刑事诉讼法》第 38 条）。（6）调查取证权（《刑事诉讼法》第 40 条、第 41 条）。（7）逮捕审查介入权（《刑事诉讼法》第 86 条）。（8）起诉审查介入权（《刑事诉讼法》第 170 条）。（9）对阻碍其依法行使诉讼权利行为的申诉、控告权（《刑事诉讼法》第 47 条）。（10）对违法办案行为的申诉、控告权（《刑事诉讼法》第 115 条）。分析上述辩护权的内容，可以看出辩护权对检察权司法化的推动作用：一是会见、阅卷以及调查取证权的行使可以保证辩护律师具有对抗侦查机关的能力；二是申请变更强制措施以及申诉、控告权赋予了辩护律师检察听证的启动权；三是逮捕审查、起诉审查的介入权使得检察机关组织公开听证具有合法性、现实性。

3. 辩护人职责的定位——实体辩护与程序辩护并重

《刑事诉讼法》第 35 条增加了辩护人维护被追诉人诉讼权利的程序辩护责任[①]，意味着辩护人不仅要维护被追诉人的实体权利，还要维护其程序权利。实体辩护主要是定罪量刑方面的辩护，这也是传统的刑事辩护形态，是重实体、轻程序这种诉讼理念的现实反映。这种轻程序的辩护导致刑事诉讼的程序正义无法得到保障，“司法实践中超期羁押、刑讯逼供等侵犯被追诉人合法权益的程序性违法现象屡禁不止”[②]。随着“佘祥林案”“赵作海案”等错案的纠正，《刑事诉讼法》最终确立的这种独立于实体辩护的程序辩护，通过维护程序的正义性来保障实体公正的实现。程序辩护是指“辩护方针对侦查、检察、审判机关在诉讼中的程序性违法行为所进行的辩护，其意旨在于宣告某一侦查、公诉或审判行为因程序性

①《刑事诉讼法》第 35 条规定，辩护人的责任是根据事实和法律，提出犯罪嫌疑人、被告人无罪、罪轻或者减轻、免除其刑事责任的材料和意见，维护犯罪嫌疑人、被告人的诉讼权利和其他合法权益。

② 詹建红：《我国程序性辩护制度之省思》，载《法商研究》2014 年第 3 期。

违法而丧失法律效力，即通过要求裁判者对侦查、公诉和审判行为的合法性进行司法审查，从而促使裁判者排除非法证据或者宣告相关诉讼行为无效的辩护活动”[①]。一般而言，程序辩护的过程应包括以下阶段：提出申请或异议；举证证明所提出的申请或异议；获得裁判；不服裁判时启动救济程序。可见，“程序性辩护活动的目的在于发动程序性裁判程序，从而在原有的刑事诉讼形态中形成一种新的审查性之诉”。[②] 在我国现行的法律框架下，审前程序的程序性裁判权由检察机关行使，检察机关基于辩护方的申请启动听证程序，控辩双方就程序违法问题举证、质证，发表辩论意见，检察官居于中立的立场在听证的基础上形成决定。如果控告的是检察机关的违法行为，为保证裁断者的中立性，则由上一级检察机关组织听证，形成三方组合的诉讼构造。可见，程序性辩护权的实现过程客观上形成了诉讼构造，为检察权的司法化提供了诉讼结构上的保障。

（二）关于法律援助的规定

在被追诉人的诉讼权利中，辩护权毫无疑问是最重要的，但有效行使辩护权的基础是有能力行使这种权利。普通的被追诉人一般是不具备这种能力的，这就需要获得律师的帮助以有效行使辩护权。在被追诉人因经济困难或者其他原因没有委托律师担任辩护人的情况下，国家应提供无偿的法律援助，这也是国家为保障公民的基本权利而应尽的义务。2012 年《刑事诉讼法》进行了修改，在法律层面刑事法律援助得到进一步加强。根据《刑事诉讼法》第 34 条的规定，刑事法律援助制度的完善主要体现在以下三个方面：

一是刑事法律援助的范围扩大。依职权适用法律援助的对象从未成年人，盲、聋、哑人以及可能判处死刑的人扩大到尚未完全丧失辨认或者控制自己行为能力的精神病人和可能被判处无期徒刑的人。因经济困难或者其他原因没有委托辩护人的，不仅被追诉人本人，其近亲属也可以提出法律援助申请。2013 年司法

① 参见陈瑞华：《程序性辩护之初步考察》，载《燕山大学学报》（哲学社会科学版）2005 年第 1 期。

② 詹建红：《我国程序性辩护制度之省思》，载《法商研究》2014 年第 3 期。

部在《关于进一步推进法律援助工作的意见》中再次明确要扩大法律援助覆盖面，提出放宽经济困难标准，加强侦查、审查起诉阶段法律援助以维护犯罪嫌疑人、被告人等的诉讼权利。二是提供法律援助的时间提前，法律援助从审判阶段提前至侦查阶段。三是提供法律援助的方式调整。法律援助由以前的法院指定调整为公检法通知法律援助机构并由法律援助机构指派律师。

刑事辩护制度和法律援助制度在为被追诉人辩护、维护其合法权益上并无二致，所不同的仅在于法律援助是在特定情形下由国家为被追诉人提供法律援助。就律师帮助权对被追诉人的重要性而言，法律援助制度的完善更为关键，是衡量一国刑事诉讼文明程度的核心标准。在 1956 年美国 Griffin v. Illinois 案中①，法院就指出如果由于经济状况无法获得律师帮助并进而影响审判的结果，就无平等可言。在 1963 年 Gideon v. Wainwright 案中②，大法官布莱克指出，"律师帮助权并非什么奢侈品，而是必需品"。要求各州在刑事诉讼中须为被指控人指定律师，并且为没有经济能力聘请律师的被指控人提供法律援助是一项强制性要求，没有辩护律师帮助会构成宪法权利的重大侵犯，因此所进行的诉讼程序归于无效。

三、审前程序法律帮助权的不足及完善

从上文可以看出，随着刑事辩护制度和法律援助制度的完善，刑事审前程序的律师帮助也得到加强，但是在侦查阶段律师无阅卷权、律师调查取证权的立法不明确、法律援助范围狭窄以及援助申请程序繁琐等问题，使得被追诉人在审前程序中实际上无法获得有效、充分的律师帮助。

① Griffin v. Illinois,351U. S. 12,19(1956).
② Gideon v. Wainwright,372U. S. 335(1963).

（一）侦查阶段律师阅卷权及调查取证权的不足及完善

1. 侦查阶段律师阅卷权

我国台湾学者林钰雄指出，“以控诉制度为架构原则的刑事诉讼制度中，被告的主体地位能否落实，相当程度取决于其能否实质、有效行使辩护权利，而资讯地位优劣则是辩护有效与否的关键环节”①。由于控方天然地处于资讯优势的地位，为了保障辩护权能够实质、有效地行使，法律赋予辩方查阅控方卷宗获悉资讯的权利。我国刑事诉讼法规定了辩护人的阅卷权，但只有自检察机关审查起诉之日起方能行使。②这意味着辩护人在侦查阶段不享有阅卷权，“致使律师掌握的有关信息有限，侦辩双方掌握的信息不对等”③，辩护律师很难进行实质、有效的辩护，《刑事诉讼法》第86条第2款所赋予辩护律师审查逮捕介入权的意义大打折扣。

域外对于羁押审查时辩护方享有阅卷权的问题逐渐形成共识，当卷证内容为羁押审查所必要时，允许辩护方对该卷证行使完整、不受限制之阅卷权。“唯有赋予事先接触卷宗的权利，被告方始能充分准备而有效辩护，才能与控方立于武器平等的地位。”④若被告方没有阅览关于羁押决定具有重要性的事实及证据的机会，就无法进行实质性辩护，进而有违对审程序的基本要求。⑤

侦查机关拒绝辩护方的阅卷权的理论基础是侦查不公开原则，又称为侦查密行原则。侦查不公开进行的原因有两个方面：一是基于无罪推定原则，为保护犯罪嫌疑人之名誉而不公开；二是有效侦查的需要。首先，既然侦查不公开的目的之一是保障犯罪嫌疑人的合法权益，而赋予犯罪嫌疑人以阅卷权就是为了强化其合法权益的保护，两者在目的上具有一致性。另外，侦查的不公开是指对社会的不公开，而非指犯罪嫌疑人及其辩护人，侦查中适当向犯罪嫌疑人提示相关事实

---

① 林钰雄：《刑事被告本人之阅卷权》，载《政大法学评论》2009年第110期。

②《刑事诉讼法》第38条规定，辩护律师自人民检察院对案件审查起诉之日起，可以查阅、摘抄、复制本案的案卷材料。其他辩护人经人民法院、人民检察院许可，也可以查阅、摘抄、复制上述材料。

③ 叶青：《审查逮捕程序中律师介入权的保障》，载《法学》2014年第2期。

④ 林钰雄：《刑事被告本人之阅卷权》，载《政大法学评论》2009年第110期。

⑤ 魏俊明：《检视我国对于被告侦查中羁押审查时间阅卷权之保障》，载《刑事法杂志》2014年第1期。

及证据，让犯罪嫌疑人知悉并发表意见以维护其防御权，不仅不会妨碍事实的查明，反而会促进真相的发现，同时又保障了犯罪嫌疑人之辩护权。其次，如果在侦查效能和权利保障之间发生冲突，仍应赋予被追诉人以阅卷权。“维持侦查效能是法治国下刑事诉追犯罪重要要求，然人权保障，程序公平正当，尤其不容将被告当作诉讼客体地位，同样来自宪法诫命，以侦查不公开为由全面排除辩方对侦查资讯取得，使被告之防御在侦查机关资讯优势下，处于处处挨打局面实非妥适。”① 当然，处于平衡的需要，宜以控方申请羁押为限，即“在通常情况下，只要对于与羁押决定具有重要性的事实及证据赋予阅卷权即可”②。德国刑事诉讼法关于阅卷权的修改也反映了上述精神。《德国刑事诉讼法》第 147 条第 2 项规定检察官可以以有危及侦查目的之虞而拒绝被告一方阅卷。但此项规定不符合欧洲人权公约之要求，2009 年德国对刑事诉讼法第 147 条第 2 项的内容进行了增订，规定纵然如第一句所规定之条件，如被告在羁押之情形下，或被告遭暂时逮捕而检察官声请羁押时，检察官仍须以适当之方式，使辩护人能获知有助于判断此种限制被告自由措施合法性所需之基本资讯；在此种情形下，原则上应以阅卷方式保障之。

国家不仅有惩罚犯罪的义务，也有保障人权的责任。侦查利益当然不能建立在被追诉人辩护权实质受损的基础之上。事实上，赋予犯罪嫌疑人及其辩护律师对侦查机关报请批捕的事实和证据的阅卷权具有多重价值。其一，保障了被追诉人辩护权有效行使；其二，侦辩对等的构造体现了程序正义；其三，侦辩双方的积极对抗有利于实体公正的实现；其四，抑制侦查权的不当行使；其五，通过侦辩双方的交涉，更有利于侦查机关查清案件事实。因此，应赋予犯罪嫌疑人及其辩护律师在侦查机关提请审查批捕时的阅卷权，可以查阅侦查机关提交给检察机关的卷证材料，如此不仅可以实现上述价值，还可彰显检察权司法化的实质

① 杨云骅:《阅卷权的突破——以欧洲人权法院近年来数个判决为例》，载《台湾本土法学杂志》2005 年第 70 期。
② BVerfG, Akteneinsicht im Haftprüfungsverfahren, NJW 1994, 3219 . 转引自魏俊明:《检视我国对于被告侦查中羁押审查时间阅卷权之保障》，载《刑事法杂志》2014 年第 1 期。

意义。

2. 侦查阶段律师调查取证权

修正后的《刑事诉讼法》第33条明确规定律师在侦查阶段的法律地位是辩护人，从法理上看其自然可以行使辩护人享有的所有权利。但是公安机关并不认同律师享有侦查取证权，其理由是《刑事诉讼法》第36条规定的辩护律师在侦查期间的权利没有包括调查取证权。2012年12月公安部颁布的《公安机关办理刑事案件程序规定》第40条规定公安机关保障辩护律师在侦查阶段的执业权利为：向公安机关了解犯罪嫌疑人涉嫌的罪名和案件有关情况的权利；与犯罪嫌疑人会见和通信，向犯罪嫌疑人了解案件有关情况的权利；为犯罪嫌疑人提供法律帮助、代理申诉、控告的权利；为犯罪嫌疑人申请变更强制措施的权利。在本条规定中，辩护律师的调查取证权没有位列其中，这表明公安机关是拒绝侦查阶段律师的调查取证权。

但是侦查阶段辩护律师有无调查取证权直接关系到被追诉人能否获得与控方（公安机关）进行平等对抗的能力问题。从法律层面，"直接影响到辩护律师诉讼行为的有效性和相关证据的效力，如果辩护律师在侦查阶段并无调查取证权，那么其在侦查阶段所进行的调查取证行为，就不是合法的诉讼（辩护）行为，将无法产生诉讼法上的效力，其所获证据材料也将因为取证主体不合法而被视为无证据能力之证据，不得在后续诉讼程序中作为合法证据出示和使用"[①]。2012年刑事诉讼法修正的最大亮点是把"尊重和保障人权"直接入法，体现了对人权保障的侧重，在侦查中心主义模式下，侦查阶段应是人权保障的重点。立法赋予律师在侦查阶段的辩护人身份，其目的就是要让辩护权能够对抗、制约侦查权，抑制其滥用。为了增强律师辩护的对抗能力，当然要赋予辩护律师调查取证权。

另外，运用体系解释的方法，仍能得出侦查阶段辩护律师享有调查取证权的结论。体系解释要求将《刑事诉讼法》第36条、第33条、第40条以及第41条

① 万毅：《"曲意释法"现象批判——以刑事辩护制度为中心的分析》，载《政法论坛》2013年第2期。

联系起来，“通过对其前后相关条文内涵的分析和解读来揭示第36条的确切含义，而不能孤立、片面地解释该法条”[①]。例如,《刑事诉讼法》第40条规定,“辩护人收集的有关犯罪嫌疑人不在犯罪现场、未达到刑事责任年龄、属于依法不负刑事责任的精神病人的证据，应当及时告知公安机关、人民检察院”。从本条可以看出以下三点含义：第一，辩护人有证据收集权；第二，如果证据中有证明犯罪嫌疑人无罪的（包括犯罪嫌疑人不具有刑事责任能力），应当履行告知义务；第三，在侦查阶段要告知公安机关，在审查起诉阶段则应告知检察机关。可见，立法规定本身也是承认辩护律师在侦查阶段的调查取证权的。我们可以把第33条、第40条以及第41条理解为并列关系，而不是非此即彼的对立关系，那么，虽然第36条没有具体列明辩护律师的调查取证权，也不能否定其他条款对辩护律师在侦查阶段调查取证权的规定。

（二）法律援助的不足及完善

在美国，刑事诉讼的任何阶段均可获得政府的法律援助，“刑事案件中，约有93%的经济困难的犯罪嫌疑人、被告人获得了公设辩护人提供的法律帮助和辩护服务”[②]。英国设立了值班律师制度，公民被警察询问时，不论经济状况如何，都可以获得免费的法律帮助。进入刑事诉讼程序后，法院基于司法利益的考虑为没有聘请律师的被告人提供法律援助，大量贫弱被追诉人获得了必要的法律帮助。[③]日本1993年普通一审案件中地方法院指定辩护人占63.7%，简易法院指定辩护人占81.2%。[④]对于审前的法律援助，日本也开展了律师值班活动，为犯罪嫌疑人提供法律援助，与英国不同的是，日本律师值班由律师协会组织，法律援助律师的相关费用也由其支付。与上述发达国家的刑事法律援助相比，我国刑事法

① 万毅:《“曲意释法”现象批判——以刑事辩护制度为中心的分析》，载《政法论坛》2013年第2期。

② 朱昆:《美国法律援助制度》，载《北京政法职业学院学报》2011年第2期。

③ 罗海敏:《论无律师帮助被追诉人之弱势处境及改善——以刑事法律援助制度的完善为视角》，载《政法论坛》2014年第6期。

④［日］西原春夫主编:《日本刑事法的形成与特色》，李海东等译，中国法律出版社与日本国成文堂联合出版1997年版，第447页。

律援助最大的问题是法律援助的比例极低。2002 年海南基层法院审理的案件中，委托辩护率 10%，指定辩护 3%。[①] 有学者对我国西部地区某县 2007 年、2008 年一审刑事案件法律援助的调研结果显示，指定辩护为 8.19%。[②] 上述数据的统计主要是在审判阶段，而在司法实践中，“在审判前的两个阶段办理法律援助案件数量几乎可以忽略不计。而且，被羁押的犯罪嫌疑人几乎没有机会获得法律咨询服务”[③]。

总的来说，我国审前阶段刑事法律援助有以下三个方面的问题需要解决。

第一，援助范围狭窄，无法实现审前阶段普遍的法律援助，法律援助仍然是“奢侈品”而没有成为“必需品”。刑事诉讼法规定五类主体为法定的法律援助对象[④]，国家应当无条件提供法律援助。根据有的学者的统计，犯罪嫌疑人、被告人是盲、聋、哑人或尚未完全丧失辨认或控制自己行为能力的精神病人的案件可能不到 1%；可能被判处死刑或者无期徒刑的案件可能不到 5%；未成年人犯罪案件也只有约 7%。[⑤] 那么至少有 80% 的案件国家是没有提供法律援助的强制性义务的。相比较而言，域外国家强制辩护的范围要大得多。如根据《德国刑事诉讼法》第 140 条强制辩护的规定，最低刑为 1 年或 1 年以上自由刑的犯罪就属于强制辩护的范围。另外，对于犯罪嫌疑人、被告人因经济困难或者其他原因没有委托辩护人的，国家没有义务主动提供法律援助。各地把经济困难的标准与当地最低生活保障标准接轨，导致许多申请因不符合条件而被驳回，致使在“刑事诉讼中，因被告人提出申请而获得法律援助的案件只占全部刑事案件的 2% 至 3% 左右”。[⑥] 针对上述问题，可以从以下两个方面的“放宽”来提高法律援助的普遍性：放宽法定援助的范围，先把可能判处十年以上有期徒刑的案件纳入法定援助的范

① 转引自左卫民：《中国应当构建什么样的刑事法律援助制度》，载《中国法学》2013 年第 1 期。
② 参见马静华：《指定辩护律师作用之实证研究——以委托辩护为参照》，载《现代法学》2010 年第 6 期。
③ 高贞：《关于加强和完善刑事法律援助制度的几点思考》，载《中国司法》2011 年第 6 期。
④ 刑事诉讼法规定的法定援助对象包括：盲、聋、哑人；未成年人；可能被判处死刑的犯罪嫌疑人、被告人；尚未完全丧失辨认或控制自己行为能力的精神病人；可能被判处无期徒刑的犯罪嫌疑人、被告人。
⑤ 陈永生：《刑事法律援助的中国问题与域外经验》，载《比较法研究》2014 年第 1 期。
⑥ 陈永生：《刑事法律援助的中国问题与域外经验》，载《比较法研究》2014 年第 1 期。

围，在财政支持允许的情况下，再放宽至可能判处三年以上有期徒刑的案件；放宽法律援助的经济困难标准，覆盖相对贫困的低收入群体。

第二，援助申请程序繁琐，无法提供及时的法律援助，有效维护犯罪嫌疑人、被告人的诉讼权利和实体权利。以审查逮捕为例，对于一般的案件，公安机关对犯罪嫌疑人拘留以后，应在 3 日内提请批捕，特殊情况下可以延长 1 至 4 日，检察机关的审查期限为 7 日，辩护律师介入逮捕审查的最长期限为 14 日。但如果是有效介入的话，必须能够影响到检察机关处理决定的形成，这样留给辩护律师的时间实际上肯定不足 14 天。根据 2013 年最高人民法院、最高人民检察院、公安部、司法部联合发布的《关于刑事诉讼法律援助工作的规定》第 5 条规定，犯罪嫌疑人在被采取强制措施或第一次讯问时即可提起法律援助申请；第 7 条规定侦查机关应当在收到申请 24 小时内将其申请转交或者告知法律援助机构，并于 3 日内通知申请人的法定代理人、近亲属或者其委托的其他人员协助向法律援助机构提供有关证件、证明等相关材料；第 8 条规定法律援助机构的审查期限为 7 日；第 12 条规定自决定法律援助之日起 3 日内，确定承办律师。从提起申请到确定辩护律师最长期限也为 14 日，如果加上与辩护律师会见的时间，几乎可以肯定，辩护律师已经没有介入逮捕审查的时间了。针对上述问题，可以引入英国的值班律师制度，由法律援助机构在侦查机关、看守所设立值班律师办公室，指派律师轮流值班，为犯罪嫌疑人提供及时的法律援助。对于申请法律援助的犯罪嫌疑人，可以实行“先援助，后审查”，“如果经事后审查发现犯罪嫌疑人的经济状况不符合法律援助标准的，再行停止法律援助”①。

第三，案多人少，无法实现法律援助的资源保障。在现行法框架下，侦查阶段辩护人只能由律师担任，如果没有一定数量的律师队伍，审前阶段法律援助的普遍性、及时性都无法实现。2013 年全国律协首次发布《中国律师行业社会责任报告》，截至 2012 年年底，中国（不含港澳台地区）律师数量为 232384 名，我

① 刘方权：《中国需要什么样的刑事法律援助制度》，载《福建师范大学学报（哲学社会科学版）》2014 年第 1 期。

国每1万人口平均拥有1.6名律师。[①]与西方发达国家相比，差距仍然明显。2004年的美国每10万人拥有317名律师，英国154名，德国为80名，法国62名。[②]另外，我国律师资源的分布严重失衡，有的地区达到了西方法律国家水平，有的地区律师数量甚至为零。根据《中国律师行业社会责任报告》，北京市每1万人口拥有11.7名律师，上海市每1万人口拥有6.7名律师。而安徽、青海、甘肃、贵州、江西、西藏6个省、自治区每1万人拥有不足1名律师，西藏每1万人口甚至只拥有0.6名律师。[③]如果以县为统计单位，在全国近3000个县中，仍有210个县的律师数量为零。[④]

律师资源不足会导致审前阶段犯罪嫌疑人、被告人的辩护权无法得到充分保障，而律师资源分布的不均衡又会引发辩护权的平等性问题。有的学者提出建立公设辩护人制度，“形成公职律师模式的公设辩护人制度与社会律师模式多元并存格局，从而切实保障公民律师辩护权的实现”。“公设辩护人的基本属性是辩护律师。”[⑤]但公设辩护人从何而来？美国是通过雇用全职或兼职的辩护律师，这也是有效辩护的必然要求。既然公设辩护人是律师身份，其要从律师中产生，当然就无法实现律师资源的增加，不能解决根本问题。还有学者针对律师分布不均衡，提出“在特定区域之内进行刑事律师资源的合理调配”[⑥]。但是即便律师接受跨区域调配，必定会导致成本的增加。更主要的是这种方式无法解决法律援助的及时性问题。律师跨区域办案需要更多的时间，而律师调配应是由共同上一级法律援助机构来完成，其间必须经过案件所在地法律援助机构申请，上一级法律援助机构审查，然后再向其他地区的法律援助机构下达调配指令，由该地区法律援助机构指定进行法律援助的律师，这些过程都会增加时间成本。如果单从提供审

① 全国律协《中国律师行业社会责任报告》，http://www.acla.org.cn/html/xinwen/20130827/11102.html（最后访问日期：2014年1月5日）。
② 朱景文主编：《中国法律发展报告：中国法律工作者的职业化》（2012），中国人民大学出版社2013年版，第214页。
③ 全国律协《中国律师行业社会责任报告》，http://www.acla.org.cn/html/xinwen/20130827/11102.html（最后访问日期：2014年1月5日）。
④ 张烁：《内地律师30年增长近850倍仍有210个县无从业人员》，载《人民日报》2010年8月30日。
⑤ 谢佑平、吴羽：《刑事法律援助与公设辩护人制度的建构》，载《清华法学》2012年第3期。
⑥ 刘方权：《中国需要什么样的刑事法律援助制度》，载《福建师范大学学报（哲学社会科学版）》2014年第1期。

判阶段的法律援助而言，具有一定的可行性，但如果要提供审前阶段尤其是侦查阶段的法律援助，以上文介入审查逮捕分析，几乎是不具有可行性的。

鉴于此，有的学者建议在没有律师或律师数量不足的地区可以将基层法律工作者、退休法官检察官、年轻法科生（以及高年级在校生）、未取得律师执业证书的法律专业人员等纳入刑事法律援助的队伍。从该学者组织的试点情况反映上述人员能够胜任刑事辩护工作。[①] 相比较而言，此种方案更具有现实性、可行性，但依据现行法，上述人员是无权介入侦查阶段的。从立法意旨分析，刑事诉讼法把侦查阶段辩护人限定为由律师承担，主要是出于有效辩护的考量，既然实证研究结果表明，其他的法律专业人员亦能够胜任，就没有理由一律禁止他们担任辩护人介入侦查阶段。在我国律师资源不足的现实面前，此种方案具有现实合理性，亦是一种“次优”的选择。

第四节　“检察庭”建设——检察权司法化的物质保障

2002 年以前，检察机关工作场所的建设和党政机关一样，仅限于办公用房。由于检察机关诉讼职能和诉讼监督职能的行使需要专门的办案场所，1999 年最高人民检察院就提出了“两房”建设的要求，“两房”建设是指人民检察院的办案用房建设和专业技术用房建设。2002 年 6 月，建设部、国家计委联合批准发布了《人民检察院办案用房和专业技术用房建设标准》，自此，检察机关“两房”建设有了制度上的支持，“两房”建设在全国检察机关正式启动。为了适应检察事业的发展，保障法律监督职能的全面履行，规范和加强“两房”建设，2010 年住房和城乡建设部、国家发展和改革委员会联合批准发布了由最高人民检察院组织修

① 左卫民：《中国应当构建什么样的刑事法律援助制度》，载《中国法学》2013 年第 1 期。

订的《人民检察院办案用房和专业技术用房建设标准》。该标准第2条、第3条再次明确办案用房用于查办和预防职务犯罪、侦查监督、公诉和审判监督、执行监督和控告申诉等检察职能的相对独立设置的特殊用房，专业技术用房用于运用专业技术手段和专门设施条件进行检验、鉴定等的相对独立设置的特殊用房。办案用房的建设为检察机关办案方式司法化提供了物质基础，是检察职能的规范、公正行使的基本保障。

为了适应检察权司法化的需要，各地检察机关建设了专门办案场所，对这个专门办案场所的称谓各不相同。以上海检察机关为例，金山区人民检察院称之为“法律监督宣告室”，徐汇区人民检察院称之为“检察庭”，其他各区人民检察院称之为“听证室”。从广泛性看，使用“听证室”这个称谓的最多。2010年“两房”建设标准第15条控告申诉用房中就使用了“听证室”这个称谓，2014年上海市人民检察院检察长陈旭在《上海市人民检察院工作报告》中提出“积极推进讯（询）问室、听证室、宣告室等司法办案场所建设”。比较这三种称谓，“检察庭”更佳。首先“庭”字本身就有司法机关审理案件场所之意，用“检察庭”更能体现检察机关作为司法机关的定位；其次“检察庭”可以体现检察机关案件审查方式的司法特征，争议双方积极对抗，检察官居中裁断；最后“检察庭”还可表示检察机关审查案件的程序，使用“检察庭”审查就是要采用公开听证的审查程序。根据上述分析，“检察庭”的称谓更符合检察权司法化运行的要求。

一、检察庭设立的意义

最高人民检察院曹建明检察长2012年7月在上海举行的全国检察长座谈会上提出各级检察机关要做到“六个并重”，促进诉讼民主、诉讼文明、诉讼公开和诉讼监督制约，使社会主义民主和法治在检察工作中得到更好的体现和落实。

检察庭的设立为上述目标的实现提供了良好的平台。

诉讼民主是人民主权在诉讼领域的体现，体现为当事人和社会公众对诉讼程序的参与。检察庭使当事人和社会公众对于检察权行使程序参与成为可能，如检察庭的布置应类似于法庭，如此设置就是为了使当事人能够面对面地进行交涉，检察官在直接聆听双方举证、质证、辩论的基础上作出决定。人民监督员可以通过和检察官组成“合议庭”参与审查，也可以和社会公众一样旁听案件审查过程。

诉讼文明体现在诉讼过程中，司法机关对于当事人合法权利、人格尊严的尊重和保障，表现为诉讼方式和手段符合人们基本的道德情感。检察庭不仅仅是一个听证的场所，还包括严格的听证审查“开庭”规范。检察官应当恪守“开庭”规范，实现“严格公正廉洁执法与理性平和文明规范执法并重”。“仪表整洁，举止文明，态度公允，用语规范、平和”，尊重当事人人格尊严，规范主持听证，“避免因未设置专门场所而出现随意、不规范、不文明行使法律监督职权的现象以致损害检察形象”。①

诉讼公开是司法机关实现司法公正，提升司法公信的基本前提。对于检察机关而言，诉讼公开的核心内容就是检察权运行过程及结果的公开，其目的是使检察权以看得见的方式实现正义。检察庭便是检察权公正行使的物质平台，在检察庭上通过检察权的规范行使，实现“坚持程序公正与实体公正并重”；通过运行程序的正义性强化检察机关法律监督的权威性从而实现“强化法律监督与强化自身监督并重”。

诉讼监督制约是公权力运行的必然要求，既要把权力放进制度的笼子里，又要加强权利对权力的监督和制约。检察庭为权利对权力的监督和制约提供了一个良好的舞台，在检察庭进行的听证程序中，当事人可以通过诉权制约检察权的行使，如刑事案件当事人及其法定代理人、辩护人、诉讼代理人可以要求与案件有利益关系的检察官回避，监督权和救济权的行使大多来自诉讼参与人的申请和控告，对于不利的处理结果，当事人还可以提起申诉等。另外，除法定情形外，检察庭是向社会公众开放的，社会公众有权旁听检察官对案件的审查，行使对检察

① 龚培华:《法律监督宣告室的创设及运用》，载《人民检察》2013 年第 4 期。

机关的监督权。

二、检察庭设立与检察权司法化的关系

（一）检察庭设立是检察权司法化的必然要求

检察权司法化运行的基本要求是案件审查的直接言词性和司法亲历性，检察官法律地位的司法化。从承担的职能来看，检察官实际承担着对侦查行为的司法审查职能，对诉讼参与人合法权利受到侦查活动侵犯时的司法救济职能以及对审判机关司法行为的监督职能，俨然是法官之外的另一位司法官。从权力行使的终极目标来看，检察官如同法官一样，负有维护法律的尊严、权威以及统一实施之责。这种权力的行使必须在体现权力司法性特质的专门场所进行，法官在审判法庭行使审判权，检察官也应在类似于法庭的检察庭行使检察权。

（二）检察庭设立是检察权司法化的物质保障

检察权司法化的直接表现是检察权民主、文明、公开、公正的行使，这显然无法在普通的办公场所进行，只有在体现公开、参与、对等的专门场所才能保障检察权行使的民主、文明、公开和公正。检察庭的开放性能够让社会公众以及诉讼参与人参与检察机关的审查过程，体现了检察权运行的民主性、公开性；检察庭的规范性能够促使检察官遵守听证程序规范，文明、公正地行使审查权。

三、检察庭的功能和布置

检察权司法化运行的程序包括案件的受理、审查以及审查结论的宣告，相应的检察庭的功能不仅仅是作为案件公开审查的场所，还应作为司法决定宣告的场所。司法的民主性、公开性以及权威性要求司法决定的宣告一般应在检察庭内以“开庭”的形式进行，其本身也是听证程序的重要组成部分，标志着审查程序的

终结。在检察庭内以“开庭”的形式公开审查案件以及宣告审查结果是检察权司法化运行的当然要求。

在检察庭的布置上，必须体现“两造对抗，居中裁判”的诉讼构造特点。因此，可以参照法院审判法庭的布置。具体而言，在检察庭内设置听证区和旁听区。在听证区正中前方设置检察官听证席，听证席略高于其他席位，听证席下方为书记员席，当事人席分列两侧（如果是审查批捕或起诉的案件，犯罪嫌疑人或被告人席位于听证席对面，两侧分别是侦查机关和辩护人），根据需要还可以设置证人席；旁听区设置公众旁听席。考虑到当事人可以是被羁押的犯罪嫌疑人或被告人，在检察庭旁边应设有羁押室作为检察庭的组成部分。上海市普陀区人民检察院专门在看守所中设立了羁押必要性审查公开听证室，既有利于检察机关及时、便捷地进行羁押必要性审查，又体现了诉讼文明以及对犯罪嫌疑人或被告人人权的保障，是一个很好的尝试。但看守所中的检察庭的使用应不限于羁押必要性审查，涉及被羁押的犯罪嫌疑人或被告人的公开审查（如审查批准逮捕听证）都可以在看守所中的检察庭进行，既提高诉讼效率，又保障人权，应是将来检察庭设置的必然趋势。

结 语

检察制度本身是为了满足社会的需求而产生的，不同的社会背景以及文化传统影响着检察制度的发展。因此，尽管各国的检察权仍然承载着守护法律、制约公权、保障人权的历史使命，在不知不觉中实现上述功能的具体方式已然各异。检察权运行的司法化作为我国司法实践中一种客观存在的法律现象，在一定程度上是我国具体国情对检察权发展的影响所致。由于检察权运行司法化主要是制度进化而非理性建构的结果，需要我们对这种法律现象进行解释，发现检察权运行司法化的基本原理，并以此为指导，完善检察权的运行机制，进一步推进检察权运行的司法化。

检察权源自司法，其司法属性要求权力的运行应遵循司法规律，司法实践对检察权运行程序的要求也与之契合。检察机关无论是出于保障人权、强化法律监督还是规范司法行为的需要，都要求“根据正当程序原则对检察权的运行程序进行一种诉讼化改造”[①]。由于检察权权能内容的复杂性，应根据司法的一般原理确定检察权司法化的范围，有所为有所不为。本质上检察权司法化是一种程序上的司法化，其正当性可从司法民主、司法公正以及司法公信力的相关理论中得以证成，检察权运行司法化也必须满足司法民主、司法公正、检察公信力的要求。从认识论、从价值论以及从人本论角度分析，同一时空下的对审听证程序更能实现上述目标。检察权运行司法化的实现还需要其他相关配套制度的支持。检察权的独立行使、检务公开、律师帮助权的完善、检察庭的设立分别为检察权的司法化提供主体保障、程序保障、诉讼构造保障以及物质保障。

---

① 樊崇义:《刑事诉讼法哲理思维》，中国人民公安大学出版社 2010 年版，第 339 页。

十八届四中全会《决定》为检察权运行司法化提供了政策保障，肯定了检察权运行司法化的合理性和存在价值。检察权运行司法化体现了《决定》关于司法改革的指导精神，是《决定》在检察改革中的具体贯彻和落实。宏观层面《决定》通过司法体制改革确保检察权独立、公正行使；中观层面表现为优化职权配置、健全各机关配合、制约体制机制以强化权力制约，同时在检察机关内部行政事务管理权与检察权分离以实现检察权运行的去行政化；微观层面表现为规范司法行为、加强监督以实现实体公正和程序公正，推进检务公开、司法听证、生效法律文书上网、公开查询以实现司法民主，强化对当事人和其他诉讼参与人的诉权保障、法律援助以保障人权。

然而，学界对检察权司法化问题仍未形成共识，最高人民检察院对于检察实践的回应也是小心翼翼，从高检发布的《关于深化检察改革的意见（2013—2017年工作规划）》以及《关于全面推进检务公开工作的意见》来看，高检对于检察权司法化只是有限的支持。一方面，实行公开审查的案件范围较小；另一方面，公开审查只是作为检务公开的方式、方法，没有赋予其独立的价值。概括而言，学界对检察权司法化的质疑主要包括以下几点：第一，检察官当事人化所带来的角色冲突问题。检察官当事人化体现了限制国家公权、实现控辩对等的价值取向，但是检察官与民事诉讼中的原告不同，其还承担着客观公正的义务，其必须“基于国家司法官之立场公正的进行诉讼”，“客观公正义务应是检察官当事人化的底限”[①]。此外，检察官当事人化也仅适用于检察权的部分诉讼职能，对于诉讼监督职能以及司法救济职能则不存在此种问题。第二，就刑事诉讼制度整体而言，检察权司法化是否是最佳的选择。就我国的司法现实而言，由法院行使审前程序的司法审查权更多体现了学者们对制度的理性建构，而由检察机关行使司法审查权则更多是制度进化的结果。检察权司法化是由检察权权力属性和监督职能所决定的，其存在具有合理性和正当性。此外，抛开我国的具体国情和现行的制

① 谢佑平、万毅:《检察官当事人化与客观公正义务》，载《人民检察》2002年第5期。

度框架来讨论司法化职能的承担也不具有建设性。第三，检察权司法化辐射价值的有限性。与域外检察权相比，我国检察权的权能内容更加复杂。作为检察机关的基本职能，公诉职能中提起公诉、支持公诉、变更、追加、补充、撤回起诉等权能不具备司法化运行的条件。同样，在我国职务犯罪的侦查虽然作为检察机关重要职能，但其也不具备司法化运行的条件。从上述层面看，质疑检察权司法化的必要性也好像是有根据的。如前文所述，我国检察权司法化的目的在于“祛除我国检察体制长期以来所形成的‘过度行政化’的痼疾，使检察权按照司法权的规律运作”①。公诉权的部分权能以及侦查权虽然不能按照对审听证的司法化程序运行，但其运行的目的仍与检察权司法化的目的一致。如“出庭公诉活动的亲历性和一定的独立性，使其有别于承办服从的行政行为”，检察机关侦查权的行使也不同于公安机关，其“更强调客观性、公正性及合法性，注意防止单面式行政活动带来的偏颇”②。可见，检察权司法化改革能够对上述权能产生辐射价值，另外，检察权司法化的经验亦可为人民监督员监督程序的司法化提供借鉴。

---

① 万毅：《检察改革“三忌”》，载《政法论坛》2015 年第 1 期。

② 龙宗智：《检察机关办案方式的适度司法化改革》，载《法学研究》2013 年第 1 期。

参考文献

一、著作及译著类

1. 王戬:《不同权力结构模式下的检察权研究》，法律出版社 2011 年版。

2. 林钰雄:《刑事诉讼法》，中国人民大学出版社 2005 年版。

3. 陈春明:《司法权及其配置》，中国法制出版社 2009 年版。

4. 董璠舆:《日本司法制度》，中国检察出版社 1992 年版。

5. 龚祥瑞:《现代西方司法制度》，北京大学出版社 1993 年版。

6. 王利民:《司法改革研究》，法律出版社 2000 年版。

7. 陈卫东:《程序正义之路（第一卷）》，法律出版社 2005 年版。

8. 陈瑞华:《刑事诉讼中的问题与主义》，中国人民大学出版社 2013 年版。

9. 季卫东:《法治秩序的建构》，中国政法大学出版社 1999 年版。

10. 林钰雄:《检察官论》，法律出版社 2008 年版。

11. 黄东雄:《中外检察制度之比较》，台湾文物供应社 1986 年版。

12. 张智辉、杨诚:《检察官作用与准则比较研究》，中国检察出版社 2002 年版。

13. 樊崇义:《刑事诉讼法哲理思维》，中国人民公安大学出版社 2010 年版。

14. 张智辉:《检察权研究》，中国检察出版社 2008 年版。

15. 邓思清:《检察权研究》，北京大学出版社 2007 年版。

16. 洪浩:《检察权》，武汉大学出版社 2001 年版。

17. 叶启政:《社会理论的本土化建构》，北京大学出版社 2006 年版。

18. 谢佑平:《中国检察监督的政治性与司法性研究》，中国检察出版社 2010 年版。

19. 苏力:《法治及其本土资源》，中国政法大学出版社 2004 年版。
20. 黄越钦:《各国监察制度之比较研究》，台湾翰芦图书公司 1998 年版。
21. 许永俊:《多维视角下的检察权》，法律出版社 2007 年版。
22. 黎敏:《西方检察制度史研究——历史缘起与类型化差异》，清华大学出版社 2010 年版。
23. 尤志安:《清末刑事司法改革研究——以中国刑事诉讼制度近代化为视角》附录《大清大理院审判编制法》，中国人民公安大学出版社 2004 年版。
24. 刘清生:《中国近代检察权制度研究》，湘潭大学出版社 2010 年版。
25. 甄贞:《法律监督原论》，法律出版社 2007 年版。
26. 陈瑞华:《刑事诉讼的前沿问题》，中国人民大学出版社 2011 年版。
27. 季卫东:《宪政新论》，北京大学出版社 2002 年版。
28. 俞可平:《权利政治与公益政治：当代西方政治哲学评析》，社会科学文献出版社 2000 年版。
29. 胡铭:《刑事司法民主论》，中国人民公安大学出版社 2007 年版。
30. 熊先觉:《司法学》，法律出版社 2008 年版。
31. 王绍光:《民主四讲》，上海三联书店 2008 年版。
32. 景天魁等:《社会公正理论与政策》，社会科学文献出版社 2004 年版。
33. 陈瑞华:《程序正义理论》，中国法制出版社 2010 年版。
34. 张文显:《当代西方法理学》，吉林大学出版社 1987 年版。
35. 谢佑平:《刑事司法程序的一般理论》，复旦大学出版社 2003 年版。
36. 陈瑞华:《刑事审判原理论》，北京大学出版社 1997 年版。
37. 林钰雄:《刑事诉讼法（上册）》，中国人民大学出版社 2005 年版。
38. 陈瑞华:《看得见的正义》，北京大学出版社 2013 年版。
39. 龚祥瑞:《西方国家司法制度》，北京大学出版社 1993 年版。
40. 顾培东:《社会冲突与诉讼机制》，四川人民出版社 1991 年版。
41. 陈桂明:《诉讼公正与程序保障——民事诉讼程序之优化》，中国法制出版社

1996 年版。
42. 张文显:《二十世纪西方法哲学思潮研究》，法律出版社 2006 年版。
43. 关玫:《司法公信力研究》，人民法院出版社 2008 年版。
44. 蔡定剑:《中国人民代表大会制度》，法律出版社 2003 年版。
45. 吴宏耀、魏晓娜:《诉讼证明原理》，法律出版社 2002 年版。
46. 樊崇义等:《刑事诉讼法再修改理性思考》，中国人民公安大学出版社 2007 年版。
47. 贺卫方:《司法的理念与制度》，中国政法大学出版社 1998 年版。
48. 宋英辉:《刑事诉讼原理》，法律出版社 2003 年版。
49. [法] 孟德斯鸠:《论法的精神（上册）》，张雁深译，商务印书馆 1961 年版。
50. [德] 卡尔·施米特:《宪法学说》，刘锋译，上海人民出版社 2005 年版。
51. [德] 拉德布鲁赫:《法学导论》，米健等译，中国大百科全书出版社 1997 年版。
52. [法] 托克维尔:《论美国的民主（上册）》，董果良译，商务印书馆 1988 年版。
53. [日] 棚濑孝雄:《纠纷的解决与审判制度》，王亚新等译，中国政法大学出版社 1994 年版。
54. [德] 克劳思·罗科信:《刑事诉讼法》，吴丽琪译，法律出版社 2003 年版。
55. [美] 克里福德·吉尔兹:《地方性知识——阐释人类学论文集》，王海龙译，中央编译出版社 2004 年版。
56. [美] 安·塞德曼、罗伯特·塞德曼:《发展进程中的国家与法律——第三世界问题的解决和制度变革》，冯玉军、俞飞译，法律出版社 2006 年版。
57. [法] 卡斯东·斯特法尼等:《法国刑事诉讼法精义（上）》，罗结珍译，中国政法大学出版社 1999 年版。
58. [日] 伊藤荣树:《日本检察厅法逐条解释》，徐益初等译，中国检察出版社 1990 年版。
59. [英] 约翰·斯普莱克:《英国刑事诉讼程序（第九版）》，徐美君、杨立涛译，中国人民大学出版社 2006 年版。
60.[美]约书亚·德雷斯勒、艾伦·C. 迈克尔斯:《美国刑事诉讼法精解(第二卷·刑事审判)》，魏晓娜译，北京大学出版社 2009 年版。
61.[美]科恩:《论民主》，聂崇信等译，商务印书馆 1988 年版。
62.[美]杜威:《新旧个人主义》，孙有中等译，上海人民出版社 1997 年版。
63.[美]罗伯特·达尔:《论民主》，李柏光、林猛译，商务印书馆 1999 年版。
64.[美]罗伯特·达尔:《民主理论的前言》，顾昕、朱丹译，生活·读书·新知三联书店 1999 年版。
65.[美]乔·萨托利:《民主新论》，冯克利等译，东方出版社 1998 年版。
66.[英]戴维·赫尔德:《民主的模式》，燕继荣等译，中央编译出版社 1998 年版。
67.[古希腊]亚里士多德:《政治学》，吴寿彭译，商务印书馆 1982 年版。
68.[美]阿米·古特曼、丹尼斯·汤普森著:《民主与分歧》，杨立峰等译，东方出版社 2007 年版。
69.[美]詹姆斯·博曼、威廉·雷吉:《协商民主：论理性与政治》，陈家刚等译，中央编译出版社 2006 年版。
70.[法]托克维尔:《论美国的民主(上卷)》，董良果译，商务印书馆 1997 年版。
71.[美]约瑟夫·熊彼特:《资本主义、社会主义与民主》，吴良健译，商务印书馆 2000 年版。
72.[美]罗纳德·德沃金:《至上的美德——平等的理论与实践》，冯克利译，江苏人民出版社 2003 年版。
73.[意]皮罗·克拉玛德雷:《程序与民主》，翟小波、刘刚译，高等教育出版社 2005 年版。
74.[德]哈贝马斯:《交往行动理论(第一卷)》，洪佩郁等译，重庆出版社 1994 年版。
75.[德]拉德布鲁赫:《法学导论》，米健等译，中国大百科全书出版社 1997

年版。
76. A. Kaufmann:《法律哲学》，刘幸义等译，五南图书出版公司 2000 年版。
77. [美] 罗斯科·庞德:《通过法律的社会控制：法律的任务》，沈宗灵、董世忠译，商务印书馆 1984 年版。
78. [美] 罗尔斯:《正义论》，何怀宏等译，中国社会科学出版社 1988 年版。
79. [法] 勒内·达维德:《当代主要法律体系》，漆竹生译，上海译文出版社 1984 年版。
80. [日] 谷口安平:《程序的正义与诉讼》，王亚新、刘荣军译，中国政法大学出版社 2002 年版。
81. [美] 戈尔丁:《法律哲学》，齐海滨译，三联书店 1987 年版。
82. [英] 戴维·米勒:《社会正义原则》，应奇译，江苏人民出版社 2001 年版。
83. [美] 迈克尔·D. 贝勒斯:《法律的原则——一个规范的分析》，张文显等译，中国大百科全书出版社 1996 年版。
84. [美] E. 博登海默:《法理学——法律哲学与法律方法》，邓正来译，中国政法大学出版社 2004 年版。
85. [英] 培根:《培根论说文集》，水天同译，商务印书馆 1983 年版。
86. [英] 霍布斯:《利维坦》，黎思复等译，商务印书馆 1985 年版。
87. [德] 马克斯·韦伯:《经济与社会（上卷）》，商务印书馆 1997 年版。
88. [美] 伯尔曼:《法律与宗教》，梁治平译，三联书店 1991 年版。
89. [美] P. 诺内特、P. 塞尔兹尼克:《转变中的法律与社会：迈向回应型法》，张志铭译，中国政法大学出版社 1994 年版。
90. [美] 罗斯科·庞德:《通过法律的社会控制法律的任务》，沈宗灵、董世忠译，商务印书馆 1984 年版。
91. [英] 丹宁勋爵:《法律的训诫》，刘庸安、丁健译，群众出版社 1985 年版。
92. [英] 沃尔什:《历史哲学》，何兆武等译，广西师范大学出版社 2001 年版。
93. [英] 韦德:《行政法》，楚建译，中国大百科全书出版社 1997 年版。

94. [日]伊藤荣树:《日本检察厅法逐条解释》,徐益初等译,中国检察出版社1990年版。
95. [日]田口守一:《刑事诉讼法》,刘迪等译,法律出版社2000年版。

二、编著类

1. 龙宗智、杨建广主编:《刑事诉讼法(第三版)》,高等教育出版社2010年版。
2. 汪习根主编:《司法权论》,武汉大学出版社2006年版。
3. 卢建平主编:《检察学的基本范畴》,中国检察出版社2010年版。
4. 张文显主编:《法理学》,法律出版社2007年版。
5. 魏定仁主编:《宪法学》,北京大学出版社1994年版。
6. 俞子清主编:《宪法学》,中国政法大学出版社1999年版。
7. 朱惠福主编:《宪法学新编》,法律出版社1998年版。
8. 许崇德主编:《中国宪法》,中国人民大学出版社1997年版。
9. 徐永康主编:《法理学》,上海人民出版社2003年版。
10. 殷啸虎主编:《宪法学》,上海人民出版社2003年版。
11. 卞建林、刘玫主编:《外国刑事诉讼法》,中国政法大学出版社2008年版。
12. 武延平、刘根菊等编:《刑事诉讼法学参考资料汇编(中册)》,北京大学出版社2005年版。
13. 毕惜茜主编:《预审学理论研究综述》,群众出版社1998年版。
14. 陈光中主编:《刑事诉讼法》,北京大学出版社2002年版。
15. 陈光中、徐静村主编:《刑事诉讼法学》,中国政法大学出版社2002年版。
16. 宋英辉主编:《刑事诉讼法》,清华大学出版社2007年版。
17. 朱景文主编:《中国法律发展报告:中国法律工作者的职业化(2012)》,中国人民大学出版社2013年版。
18. [日]法务省刑事局编:《日本检察讲义》,杨磊等译,中国检察出版社1990

年版。
19.［日］西原春夫主编:《日本刑事法的形成与特色》，李海东等译，中国法律出版社与日本国成文堂联合出版 1997 年版。
20.［英］戴维・米勒、韦农・波格丹诺主编:《布莱克维尔政治学百科全书》，邓正来等译，中国政法大学出版社 1992 年版。
21.［日］冈田朝太郎等口授、郑言笔述、蒋士宜编:《检察制度》，陈颐点校，中国政法大学出版社 2003 年版。

三、杂志类

1. 冀祥德、邓超:《司法改革“上海方案”价值评析》，载《政法论丛》2014 年第 6 期。
2. 叶林华、周建中:《检察机关司法审查职能研究》，载《中国刑事法杂志》2009 年第 1 期。
3. 左卫民:《司法化：中国刑事诉讼修改的当下与未来走向》，载《四川大学学报（哲学社会科学版）》2012 年第 1 期。
4. 许正顺:《简介日本司法权之运作模式》，载《法官协会杂志》1999 年第 2 期。
5. 陈瑞华:《司法权的性质》，载《法学研究》2000 年第 5 期。
6. 胡锦光:《宪法司法化的必要性与可行性探讨》，载《法学家》1993 年第 1 期。
7. 陈卫东、程永峰:《新一轮检察改革中的重点问题》，载《国家检察官学院学报》2014 年第 1 期。
8. 陈卫东、林艺芳:《论检察机关的司法救济职能》，载《中国高校社会科学》2014 年第 5 期。
9. 龙宗智:《检察机关办案方式的适度司法化改革》，载《法学研究》2013 年第 1 期。
10. 龚培华、李建波:《试论法律监督司法化的定位》，载《人民检察》2014 年第

6 期。
11. 黄曙、李忠强:《检察权的司法化运作及其构建》，载《人民检察》2006 年第 6 期。
12. 张铁军、易延友:《论检察权行使的司法化——以刑事诉讼为切入点》，载《学习与探索》2010 年第 4 期。
13. 林丽莹:《检察一体与检察官独立性之分际》，载《月旦法学杂志》2005 年第 9 期。
14. 陈光中:《刑事诉讼中公安机关定位问题之探讨》，载《法学》2011 年第 11 期。
15. 龙宗智:《论检察权的性质与检察机关的改革》，载《法学》1999 年第 10 期
16. 陈卫东、郝银钟:《实然与应然: 关于侦检权是否属于司法权的随想》，载《法学》1999 年第 6 期。
17. 陈瑞华:《司法权的性质——以刑事司法为范例的分析》，载《法学研究》2000 年第 5 期。
18. 郝银钟:《检察权质疑》，载《中国人民大学学报》1999 年第 3 期。
19. 陈卫东:《我国检察权的反思与重构》，载《法学研究》2002 年第 2 期。
20. 夏邦:《中国检察院体制应该取消》，载《法学》1999 年第 7 期。
21. 彭勃:《检察权的性质与“检警一体化”理论试析》，载《当代法学》2002 年第 8 期。
22. 徐益初:《析检察权性质及其运用》，载《人民检察》1999 年第 4 期。
23. 倪培兴:《论司法权的概念与检察机关的定位——兼评侦检一体化模式（上）》，载《人民检察》2000 年第 3 期。
24. 陈兴良:《从“法官之上的法官”到“法官之前的法官”——刑事法治视野中的检察权》，载《中外法学》2006 年第 6 期。
25. 谢佑平、燕星宇:《我国检察权性质的复合式解读》，载《人民检察》2012 年第 9 期。

26. 谢鹏程:《论检察权的性质》，载《法学》2000 年第 2 期。
27. 樊崇义:《一元分立权力结构模式下的中国检察权》，载《人民检察》2009 年第 3 期。
28. 韩大元、刘松山:《论我国检察机关的宪法地位》，载《中国人民大学学报》2002 年第 5 期。
29. 朱孝清:《中国检察制度的几个问题》，载《中国法学》2007 年第 2 期。
30. 孙谦:《中国的检察改革》，载《法学研究》2003 年第 6 期。
31. 石少侠:《论我国检察权的性质》，载《法制与社会发展》2005 年第 3 期。
32. 周永坤:《权力结构模式与宪政》，载《中国法学》2005 年第 6 期。
33. 蒋德海:《法律权威与中国检察权的宪法复归》，载《国家检察官学院学报》2005 年第 4 期。
34. 石少侠:《论司法改革中的检察权》，载《吉林大学社会科学学报》2004 年第 5 期。
35. 李建明:《检察权独立行使的相对性》，载《政法论坛》2004 年第 1 期。
36. 万毅:《检察权若干基本理论问题研究》，载《政法论坛》2008 年第 3 期。
37. 陈志龙:《解魅刑事诉讼法审判主义的变革（上）》，载《律师杂志》1999 年第 236 期。
38. 廖正豪:《人权的淬炼与新生——台湾刑事诉讼法的过去、现在及未来》，载《刑事法杂志》2011 年第 6 期。
39. 何勤华、王思杰:《西方检察权发展简论》，载《人民检察》2012 年第 11 期。
40. 罗结珍:《法国刑事诉讼法中的刑事调解与刑事和解》，载《法学杂志》2008 年第 3 期。
41. 施鹏鹏:《法国庭前认罪答辩程序评析》，载《现代法学》2008 年第 5 期。
42. 施鹏鹏:《法国检察监督制度研究》，载《暨南学报（哲学社会科学版）》2010 年第 5 期。
43. 王学成:《英国的公益诉讼制度及其启示》，载《政法学刊》2004 年第 5 期。

44. 何家弘:《美国检察制度研析》，载《法学家》1994 年第 4 期。
45. 张鸿巍:《美国检察机关起诉裁量权刍议》，载《中国刑事法杂志》2010 年第 6 期。
46. 向泽选:《刑诉法修改与检察制度发展》，载《人民检察》2013 年第 1 期。
47. 谢鹏程:《论检察权的结构》，载《人民检察》1999 年第 5 期。
48. 张智辉:《论检察权的构造》，载《国家检察官学报》2007 年第 4 期。
49. 张智辉:《法律监督三辨析》，载《中国法学》2003 年第 5 期。
50. 向泽选:《新时期检察改革的进路》，载《中国法学》2013 年第 5 期。
51. 林钰雄:《改革侦查程序之新视野》，载《月旦法学杂志》2008 年第 157 期。
52. 韩水法:《民主的概念》，载《天津社会科学》2007 年第 5 期。
53. 陈端洪:《司法与民主：中国司法民主化及其批判》，载《中外法学》1998 年第 4 期。
54. 贺卫方:《回归司法的本源》，载《南风窗》2009 年第 8 期。
55. 周永坤:《我们需要什么样的司法民主》，载《法学》2009 年第 2 期。
56. 许国贤:《商议式民主与民主想象》，载《政治科学论丛》2000 年第 13 期。
57. 陈松林:《从司法民主性看检察委员会制度之完善》，载《人民检察》2010 年第 23 期。
58. 张乃根:《论西方法的精神》，载《比较法研究》1996 年第 1 期。
59. 吴忠民:《汉语语境中公正和正义概念的区别》，载《理论视野》2011 年第 4 期。
60. 肖建国:《程序公正的理念及其实现》，载《法学研究》1999 年第 3 期。
61. 徐显明:《何谓司法公正》，载《文史哲》1999 年第 6 期。
62. 陈学权:《论刑事诉讼中实体公正与程序公正的并重》，载《法学评论》2013 年第 4 期。
63. 樊崇义:《刑事诉讼法再修改的理性思考》，载《政法论坛》2005 年第 5 期。
64. 谢安平:《半纯粹刑事程序公正的内涵》，载《政法论坛》2011 年第 4 期。

65. 胡玉鸿:《程序公正的价值》，载《政治与法律》2003 年第 6 期。
66. 谢佑平、万毅:《论司法改革与司法公正》，载《中国法学》2002 年第 5 期。
67. 史立梅:《程序公正与实体真实》，载《国家检察官学院学报》2013 年第 5 期。
68. 季卫东:《法律程序的意义》，载《中国社会科学》1993 年第 1 期。
69. 周永坤:《提升司法公正的路径选择》，载《苏州大学学报》2012 年第 5 期。
70. 沈冠伶:《新世纪民事诉讼法制之程序正义：以民事诉讼及家事程序为中心》，载《台大法学论丛》2012 年第 41 卷特刊。
71. 谢安平:《半纯粹刑事程序公正的内涵》，载《政法论坛》2011 年第 4 期。
72. 张令杰:《程序法的几个基本问题》，载《法学研究》1994 年第 5 期。
73. 孙笑侠:《两种程序法类型的纵向比较——兼论程序公正的要义》，载《法学》1992 年第 8 期。
74. 钱大军:《司法公信力应当如何建构》，载《社会科学战线》2013 年第 3 期。
75. 叶青:《司法公信力建设的“色、象、味”》，载《社会观察》2014 年第 7 期。
76. 关玫:《司法公信力初论——概念、类型与特征》，载《法制与社会发展》2005 年第 4 期。
77. 莫纪宏:《司法公信力的制度保障》，载《中国法律》2013 年第 3 期。
78. 董皞:《司法功能与司法公正、司法权威》，载《政法论坛》2002 年第 2 期。
79. 龚培华:《法律监督宣告室的创设及运用》，载《人民检察》2013 年第 4 期。
80. 朱应平:《满意是衡量司法的至上标准吗》，载《华东政法学院学报》2001 年第 3 期。
81. 李树民:《当代中国司法公信力建构的政治蕴含》，载《当代法学》2013 年第 6 期。
82. 高铭暄、陈璐:《略论司法公信力的历史沿革与实现途径》，载《法学杂志》2010 年第 7 期。
83. 公丕祥:《司法公开：提升司法公信力的重要保证》，载《中国党政干部论坛》2012 年第 7 期。

84. 叶青、陈海锋:《保障审判权检察权依法独立行使应厘定的若干关系》，载《中共中央党校学报》2014 年第 6 期。
85. 张志铭:《司法判决的结构和风格》，载《法学》1998 年第 10 期。
86. 叶青:《审查逮捕程序中律师介入权的保障》，载《法学》2014 年第 2 期。
87. 丁煌:《论行政听证制度的民主底蕴》，载《武汉大学学报（社会科学版）》2001 年第 1 期。
88. 陈光中、陈海光、魏晓娜:《刑事证据制度与认识论》，载《中国法学》2001 年第 1 期。
89. 左卫民、高晋康:《诉讼价值论》，载《中国法学》1995 年第 4 期。
90. 魏俊明:《检视我国对于被告侦查中羁押审查时间阅卷权之保障》，载《刑事法杂志》2014 年第 1 期。
91. 叶青、周登谅:《刑事审前司法听证制度的透析与前瞻》，载《法律科学》2004 年第 4 期
92. 鲁建武、程纪念:《职务犯罪案件审查逮捕程序改革成效与完善建议——以安徽省检察机关的实践为例》，载《人民检察》2013 年第 9 期。
93. 谢佑平、潘祖全:《主任检察官制度的探索与展望——以上海闵行区人民检察院试点探索为例》，载《法学评论》2014 年第 2 期。
94. 潘祖全:《主任检察官制度的实践探索》，载《人民检察》2013 年第 10 期。
95. 陈旭:《建立主任检察官制度的构想》，载《法学》2014 年第 2 期。
96. 万毅:《主任检察官制度改革质评》，载《甘肃社会科学》2014 年第 4 期。
97. 孙爽、屈灵玲:《徐汇：不起诉司法化的新路径》，载《检察风云》2013 年第 24 期。
98. 高一飞:《检务公开的比较研究》，载《中共中央党校学报》2010 年第 2 期。
99. 刘昂、杨征军:《检务公开的层次性简论》，载《人民检察》2013 年第 17 期。
100. 张永红、吴茵:《检务公开的法理基础》，载《湖南社会科学》2010 年第 6 期。

101. 左卫民:《中国应当构建什么样的刑事法律援助制度》，载《中国法学》2013 年第 1 期。
102. 徐美君:《我国刑事诉讼运行状况实证分析》，载《法学研究》2010 年第 2 期。
103. 张志铭:《关于被刑事追究者获得律师帮助的权利——国际标准与国内立法之比较》，载《人权》2006 年第 6 期。
104. 熊秋红:《为辩护权辩护（下）——刑事法治视野中的辩护权》，载《法学》2004 年第 1 期。
105. 龙宗智:《评“检警一体化”——兼论我国的检警关系》，载《法学研究》2000 年第 2 期。
106. 陈国庆:《辩护制度的改革及其对检察机关的积极意义》，载《国家检察官学院学报》2012 年第 3 期。
107. 詹建红:《我国程序性辩护制度之省思》，载《法商研究》2014 年第 3 期。
108. 陈瑞华:《程序性辩护之初步考察》，载《燕山大学学报（哲学社会科学版）》2005 年第 1 期。
109. 林钰雄:《刑事被告本人之阅卷权》，载《政大法学评论》2009 年第 110 期。
110. 魏俊明:《检视我国对于被告侦查中羁押审查时间阅卷权之保障》，载《刑事法杂志》2014 年第 1 期。
111. 杨云骅:《阅卷权的突破——以欧洲人权法院近年来数个判决为例》，载《台湾本土法学杂志》2005 年第 70 期。
112. 万毅:《“曲意释法”现象批判——以刑事辩护制度为中心的分析》，载《政法论坛》2013 年第 2 期。
113. 朱昆:《美国法律援助制度》，载《北京政法职业学院学报》2011 年第 2 期。
114. 罗海敏:《论无律师帮助被追诉人之弱势处境及改善——以刑事法律援助制度的完善为视角》，载《政法论坛》2014 年第 6 期。
115. 马静华:《指定辩护律师作用之实证研究——以委托辩护为参照》，载《现代法学》2010 年第 6 期。
116. 高贞:《关于加强和完善刑事法律援助制度的几点思考》,载《中国司法》2011 年第 6 期。
117. 陈永生:《刑事法律援助的中国问题与域外经验》,载《比较法研究》2014 年第 1 期。
118. 刘方权:《中国需要什么样的刑事法律援助制度》,载《福建师范大学学报(哲学社会科学版)》2014 年第 1 期。
119. 谢佑平、吴羽:《刑事法律援助与公设辩护人制度的建构》,载《清华法学》2012 年第 3 期。
120. 谢佑平、万毅:《检察官当事人化与客观公正义务》,载《人民检察》2002 年第 5 期。
121. 万毅:《检察改革"三忌"》,载《政法论坛》2015 年第 1 期。

四、文集类

1. 马长山:《新一轮司法改革的可能与限度》,载《"法治中国与司法改革"学术研讨会论文集》2014 年 5 月 31 日。
2. 李建明:《权能结构调整与检察权的优化配置》,载张智辉主编:《检察权优化配置初探》,中国检察出版社 2011 年版。
3. 李匡郎:《人权、正义与法律》,载刘幸义主编:《多元价值、宽容与法律》,五南图书出版公司 2003 年版。
4. 公丕祥:《论司法公正的价值内涵及制度保障》,载信春鹰、李林主编:《依法治国与司法改革》,中国法制出版社 1999 年版。
5. 孙国华、唐仲清:《公正理念论》,载信春鹰、李林主编:《依法治国与司法改革》,中国法制出版社 1999 年版。
6.[美]克里福德·吉尔茨:《地方性知识:事实与法律的比较透视》,邓正来译,载梁治平编:《法律的文化解释》，三联书店 1994 年版。
7.［美］约翰·费尔约翰:《建构协商民主制度》，李静译，载陈家刚选编:《协商民主》，上海三联书店 2004 年版。

五、学位论文类

1. 吕丁旺:《检察权论——以检察权的司法属性为中心》，台湾中正大学博士论文，2011 年。
2. 王荔:《当代中国司法民主问题研究》，吉林大学博士论文，2012 年。

六、报纸类

1. 万毅:《刑诉法修改对检察制度若干理念的重塑》，载《检察日报》2012 年 10 月 22 日。
2. 陈卫东:《检察机关角色矛盾的解决之策：法律监督职能与诉讼职能的分离》，载《法制日报》2011 年 2 月 23 日。
3. 王苏洁:《审查逮捕听证制提升执法公信力》，载《检察日报》2012 年 2 月 12 日。
4. 赵阳:《审查逮捕从封闭运行到公开透明》，载《法制日报》2013 年 11 月 4 日。
5. 王守安:《以审判为中心的诉讼制度改革带来深刻影响》，载《检察日报》2014 年 11 月 10 日。
6. 张媛、李方杰:《山东李沧：公开听证让检察权阳光运行》，载《光明日报》2014 年 5 月 10 日。
7. 陈卫东:《以审判为中心推动诉讼制度改革》，载《中国社会科学报》2014 年 10 月 31 日。
8. 张建伟:《审判中心主义的实质与表象》，载《人民法院报》2014 年 6 月 20 日。

9. 甄贞:《推进以审判为中心的诉讼制度改革》，载《检察日报》2014 年 11 月 4 日。
10. 贺卫方:《司法改革的难题与出路》，载《南方周末》2008 年 9 月 18 日。
11. 陈忠林:《中国法治应该怎样向前走》，载《经济观察报》2008 年 7 月 19 日。
12. 林世钰:《北京市海淀区检察院：律师介入提升批捕质量》，载《检察日报》2009 年 2 月 4 日。
13. 孟建柱:《完善司法管理体制和司法权力运行机制》，载《人民日报》2014 年 11 月 7 日。
14. 陇夫:《柏拉图与德沃金》，载《法制日报》2000 年 8 月 15 日。
15. 刘卉:《重庆沙坪坝：律师介入未成年人案件审查逮捕程序》，载《检察日报》2009 年 10 月 26 日。
16. 陈卫东:《司法改革背景下的检察改革》，载《检察日报》2013 年 7 月 23 日。
17. 郑青:《关于检察官办案责任制的几点思考》，载《检察日报》2014 年 1 月 8 日。
18. 陈宝富:《探索主任检察官办案组织制度》，载《检察日报》2013 年 4 月 2 日。
19. 张烁:《内地律师 30 年增长近 850 倍仍有 210 个县无从业人员》，载《人民日报》2010 年 8 月 30 日。

七、中文网站类

1. 戴佳:《上海检察机关不起诉案件公开办理提升司法公信力》，http://news.sina.com.cn/o/2014-12-15/062831285194.shtml（最后访问日期：2014 年 12 月 20 日）。
2. 全国律协《中国律师行业社会责任报告》，http://www.acla.org.cn/html/xinwen/20130827/11102.html（最后访问日期：2014 年 1 月 5 日）。

八、中译论文类

1.［英］杰奎琳·霍奇森著:《法国认罪程序带来的检察官职能演变》，俞亮译，载《国家检察官学院学报》2013 年第 5 期。

2.［美］理查德·C. 勃克斯等:《新公共管理与实质性民主》，曾峻译，载《上海行政学院学报》2002 年第 3 期。

3.［美］乔治·M . 瓦拉德兹:《协商民主》，何莉编译，载《马克思主义与现实》2004 年第 3 期。

4.［澳］杰勒德·布伦南:《是“为人民的法院”，不是“人民的法院”》，于秀艳译，载《人民司法》1999 年第 3 期。

九、外文案例类

1. Muskrat v.United States,219 U.S.346,356(1911).

2. Berger v.United States, 295 U.S.78(1935).

3. Morrison v. Olson,487 U.S. 654(1988).

4. Brady v. United States,379 U.S.742,752–553(1970).

5. Santobell v.New York,404 U.S.25,260(1971).

6. Brewer v. Williams,430 U. S. 387(1977).

7. Griffin v.Illinois,351U. S. 12,19(1956).

8. Gideon v. Wainwright,372U. S. 335(1963).

十、外文论著类

1.［日］芦部信喜:《宪法》，有斐阁 1997 年版。

2.［日］田口守一:《刑事诉讼法》，弘文堂 2006 年版。

3. John H. Langbein, *Prosecuting Crime in the Renaissance, England, Germany, France,* Harvard University Press,1974.

4. Jon Elster, *Introduction*, in Jon Elster(ed.) *Deliberative Democracy,* Cambridge university Press,1998.

5. Amy Gutmann and Dennis Thompson, *Why Deliberative Democracy?* Princeton University Press, 2004.

6. Robert A. Dahl, *A Preface to Economic Democracy,* University of California Press,1986.

7. B. Ackerman, *Social Justice in the Liberal State*, New Haven.1980

8. CH.Larmore, *Patterns of Moral Complexity,* Cambridge,1987.

9. R.A.Duff, *Trial and Punishment,* Cambridge Univ. Press,1986.

10. J.A. Andrew, *Human Right in Criminal Procedure,* Martinus Nijhoff Publishers, 1982.

11. John W.Thibaut and Laurens Walker, *Procedural Justice: A Psychological Analysis,* Hillsdale, NJ: Erlbaum,1975.

12. Michael D. Bayles, *Procedural Justice,* Kluwer Academic Publishers, 1990.

13. G. M. Pops & T. J. Pavlak, *The Case for Justice,* Jossery–Bass Publisher,1991.

14. Tschentscher, *Prozedurale Theorien der Gerechtigkeit,* Berlin, 2000.

十一、外文编著类

Bryan A.Garner ed., *Black's Law Dictionary (Eighth Edition)*, West Group, 2004.

十二、外文论文类

1. John Owen Haley, *Judicial Reform: Conflicting Aims and Imperfect Models*, 5 Wash. U. Global Stud. L. Rev. 81 (2006).
2. Gerald J. Postema, *The Principle of Utility and the Law of Procedures: Bentham's Theory of Adjudication,* 11 GA.L.REV. 1393, 1396 (1977).
3. Tom R. Tyler, *What is procedural Justice,* Law and Society Review 22 (1988).

十三、外文网站类

1. Fred C. Zacharias & Bruce A. Green, *Prosecutorial Neutrality (2004)*. available at http://digital.sandiego.edu/lwps_public/art25/.
2. The Code for Crown Prosecutors, available at http://www.cps.gov.uk/publications/docs/code_2013_accessible_english.pdf.
3. Criminal Justice Act 2003, available at http://www.legislation.gov.uk/ukpga/2003/44/contents.
4. ABA Standards for Criminal Justice: Prosecutorial Investigations, available at http://www.americanbar.org/publications/criminal_justice_section_archive/crimjust_standards_pinvestigate.html#.
5. National Prosecution Standards (Third Edition)，available at http://www.ndaa.org/pdf/NDAA%20NPS%203rd%20Ed.%20w%20Revised%20Commentary.pdf.
6. United States Attorneys’ Manual, available at http://www.justice.gov/usao/eousa/foia_reading_room/usam/title9/27mcrm.htm#9-27.200.
7. Federal Rules of Criminal Procedure，available at http://www.uscourts.gov/uscourts/RulesAndPolicies/rules/2010%20Rules/Criminal%20Procedure.pdf.

后　记

本书是在我的博士论文基础上形成的，原本以为写到后记，就会如释重负。但当这一刻真的到来时，才知道其实别有一番滋味在心头。不仅没有喜悦和轻松，反而愈加沉重和不安，唯恐辜负师长教诲。非常幸运的是，论文答辩获得全优通过，并且获第三届陈光中诉讼法学优秀博士学文论文奖。

我必须感谢我的导师叶青教授。我天资不高，三年前蒙老师收入门墙、悉心教导，感激之情无法言表。老师三年的教导让我终身受益，老师的学术渊博、治学严谨以及为人做事的态度都让我钦佩不已，尤其老师在繁重的行政事务以外仍然坚持学习和研究，使我对人生有了更深的认识。在论文完成之际，回过头来，从论文开题、预答辩不遗余力地为我邀请强大的专家阵容，到指导论文修改时的心细如发，整个过程无不凝聚老师的辛勤付出。

我必须感谢北京师范大学宋英辉教授、上海市人民检察院郑鲁宁副检察长、复旦大学谢佑平教授、南京师范大学李建明教授、华东政法大学王戬教授，他们在论文开题和预答辩中提出了很多宝贵而中肯的建议，这些建议对论文的完成有极大的帮助。我还应感谢南京师范大学李浩教授、华东政法大学陈刚教授、湘潭大学廖永安教授，他们在答辩时提出的宝贵建议对论文的完善有极大的帮助。

我还应感谢师兄陈海锋博士，在与其交流的过程中，我对论文有了更深入的认识，少走了不少弯路。在论文写作过程中得益于师兄的督促，论文得以按时完成，在此深表感谢！我还应感谢华东政法大学王晓华博士后、师妹方臻、吴思远、许燕、师弟刘东晓等在论文开题、答辩时的无私帮助。

我的爱人汪慷苇女士在我求学期间，几乎承担了所有的家务和孩子的教育，没有她的无私支持，我将无法专注学业，按时完成论文写作。本书的出版受到2015年安徽省教育厅重点项目《独立行使司法权保障机制研究》、2016年安徽省高校优秀青年人才支持计划重点项目基金的资助，中国法制出版社侯鹏老师也为本书的出版提供了很多帮助，在此一并表示感谢。

骆绪刚

2017年5月10日

图书在版编目（CIP）数据

检察权运行司法化研究 / 骆绪刚著 . —北京：中国法制出版社，2017.8

ISBN 978-7-5093-8781-8

Ⅰ. ①检… Ⅱ. ①骆… Ⅲ. ①检察机关—权力—研究—中国 Ⅳ. ① D926.3

中国版本图书馆 CIP 数据核字（2017）第 209350 号

责任编辑 侯 鹏　　　　封面设计 杨鑫宇

检察权运行司法化研究

JIANCHAQUAN YUNXING SIFAHUA YANJIU

著者 / 骆绪刚

经销 / 新华书店

印刷 / 人民日报印刷厂

开本 / 710 毫米 ×1000 毫米 16 开　　　　印张 / 14.5 字数 / 211 千

版次 / 2017 年 9 月第 1 版　　　　2017 年 9 月第 1 次印刷

中国法制出版社出版

书号 ISBN 978-7-5093-8781-8　　　　定价：42. 00 元

北京西单横二条 2 号　　　　值班电话：010-66026508

邮政编码：100031　　　　传真：010-66031119

网址：http://www. zgfzs. com　　　　**编辑部电话：010-66060794**

市场营销部电话：010-66033393　　　　**邮购部电话：010-66033288**